책을 쓴 후 내 인생이 달라졌다 2

이 책을 소중한

_____님에게 선물합니다.

_____드림

| 직업을 넘어 천직을 찾는 당신에게 권하는 특별한 선물 |

책을 쓴 후
내 인생이 달라졌다2

기획·김태광 | 허갑재·이지현 외 38인 지음

위닝북스

책을 쓰고 변화하는
인생을 경험하라!

"성공해서 책을 쓰는 것이 아니라 책을 써야 성공한다."

〈한국 책쓰기 1인 창업 코칭협회〉의 김태광 대표 코치는 "성공하려면 끝에서부터 시작하라."라며 국민 누구나 1권 정도는 책을 써야 한다고 말했다. 평범한 사람들은 '책 쓰기'에 대한 고정관념과 선입견이 있다. 한 분야에서 두각을 나타낸 전문가 또는 누구나 인정하는 성공을 이룬 사람들이 책을 쓴다고 말이다.

책을 쓰면 정말 인생이 달라질까? 어째서 책을 쓴 후 인생이 달라지는 걸까? 작가는 책을 쓰기 위해 지금까지 살아왔던 자신의 삶을 돌아본다. 그리고 책의 주제와 연관된 경험을 떠올리게 된다. 거기서 얻은 지혜, 깨달음과 비결 등을 책에 담는다. 책을 집필하는 과정에서 자신이 얼마나 가치 있는 존재인지를 깨닫는다.

그리고 집필을 마친 후 해냈다는 성취감과 함께 자신감이 회복된다. 어떤 작가는 자신이 살아가는 존재 이유를 발견하기도 한다.

과거 독자들은 책을 읽고 혼자 감상문을 적는 것에서 그쳤지만, 요즘 독자들은 예전과 사뭇 다르다. 다양한 경로를 통해 많은 강연 요청이 오고 언론 및 잡지사 인터뷰 등의 기회가 온다. 자신의 책을 읽고 감동을 받았다는 독자들의 연락을 받게 된다.

적지 않은 사람들이 독자에서 저자로 사회적 위치를 바꾸고 있다. 이 책의 작가들 또한 용기 내어 작가에 도전한 사람들이다. 그리고 작가가 된 후 변화된 인생 이야기를 썼다. 작가의 삶, 그리고 그 이야기가 책이 된다는 것이 참 재미있지 않은가. 인생이 달라지고 싶다면 책 쓰기에 꼭 도전해 보라.

2018년 7월
이지현

차
례

• 1~10 •

허갑재　이지현
김도희　최정훈
김희량　성실애
신상희　안태용
이상영　포민정

01

책을 쓰고 수학 강사를 넘어
더 큰 꿈 꾸기

허갑재 **'갑수학'** 대표, 학원 강사 코칭 전문가, 수학 강사, 동기부여 강연가

현재 '갑수학'의 대표로서 수학을 가르치는 강사다. 또한 학원 강사들에게 강의 기술을 가르치는 코치로 활동하고 있다. 저서로는 《버킷리스트15》, 《또라이들의 전성시대3》이 있으며, '최고의 학원 강사가 되는 법'을 주제로 한 개인저서가 출간될 예정이다.

• E-mail huhkapjae@daum.net
• Blog www.gapmath.net
• Cafe www.gapmath.com
• Facebook nasca99
• Instagram kappyhuh
• C·P 010.5540.0311

나는 수학을 가르치는 학원 강사다. 누군가를 가르치는 일이 너무 즐거워 시작한 일이 직업으로 이어졌다. 물론 강사 세계에 항상 즐거운 일만 있는 것은 아니다. 학원 간의 경쟁도 치열하고 강사들 간의 기싸움도 뜨겁다. 요즘은 인터넷 강의가 보급되어 좋은 강의를 접하기 더욱 쉬운 환경이 되었다.

강사 시장은 이렇게 치열한 '레드 오션'이다. 강사들은 저마다 스스로의 무기를 개발해 시장에서 살아남아야 한다. 학원 강사로 성공하고 싶다면, 좋아하는 마음가짐 하나만으로는 부족한 것이

다. 많은 각오를 해야 한다.

내가 처음으로 강의를 시작한 수학학원의 원장님은 참 따뜻한 분이셨다. 초보 강사였지만 열심히 하려는 나에게, 원장님은 항상 피가 되고 살이 되는 조언을 해 주셨다. 원장님은 가끔 나에게 이렇게 말씀하셨다.

"학원 강사는 굉장히 빨리 늙는 직업이에요. 밤에 잠도 못 자지, 학부모들의 갑질도 견뎌야지. '3D 업종'이나 다를 바 없어요. 버거울 때가 많을 거예요. 그래도 열심히 해 봐요."

대부분의 강사가 밤늦게까지 수업하고, 수업을 마치면 다음 수업 준비를 한다. 낮시간에는 학부모들에게 상담 전화를 돌린다. 가끔은 학부모들의 클레임을 받을 때도 있다. 원장님도 처음 몇 년간은 정말 열정이 넘치게 일하셨다고 한다. 하지만 이러한 생활이 몇 년간 지속되자 강사생활에 회의감도 느끼셨다고 한다. 좋아하는 일이 해야만 하는 일로 바뀔 때는 많은 고민이 드셨다고 나에게 털어놓으시기도 했다.

원장님의 조언대로 학원의 시험기간은 전쟁터를 방불케 했다. 원장 선생님은 '시험기간'과 '방학 특강기간'에는 전쟁 치를 준비를 해야 한다며 단단히 겁을 주셨다. 하루 종일 강의가 이어지는 날에는 식사를 챙길 시간도 따로 없었다. 빈 강의실에서 야전을 치르듯 도시락을 먹었다. 학원 강사라기보다는 훈련 중인 군인 같았다. 그렇지만 내가 좋아서 시작한 일이었기 때문에 하루하루가 행복했다.

나는 그렇게 죽을힘을 다해 학원에서 강의를 했다. 강의가 없는 시간에는 개인과외를 했다. 부수입을 올릴 수 있다는 장점도 있었지만, 학원에서 내가 맡지 않는 학년을 가르칠 수 있다는 기쁨이 있었다. 그렇게 밤늦게까지 학원에서 강의하고 과외를 하다 보면 가끔은 서글퍼지기도 했다.

누군가를 가르치는 일은 정말 좋았다. 하지만 어느 순간 목소리가 나오지 않을 만큼 일에만 몰두하고 있는 나를 발견했다. 스스로 혹사당하는 삶을 선택했다는 생각이 들었다. 열정만으로 달려가기엔 무언가 부족했다. '언제나 한계치까지 나를 밀고 갈 수 있을까'라는 생각에 덜컥 겁이 나기도 했다. 좋아하는 일이 해야 하는 일이 되었을 때의 느낌은 그렇게 달랐다. '평생 강의만 하며 살 수 있을까?'라는 질문에 나는 스스로 대답하지 못했다.

나는 어른들의 기대를 충족하기 위해 잠시 대기업에 다니기도 했다. 하지만 나의 원래 꿈인 수학 강사를 놓지 않았다. 그렇게 나는 수학 강사가 되었다. 나는 나의 꿈을 이루었다고 생각했다. 하지만 거기까지였다. 나의 인생은 자유를 팔아 돈을 버는 속박된 인생에 지나지 않았다. 반쪽짜리 성공이었다. 강사시장이 치열한 만큼 나는 결국 단가를 낮춰 경쟁하고 있었다. 나의 자유를 팔아 돈을 버는 '교육 막노동꾼'이었다. 비참한 생각이 들었다.

나는 나의 미래를 개척할 돌파구가 필요했다. 수학 강의를 하는 것은 언제나 즐거웠다. 하지만 나의 미래가 장밋빛으로 보이지는 않았다. 조금은 불투명했다. '대치동 학원가'에서 경험을 쌓아야 명강사로 인정받는다는 이야기도 들었다. 하지만 대치동 학원가는 '스카이' 학벌 없이는 입성조차 불가능했다. 억울했다. 좋은 대학을 나온 것과 수학을 잘 가르치는 것은 비례하지 않는다. 하지만 이미 낙인찍힌 상태로 경쟁하고 싶지는 않았다. 그렇다고 당장 학벌을 바꿀 수도 없었다. 나이가 이미 서른이 넘은 상태에서 대학입시를 준비할 수도 없는 노릇이었다.

그때 문득 《나는 삼성맨에서 억대연봉 수학강사가 되었다》라는 책이 떠올랐다. 대기업에 다니던 시절, 나는 이 책을 읽고 수학강사가 되기로 결심했다. 3년 동안 '나갈까 말까'를 고민하던 나에게 이 책은 '사직서를 낼 수 있는 용기'를 주었다. 요즘 말로 하자면 나의 '인생 책'인 셈이다. 나는 이 책을 읽고 정말 패기 넘치게 강사생활을 시작했다. 하지만 이내 여러 환경들에 지쳐 버렸다. 다시 이 책을 펼친 나는 조금 더 용기를 내 보기로 했다. 이 책의 저자인 김홍석 작가에게 연락해 컨설팅을 요청한 것이다.

김홍석 작가는 학원 강사생활의 전반에 대해 안내해 주었다. 그뿐만 아니라 '강사 코칭'과 '책 쓰기'라는 영역에 대해서도 안내해 주었다. 나는 전혀 생각지도 못한 영역이었다. 그에게 배운 것은 학원생활에 대한 것 그 이상이었다. 어찌 보면 인생의 멘토를 만난 느낌이었다. 그는 나에게 이렇게 얘기해 주었다.

"강사님은 이미 성공한 강사입니다. 자신에 대한 확신을 가지고 강의하세요. 자신만의 노하우와 경험이 이미 충분합니다. 분명 몇 달 내로 일타 강사가 될 수 있어요. 그리고 강사님도 그러한 경험을 토대로 작가가 될 수 있습니다. 글쓰기를 꼭 전문적으로 배워야만 하는 게 아니랍니다."

나는 그렇게 김홍석 작가의 조언에 따라 움직였다. 그리고 몇 달이 지나지 않아, 근무하는 학원에서 가장 많은 수강생을 보유한 강사가 되었다.

지금까지 살아오면서 '나중에 해야지' 하고 미룬 일들이 정말 많다. '버킷리스트'라는 이름표를 단 채 나의 가슴속 깊이 꿈꿔 오던 일들 말이다. 그것들은 항상 먼지가 덮인 채 쌓여 있다. 그렇게 자신의 꿈들은 시간이 흘러 결국 '이루지 못한 꿈'이 되어 버린다. '책 쓰기'도 마찬가지였다.

'그래, 지금 당장 시작하자. 죽이 되든지 밥이 되든지 지금 시작해 보자'라는 생각이 내 가슴을 적셨다. 우물쭈물하다 너무 많은 것을 놓쳐 버리긴 싫었다. 그렇게 나는 〈한국 책쓰기 1인 창업 코칭협회(이하 한책협)〉의 〈책 쓰기 과정〉에 등록하고 책을 쓰기 시작했다.

책 쓰기는 내가 생각했던 것보다 훨씬 쉬운 일이었다. 글쓰기는 그저 두려움을 조금 내려놓기만 해도 쉽게 할 수 있었다. '완벽하게 써야지'라는 무게감만 내려놓아도 누구나 책을 쓸 수 있었다. 결국 나도 할 수 있는 일이었다.

나는 대기업에 다닐 때부터 수학 강사가 되기까지의 일을 책으로 집필 중이다. 최고의 수학 강사가 되는 방법을 담은 비법서가 곧 출간될 것이다. 글쓰기에는 참 재미있는 매력이 있다. 최고의 강사가 되기 위한 방법을 글로 적으면 나의 실제 생활도 그렇게 바뀌어 가는 것이다. '종이에 적으면 쓰는 대로 이루어진다'라고 했던가. 나도 그것을 생생히 느끼고 있다.

그렇게 '최고의 수학 강사가 되기 위한 방법과 느낀 점', '학생들을 다루는 방법', '강사로서의 마인드' 등에 대해 상세히 다뤘다. 다른 강사들에게 보여 주기 위함도 있지만 결국 나 스스로 더욱 큰 강사가 되기 위함도 있다. 그렇게 나는 강사 이후의 더 큰 세계를 준비 중이다. 최고의 강사가 되는 것은 물론이고, '강사 코칭', 그리고 '작가의 길'까지 준비하는 것이다. 이러한 꿈은 '책 쓰기'를 몰랐다면 불가능했을 것이다.

사람들은 대부분 '두려움' 때문에 글쓰기를 시작하지 못한다. 글쓰기를 하는 데는 선천적인 재능이나 국문학과 졸업장이 필요한 것이 아니다. 나는 수학을 가르치는 학원 강사지만, 지금은 글을 쓰는 작가이기도 하다. 어찌 보면 문과와 이과를 대표하는 극과 극의 직업을 동시에 가진 것이다. 생각해 보면 말이 안 된다. 수학 강사가 무슨 깜냥으로 글을 쓴단 말인가? 혹자들은 나에게 수학과 글쓰기 모두에 재능이 있는 것이 아니냐고 물을지도 모른다. 아니다. 나는 글쓰기에 대한 '두려움'이 남들보다 없었을 뿐이다.

비단 이것은 글쓰기에만 국한되지 않는다. 내가 하고자 했던 일, 되고자 했던 일이 무엇인지 스스로 생각해 보자. 당장 흰 종이 한 장을 꺼내 보자. 하나하나 당신에 대해 적어 보며 내면과 대화해 보는 것은 어떨까? 당신의 이야기를 글로 쓰면 책이 되고, 그것을 이루어 내면 당신의 인생이 된다. 글을 쓰고 책을 쓰는 나의 인생은 이렇게 달라지고 있다.

놀라운 변화와
성장을 가져다주는 책 쓰기

이지현 **한국진로학습코칭협회 대표, 사단법인 YSM 이사, 청소년 전문코치 · 컨설턴트, 부모 코칭 전문가, 1인 CEO 비전 메이커**

현재 청소년 진로학습 컨설팅 및 코칭, 강연, 콘텐츠 연구 및 개발 등의 활동을 하고 있다. 저서로는 《10대를 위한 공부 습관의 힘》 등 6권이 있으며, 현재 '청소년 자존감'을 주제로 집필 중이다.

- E-mail hyun7578@naver.com
- Cafe www.koreasc.net
- Instagram leejihyun_coach
- Blog blog.naver.com/hyun7578
- Facebook hyun7578
- C·P 010.8357.2313

"너희들의 이야기를 담은 책을 쓰려고 그래. 어떨까?"

"선생님, 너무 좋을 것 같아요."

3년 전 나의 제자들과 책 이야기를 나눴다. 어느 날 문득 들었던 생각이었다. 청소년을 만나 온 시간이 스쳐 지나갔다. 초등학교 때부터 학원을 쉬지 않고 다닌 요즘 아이들, 중학교에 올라오면 성적 스트레스가 이만저만이 아니다. 유아 때는 영어유치원을 다니고 초등학교 때부터는 영수 학원을 쉬지 않는다. 그런 아이들이 왜 중학교에 올라와서 성적 때문에 힘들어해야 할까? 겉모습만 보면 참 이상한 일이다. 내가 만났던 청소년들도 그런 학생들이었지만 나를 만나서 고민이었던 학습문제는 해결되었다. 하지만 그 무엇보다 명확한 꿈과 목표가 생겨 막연한 진로 불안감을 해소하고 방황을 끝냈다는 것이 중요하다.

책을 써야 한다는 생각을 한 지는 꽤 되었다. 하지만 행동으로 옮긴 것은 작년 가을이었다. 책 쓰기를 한 번도 해 보지 않은 내게 그것은 큰 도전이었다. 그래서 책 쓰기 강좌를 들으러 갔다. 그런데 그곳에서 만난 분에게서 책 쓰기 코칭을 해 주는 곳이 있음을 알게 되었다. 바로 〈한책협〉이다. 한 달 뒤 김태광 대표 코치에게 7주 과정의 책 쓰기 코칭을 받았다. 나는 7주 과정이 끝나기도 전에 책한 권 분량의 원고를 완성했다. 그리고 〈위닝북스〉 출판사와 계약하고 《10대를 위한 공부 습관의 힘》이라는 책을 출간했다. 본격적으로 작가의 길을 걷게 된 것이다.

내가 오랫동안 만나 온 청소년 이야기를 담은 책을 쓰고 싶었을 뿐인데 단기간에 여러 권의 책을 썼다. 그사이 많은 변화가 있었다. 먼저 꿈 주제의 공저를 쓰면서 내가 갖고 있던 비전과 소명을 세상에 선포하게 되었다. 바로 《보물지도11》이다. 이 책은 이미 출간되었다. 남은 인생을 어떻게 살지에 대한 분명한 '꿈의 지도'가 생긴 것이다. 책에 담은 꿈 리스트는 집필하는 공간에 잘 보이도록 써서 붙여 두었다. 볼 때마다 가슴이 뛴다. 꿈에 관한 책을 쓰면서 구체적으로 상상하게 되었고 당장 할 수 있는 것부터 행동으로 옮겼다.

'대한민국의 가난한 교육 의식과 풍토를 바꾸는 사람이 되겠다'라는 미래의 결과 이미지를 떠올리면 마음에 담대함이 생긴다. 죽어 가는 청소년들을 많이 만났다. 숨 쉬고 있다고 살아 있는 것은 아니지 않을까? 꿈 많고 천진난만해야 하는 청소년들이 부모와의 갈등으로 아파하고 부진한 성적으로 불안해했다. 정서적으로 결핍되어 있고 우울증도 겪었다. 진로에 대한 막연한 두려움으로 자신감을 잃고 도전을 회피했다. 그들을 오랫동안 지켜보며 나 또한 포기하고 싶은 유혹에 빠질 때도 있었다. 하지만 나는 책을 쓰며 용기와 사명감을 다시 장착했다.

현재의 삶을 들여다보면 책을 쓰기 전과 너무나 다르다. 나는 몸이 아플 때를 제외하고는 아침 5시에 기상한다. 책상에 앉아 독서를 하고 생각을 정리하는 글을 쓴다. 나 자신과의 대화를 위한 시간을 갖는다. 하루의 계획을 점검하고 내 블로그에 글을 쓴다. 그리고 내 카페에 청소년과 부모들을 위한 글을 남긴다. 작가가 되니 쓰는 일이 즐겁다. 나의 경험과 생각, 마음과 느낌, 깨달음과 지혜 등을 나누고 싶어 생활 속에서도 메모하는 일이 일상이 되었다.

명확한 비전과 사명이 있는 사람이 되어 시간관리가 더욱 철저해졌다. 갑자기 생기는 일을 제외하고 늘 계획적으로 생활한다. 사람들을 그냥 만나는 일은 없다. 그만큼 할 일이 많아졌고 시간이 부족하기 때문이다. 버킷리스트를 매일 작성한다. 이미 100여 가지를 작성해 놓았다. 그것을 보며 이미 이룬 것은 지우고 새로운 꿈을 적어 나간다. 집필 공간 주변에는 나의 꿈 목록으로 도배되어 있다. 주요한 키워드 중심으로 적은 종이가 360도 회전하며 보아야 보일 정도다. 컴퓨터 모니터, 내 옆과 뒷면 벽까지 꿈이 적힌 종이들로 가득하다. 이 공간이 행복하다. 작가가 되니 글을 쓰고 마음껏 꿈을 꾸는 공간이 생겼다.

책을 쓰고 나니 세상에서 내가 해야 할 일이 뚜렷하게 보였다. 사단법인 YSM의 이사로서 임명장을 받았고 여러 가지 활동을 하게 되었다. 그리고 교육 컨설팅 기업에 근무할 때 많이 했던 학교 강의를 다시 시작했다. 무엇보다 1인 기업가가 되었다. 〈한국진로학습코칭협회〉라는 회사를 창립했다. 이제 1인 기업가, 작가, 강연가라는 꼬리표가 나를 따른다. 청소년과 그 부모들을 만나는 일 이외에 청소년 주변 인물들, 학교, 교육기관 등 만나는 사람들의 범위가 넓어졌다.

꿈을 향해 달려가는 작가들을 알게 되었다. 그들과 꿈을 나누고 서로 응원해 주는 일이 이젠 행복하다. 작가가 되기 전 세상에서 꿈을 나눌 수 있는 사람은 남편뿐이었다. 내 꿈에 관해 이야기했지만 모두 관심이 없었다. 일상적인 삶 이야기를 나누다 보면 스스로 지쳤고 시간이 무의미하게 느껴졌다. 작가가 되기 전에도 나는 꿈을 꾸는 사람이었다. 늘 꿈을 이루기 위해 노력하는 사람이었고 현실에 안주하는 사람이 아니었다. 그랬기 때문에 내 꿈에 귀를 기울이고 응원해 주는 사람들을 만났다는 것이 더할 나위 없이 기쁘다.

책을 쓰기 전과 다른 점은 무수히 많다. 내 마음과 생각이 모두 바뀌었다. 일일이 나열하라면 할 수 있다. 하지만 한마디로 표현하라면 바로 이것이다.

"나는 행복하다."

날마다 순간순간 행복해서 눈물을 흘려 본 적이 있는가? 지금까지 살아온 인생을 떠올려 보면 기쁘고 감사했던 적이 많았지만 나는 지금이 가장 행복하고 감사하다. 늘 꿈이 많았다. 청소년 때부터 하고 싶은 것도 많고 이루고 싶은 것도 많은 꿈 많은 소녀였다. 인생의 어려움 앞에 좌절하고 실패도 했지만 한 번도 그 앞에서 포기한 적은 없었다. 내가 가는 길 앞에 장애물이 있어 피해 간적은 있어도 결코 방향을 잃지 않았다.

3년 뒤, 5년 뒤, 10년 뒤의 삶의 모습이 너무도 뚜렷하고 가깝게 느껴진다. 늘 배울 수 있어 감사했고 그것을 좋아했다. '배워서 남 주자'라는 말을 스스로 마음에 품고 참·끊임없이 배움의 열정을 불태웠다. 배움을 통한 기쁨과 깨달음, 지혜를 청소년들과 나누었다. 그래서 그들이 나의 꿈이 되었다.

배워서 가르치는 것이 내 재능이다. 말로만 하던 책 쓰기의 꿈을 이루자 내 제자들은 감탄했다. 그리고 나를 존경하는 눈빛으로 보았다. 가르침은 항상 삶의 본이다. 말로만 가르치는 것으로는 어떤 제자도 변화시킬 수 없었다. 이것은 지식이 아니라 경험에서 온 깨달음이다.

책 쓰기는 존재에 대한 깨달음과 남은 삶의 명확한 계획까지 선물했다. 세상의 그것이 아닌 내면에서 나오는 엄청난 열정과 에너지를 날마다 뿜으며 행동하는 삶을 살고 있다. 내 몸의 세포 하나하나가 살아 숨 쉬며 삶이 얼마나 의미 있는지 말한다. 꿈을 향한 도전을 즐겁게 감당하는 매 순간이 감사하고 기쁘다.

자기계발의 최고가 무엇일까? 자기 변화와 성장을 꾀할 수 있는 최고의 교육은 무엇일까? 나는 앞으로 자신 있게 '책 쓰기'라고 말할 것이다. 세상에 존재하는 그 어떤 교육보다 가치 있음을 경험했다. 나는 배우고 깨달은 것을 청소년들에게 가르쳐 왔다. 그래서 이 귀한 것 또한 가르쳐 줄 계획이다. 어른으로서도 마땅히 해야 할 일이라고 생각한다.

인생은 시간이다. 이 땅을 떠날 때쯤 《그대여, 시간을 아껴라》라는 책을 남기고 싶다. 청소년들이 주어진 인생을 특별하게 살기를 간절히 원한다. 그렇기 때문에 그들을 위한 작가가 되기를 소원한다. 이처럼 책 쓰기는 놀라운 변화와 성장을 가져다준다. 당신도 도전해 보기를 진심으로 권한다.

책 쓰기로 잠자고 있던
열정 깨우기

김도희 수학학원 부원장, 학습 컨설턴트&학습법 코치, 드림 디자이너, 자기계발 작가

현재 동대문구 장안동 '더큰수학학원' 부원장 및 일타 강사로 활동 중이다. 더불어 학습 컨설턴트로서 학습법 코칭 및 컨설팅을 진행하며 공부가 어려운 학생들에게 희망과 비전을 제시한다. 꿈을 이루며 행복해할 청소년 및 청년들의 미래를 꿈꾸면서 청소년&청년들의 인생 멘토로 상담 활동도 진행하고 있다. 저서로는《사소한 차이가 1등을 만든다》,《보물지도13》등이 있다.

- Blog blog.naver.com/happykkon
- Instagram dreamdesigner77
- Cafe cafe.naver.com/haiza1
- C·P 010.7138.8009

내가 책을 쓴다? 상상만 했던 일이다. 책을 읽는 것은 매우 좋아하기 때문에 방 안에 책이 가득하다. 어릴 때부터 글을 쓰는 것을 즐겨했다. 백일장에도 출전했다. 그래서인지 막연히 나중에 책을 써 보고 싶다는 생각만 하고 있었다. 일종의 버킷리스트였다. 나중이라고 생각했기 때문에 책을 쓰게 되어도 은퇴한 후가 될 것이라고 생각했다.

그런데 이미 나는 작가다. 그것도 3권의 책을 써낸 작가. 말도 안 된다고 생각했다. 지금 학원 일도 바쁘고 건강도 좋지 않은데

내가 무슨 책을 쓰냐며 미뤄 두고 있었다. 그러던 중에 〈한책협〉의 〈1일 특강〉을 듣게 되었다. 책을 써서 성공한 사람들의 이야기가 가득했다. 하지만 어느 곳을 가도 자신들의 성공스토리를 알리는 것은 흔한 일이기 때문에 대수롭지 않게 넘겼다. 그저 나는 어떻게 책을 쓰게 되는 것인지가 궁금했다.

때문에 코치님과 인터뷰를 할 때도 썩 적극적이거나 열정적이지 않았다. 단순히 정보 수집이 필요했을 뿐이기에. 그런데 신기한건 집에 돌아오는 내내 책을 써야겠다는 생각이 머릿속에서 떠나지 않았다. 많은 생각들이 나를 복잡하게 했다. 그럼에도 불구하고 '나는 책을 써야겠다'라는 생각이 들었다.

지금이 아니면 안 될 것 같았다. 내 인생에서 언제 다시 책을 쓸 기회가 있을까 싶었다. 더 늦기 전에 도전해야 한다고 스스로에게 말했다. 그 어떤 누구와도 상의하지 않은 채 혼자 결정했다. 그리고 부모님께 통보했다. 책을 쓰겠노라고. 처음엔 다들 내가 사기당한 줄 알았다. 뜬금없이 책을 쓰겠다고 하니 무슨 소리인가 싶었던 것이다.

다행히 글쓰기를 좋아하고 즐겨했던 나를 미리 알아 본 어머니께서 적극 지지해 주셨다. 사실 내가 이렇게 다짐하기 전에 이미내게 책을 쓰라고 하신 분이 어머니셨다. 그렇게 〈책 쓰기 과정〉이시작되기까지 사전 준비를 마쳤다. 학원 수업 스케줄도 조정하고평소보다 건강에 신경을 썼다. 시작도 전에 아프면 큰일이니까.

원장님의 배려로 나는 마음 놓고 책 쓰기 수업에 참여할 수 있었다. 그리고 매주 책을 쓰며 행복해했다. 제목을 정하고 나니 마치 내 책이 이미 출간이라도 된 것 같은 기분이었다. 그러던 중 공동저서를 집필하기로 결심했다. 끓는 열정을 주체할 수 없었기 때문이다. 무엇이든 결과물이 필요했다. 목표가 있으면 무서운 속도로 질주하는 성격이기 때문에 나의 열정이 식지 않기 위해선 새로운 무언가 필요했다.

오랜만에 장문의 글을 쓰다 보니 처음에는 전혀 감이 잡히지 않았다. 도대체 글의 시작을 어떻게 해야 할지 난감했다. 커서만 깜빡이는 빈 문서를 바라보고 있었다. 그러다 내가 하고 싶은 말들을 머릿속에서 정리하고 누군가에게 이야기하듯이 써 내려갔다. 마치 내 앞에 나의 이야기를 기다려 주는 청중이 있다는 생각으로 글을 쓰기 시작했다.

눈 깜짝할 사이에 A4용지 2장이 채워졌다. 이게 무슨 일이야. 놀라웠다. 새삼 글을 쓴다는 것이 이렇게 행복하고 보람된 일인가 싶었다. 더 놀라운 것은 책을 쓰다 보니 나의 생활에도 변화가 있었다는 것이다. 워낙 새벽 늦게 자는 편이지만 책을 쓰면서 조금 더 늦게 잠들기 시작했다. 매일 3~4시간 정도의 잠을 자며 책을 썼다.

낮에는 학원에 출근해 수업하고 밤에 돌아와서는 바로 노트북을 켰다. 그렇게 내가 맡은 분량을 탈고했다. 한 권의 책을 써내고 나니 자신감이 생겼다. 비단 글을 쓰는 것만은 아니었다. 그 분야의 전문가가 된 기분이었다. 개인저서를 쓰면서도 온종일 책 생각뿐이었다. 행복했다. 더 많은 아이들에게 도움과 희망을 주고 싶었다.

평소와 똑같은 수업을 했을 뿐인데 내가 느끼는 만족도는 달랐다. 그리고 앞으로 강연할 생각을 하니 말 한마디도 조심스러워졌다. 반면에 학부모들과 상담할 때는 내 말에 힘이 실렸다. 나는 이 분야의 전문가라는 자신감 덕분이었다. 물론 약 10년간 학원에서 아이들을 가르치며 '전문가'라는 마음으로 수업에 임해 왔다. 하지만 그것을 증명할 나의 분신이 있다는 사실이 행복했다. 아이들이 나를 바라보는 시선도 달라졌다. 내 제자들의 98%는 내가 책을 낸다는 사실에 대해 알지 못했다. 하지만 SNS를 통해 몇몇의 아이들에게는 내 의지와 관계없이 알려지게 된 것이다.

수업에 들어가면 "선생님, 책 언제 나와요?" 하며 꼭 사 보겠다고 기다리는 아이들이 참 고맙고 예뻤다. 행복하고 자신감이 생기다 보니 내 수업의 질도 달라졌다. 심지어 아이들은 공부하라는 잔소리도 귀 기울여 들었다. 책을 쓰는 동안 학생들의 시험기간이 겹쳐 쉽지 않은 상황이었다. 수업이 끝나면 남겨 놓았다 보충수업을 하는 일이 많았기 때문이다.

늦은 시간 귀가해 책을 쓰는 것은 쉽지 않았다. 하지만 내가 노력하고 결과를 내는 모습을 아이들에게 보여 주고 싶었다. 그들

역시 노력하면 할 수 있다는 것을 몸소 보여 주고 싶었기 때문이다. 그리고 더 신기한 건 집필하는 동안에는 아파도 아프지 않았다는 것이다. 어디서 그런 힘이 생겨나는 것인지 나는 엄청난 속도로 원고를 썼다. 보통 하루 6시간 정도를 책을 쓰는 데 투자했다. 내 경험을 통해 아이들에게 해 주고 싶은 말이 많았다. 때문에 한 자 한 자 정성을 담아 원고를 완성했다.

내가 막막하게 보낸 그 시간을 똑같이 겪고 있을 그 누군가를 위해서 하루라도 빨리 보여 주고 싶었다. 힘이 되어 주고 싶었다. 이런 마음으로 매일을 지내다 보니 생각하는 범위도 달라졌다. 그동안 스스로 한계를 만들어 놓고 그 안에서만 안정적으로 살았다는 생각이 들 정도였다. 나름대로 열심히 살았던 내가 왜 이렇게 안 풀리는 걸까 고민했던 이유를 찾았다.

책을 쓰고 나니 단순히 글 쓰는 실력만 느는 게 아니었다. 나의 의식도 변화하고 있었다. 더 희망적이고 긍정적으로 말이다. 어려울 것만 같은 일이 당장 내 앞에서 실현될 것 같은 기분들로 가득했다. 매일 꿈을 꾸는 기분으로 살다 보니 무엇이든 할 수 있겠다는 생각이 강했다. 덕분에 내가 꾸는 꿈의 크기도 커졌다. 매일 한계를 뛰어넘었다.

원래 건강이 좋지 않은 편이라 책 쓰기를 더 고민했었다. 일과 책 쓰기를 병행하는 것은 무리라고 판단했다. 조금만 움직여도 몸이 아프기 때문에 사실 걱정이 많았다. 그런데 몸이 아픈 것은 아무것도 아니었다. 책을 쓰면서 나는 매일 행복에 취해 살았다. 평소였다면 버틸 수 없는 스케줄을 소화하고, 견딜 수 없을 무게를 지탱하면서도 나는 해내고 싶었다. 멋지게.

잊고 있던 나의 꿈이 실현된다는데 그깟 통증이 무슨 상관인가! 미쳤다고 해도 나는 마냥 좋았다. 그리고 여전히 행복하고 감사하다. 감사한 마음이 매일 가득하다 보니 사진을 찍어 보면 표정이 달랐다. 약간은 우울해 보였던 얼굴이 조금씩 화사하고 밝게 변하는 것을 스스로 느꼈다.

책 쓰기가 잠자고 있던 나의 열정을 일깨웠다. 이렇게 책을 쓰는 걸 좋아하는데 그동안 왜 읽기만 했을까? 읽기만 했을 때는 만족도가 80% 정도였다면 책을 쓰고 났을 때는 만족도가 150%였다. 누군가를 도울 수 있다는 그 생각만으로도 이미 마음이 풍족했다. 사람은 좋아하는 일을 하면 열정이 배가 된다. 그렇다 보니 어떻게 해야 사람들을 돕고 학생들을 도울 수 있을지 온통 이런 생각뿐이다. 상담할 때도 성적의 좋고 나쁨을 떠나 아이들이 어떤 꿈을 꾸고 있는지, 내가 어떻게 도와줄지에 대해 이야기한다.

처음엔 의아해한다. 그러다 그런 모든 이야기가 내 책에 담겨 있다고 하면 더 크게 신뢰도가 상승한다. 가족들 반응 역시 남달랐다. 처음에는 그냥 책을 쓰나 보다 했다. 그러다 빠른 속도로 책을 써내고 활기차고 열정적으로 변하는 내 모습에 부모님께서는 매우 행복해하셨다. 그리고 난 더 자랑스러운 딸이 되었다.

책을 쓰면 단순히 경제적인 풍요만을 얻는 것이 아니다. 그동안 갇혀 있던 나의 잠재의식이 깨어나고 더 큰 생각을 할 수 있는 좋은 계기가 된다. 사람은 의식이 변하면 인생이 변한다. 그것도 매우 성공적으로. 때문에 나는 죽을 때까지 책을 쓸 계획이다.

책을 쓰고 1인 창업해
인생역전에 성공하기

최정훈 창업 마케팅 전문가, 1인 지식 창업 코치, 블로그 강사, 카페 강사, 자기계발 작가

다양한 창업 실패 경험에서 얻은 깨달음으로 1인 지식 창업에 도전해 성공했다. 자신의 경험을 활용해 창업으로 성공하기 위해 필요한 마케팅 비법을 전수하는 〈소셜창업연구소〉를 설립하고 대표로 활동하고 있다. 네이버 카페와 블로그를 활용해 돈 없이 지식과 경험으로 창업하는 방법을 강의하고 있다. 100여 명의 1인 지식 창업가를 도와 성공시켰다. 저서로는 《1인 지식 창업의 정석》, 《보물지도6》, 《미래일기》 외 10권이 있다.

- E-mail machwa@naver.com
- C·P 010.7774.4476
- Cafe www.scculab.co.kr

많은 사람들이 늦잠을 자는 일요일 아침, 난 평소와 다름없이 새벽 6시면 울리는 휴대전화 알람 소리에 힘겹게 눈을 떴다. 어젯 밤 야간 아르바이트 직원과 근무교대 후 고장 난 PC를 수리하느 라 자정이 훌쩍 넘은 시간에야 겨우 매장에서 나올 수 있었기 때 문이다. 퇴근 후 집으로 와서 씻고 바로 잤음에도 잠을 몇 시간밖 에 자지 못했다. 그래서 그런지 몸이 평소보다 더 피곤한 것 같다. 방금까지 자다가 일어났음에도 몸이 천근만근 무겁다.

샤워를 하고 나와 장모님이 차려 주신 아침식사를 먹는 둥 마

는 등 식탁에서 일어나 옷을 챙겨 입고 출근한다. 근무교대 시간
인 8시가 되기 전에 교통지옥을 뚫고 매장에 도착해야 하기 때문
에 마음이 급하다. 출근시간이라 꽉 막힌 간선도로를 겨우 지나
매장에 도착했다. 늦지 않게 매장에 도착한 것에 안도의 한숨이
나왔다.

매장에 들어가 근무를 교대한다. 밤새 일한 야간 아르바이트 직
원에게 근무 중 있었던 일들을 인수인계 받는다. 교대 후 직원이
퇴근하면 본격적으로 일을 시작하기 전에 커피 한 잔의 여유를 즐
긴다. 커피 잔을 들고 매장 구석구석을 살펴보며 일을 찾는다.

매일 그렇지만 매장 청소 상태가 엉망이다. 24시간 영업하는
PC방은 원래 야간 근무자가 손님이 적은 새벽시간을 활용해 매
장 구석구석을 청소해야 한다. 하지만 우리 매장에서 그동안 일
했던 야간 아르바이트 직원들은 하나같이 눈에 보이는 곳만 대충
청소했다. 내 마음 같아선 왜 청소를 똑바로 하지 않느냐고 직원
에게 따지고 싶다. 하지만 직원이 그만둔다고 할까 봐 아무 말도
하지 못하고 직원이 해야 할 일을 내가 대신하는 것이다. 매장 구
석구석을 꼼꼼히 청소하고 나면 오전시간이 금세 다 지나간다.

아침부터 바쁘게 이것저것 하다 보니 금세 배가 고파져 집에
서 싸 온 도시락을 먹는다. 장모님께서 새벽부터 준비해 주신 도
시락이다. 하지만 점심에 먹으려고 하니 밥이 다 식어 버려 따뜻
한 라면 국물에 말아 먹는다. 도시락을 싹 비우고 설거지를 하고

나면 아이들이 한 명씩 매장에 들어온다. 초등학생들을 시작으로 중학생, 고등학생들이 몰려와 매장은 도깨비시장을 방불케 할 정도로 시끌벅적해진다.

아이들이 시끄럽게 떠들어 아침부터 자리를 지키고 있던 성인 손님들이 불평하면 그때부터 매장을 조용하게 만들기 위한 일을 시작한다. 돌아다니며 시끄럽게 떠드는 아이들에게 주의를 주는 것이다. 하지만 게임에 빠져 있는 아이들은 내 말을 듣는 둥 마는 둥 무시한다. 아이들을 조용히 시키느라 한참 진땀을 빼고 나면 금세 저녁시간이 된다.

저녁식사를 하기 위해 배달 전화번호를 뒤적거린다. 김치찌개가 생각나 식당에 전화를 해 보지만 1인분은 배달하지 않는다고 한다. 그 이야기에 김치찌개를 포기하고 중국집에 전화해 자장면을 시킨다. 자장면이 도착해 먹으려고 하면 갑자기 손님이 들이닥친다. 손님들이 주문한 라면과 음료를 준비해 가져다주고 자장면을 먹으려고 하니 젓가락질이 힘들 정도로 면이 불었다. 불어서 맛은 없지만 또 손님들이 언제 주문할지 몰라 자장면을 허겁지겁 먹어 치운다. 가장 바쁜 저녁시간에는 밥을 먹을 시간이 있다는 것만으로도 다행이다. 급하게 먹어서 그런지 속이 답답해 끙끙대다가 사이다로 겨우 속을 달랜다. 밥 먹고 몇 시간 정신없이 일하다 보면 야간 아르바이트 직원과 교대할 시간이 된다.

하루 종일 바쁘게 일하느라 지쳐서 겨우 퇴근 준비를 한다. 하지만 교대시간인 10시가 지나도 아르바이트 직원은 나타날 생각을 하지 않는다. 조금 더 기다리다 전화기를 든다. 하지만 직원의 전화기는 꺼져 있다. 오늘도 야간 직원 없이 퇴근도 못하고 밤을 새워야 하는 건가 하고 실망하던 찰나 아르바이트 직원이 죄송하다면서 허겁지겁 뛰어온다. 집에서 누워서 잘 수 있다는 것에 감사하면서 직원에게 주의를 주고 퇴근한다.

매장을 나와 차를 운전해 집에 거의 도착하려고 할 때 야간 아르바이트 직원에게서 전화가 온다. 매장에 취객이 들어와 난동을 부린다고 한다. 다시 차를 돌려 매장으로 향하면서 아내에게 일이 생겨 늦으니 기다리지 말라고 연락한다. 매장에 도착하니 카운터에서 직원과 취객이 요금 문제로 실랑이를 벌이고 있다. 다른 손님들에게 피해를 주지 않기 위해 손해를 보더라도 손님을 그냥 내보내고 나도 다시 집으로 향한다.

이것이 내가 5년 동안 PC방을 운영하면서 매일같이 경험한 일상이다. 365일 24시간 영업해야 하는 PC방을 운영했기 때문에 내가 다른 자영자들에 비해 더 힘들었을 수도 있다. 하지만 PC방을 정리하고 경험한 치킨전문점, 독일식 소시지전문점, 떡볶이 전문점 등 다른 자영업도 절대 쉽지 않았다. 자영업은 무엇을 하든지 직장생활을 하면서는 절대 경험할 수 없는 힘든 일상의 연속이었다. 그리고 나를 더 힘들게 한 것은 이렇게 고생해도 장사가 잘

되지 않아 적자가 발생하면 집에 돈 한 푼 가져가지 못하고 빚이 생긴다는 것이었다.

결국 자영업이 너무나 힘들어 포기하고 적은 월급에도 감사한 마음으로 직장생활을 다시 시작했다. 하지만 직장생활도 답이 없기는 마찬가지였다. 회사에서 주는 쥐꼬리만 한 월급을 받으며 몇 년 버텨 봤다. 하지만 생활비가 부족해 시간이 지날수록 조금씩 늘어 가는 빚 때문에 결국 직장생활도 포기할 수밖에 없었다. 직장생활도 자영업도 모두 실패하다 보니 무엇을 해야 할지 몰라 방황하게 되었다. 그때 우연히 읽은 한 권의 책을 통해 책 쓰기와 〈한책협〉에 대해 알게 되었다. 〈한책협〉 카페에 가입해 혹시나 하고 신청한 책 쓰기 〈1일 특강〉에서 김태광 대표 코치를 만났다. 그러곤 강연에 빠져들어 7주 과정에 등록해 책 쓰기를 시작했다.

책을 쓰는 것만 생각하고 〈책 쓰기 과정〉을 시작했다. 하지만 수업을 듣고 나니 1인 창업이 더 하고 싶어졌다. 자신의 지식과 경험으로 다른 사람들을 도우며 함께 성장하는 1인 창업의 매력에 빠졌다. 나는 책 쓰기 과정을 수료하기도 전에 사업자등록을 하고 1인 창업을 시작했다. 책도 없고 1인 창업의 경험이 부족에 사업 초반에는 많이 힘들었다. 하지만 우연한 기회에 강의를 시작하게 되면서 사업은 조금씩 자리를 잡아 갔다. 백수였던 내가 1인 창업 6개월 만에 월 1,000만 원의 매출을 달성한 것이다. 1인 창업은 직장생활, 자영업과는 비교할 수 없을 만큼 많은 돈을 벌면서도 시간적, 육체적으로 너무나 자유롭다. 노트북만 있으면 언재 어디서라도 일할 수 있기 때문이다.

난 이제 더 이상 매일 아침을 힘겹게 맞이하지 않는다. 상쾌하게 아침을 맞이하고 가족들과 아침식사를 하면서 여유를 즐긴다. 일은 내가 하고 싶을 때 하고 싶은 장소에서 한다. 책을 쓰고 1인 창업해서 시간적·경제적 자유를 누리는 삶을 살게 된 것이다. 책을 쓰고 1인 창업한 후 수입이 많아지면서 자연스럽게 작은 집에서 넓은 집으로 이사했다. 차도 10년 된 낡은 소나타에서 BMW로 바꿨다. 가족들을 힘들게 하던 천덕꾸러기 백수에서 존경받는 가장으로 인생역전에 성공한 것이다.

내가 특별한 사람처럼 보이겠지만 나는 너무나도 평범한 사람이다. 내가 할 수 있었다면 이 책을 읽는 당신도 분명 할 수 있다. 아직 늦지 않았다. 지금 당장 책 쓰기를 시작해 보자.

05

내 책으로 사람들에게
인생의 목표와 방향 찾아 주기

김희량 청소년수련관 관장, 자녀교육 코칭 전문가, 동기부여 강사, 자기계발 작가

보육학, 청소년지도학, 교육학을 전공하고 박사과정 중에 있으며 청소년수련관 관장으로 근무하면서 청소년들과 많은 사람들에게 동기부여를 통해 자기계발을 할 수 있도록 도움을 주는 동기부여가로 활동 중이다. 저서로는 《버킷리스트15》, 《또라이들의 전성시대3》이 있으며, 13년간 유치원 교사와 어린이전문서점 운영 경험을 바탕으로 '내 아이를 위한 독서 코칭법'을 주제로 개인저서를 집필 중이다.

• E-mail youth5love@naver.com   • C·P 010.9373.1355

나는 평소 남들에 비해 그다지 책을 많이 읽지 않는 편이었다. 또한 글도 한번 제대로 써 본 적이 없다. 하지만 언젠가는 나의 인생을 책으로 펴내고 싶다는 생각은 가끔 하고 있었다. 그러던 중 책 쓰기를 키워드로 인터넷을 검색하다가 우연히 〈한책협〉을 알게 되었다. 나는 그곳의 대표 코치인 김태광 작가의 저서 《성공해서 책을 쓰는 것이 아니라 책을 써야 성공한다》를 읽게 되었다. 거기서 인생에 새로운 눈을 뜨게 되었다.

이 책을 보면 1장부터가 '평범한 사람일수록 책을 써라' 이렇

게 시작된다. 사실 나는 평범한 생활을 해 오진 않았다. 그러나 평범하지 않은 사람도 책을 쓸 수 있다는 생각이 들게 한 책이다. 평소 막연하게 '책을 한번 쓰고 싶다'라고 생각하고 있었다. 그 꿈을 현실로 옮겨 놓을 수 있는 기회가 생긴 것이다. 나는 고민할 여지도 없이 〈책 쓰기 과정〉에 등록했다.

'내가 책을 쓴다면 무슨 책을 쓸까?' 나만의 상상을 해 보았다. 처음엔 무엇을 써야 할지 고민했다. 그러다가 내가 무엇을 원하는지를 생각하면 쓸 말이 많을 것 같았다. 때마침 버킷리스트와 관련해 여러 명의 작가와 함께 책을 쓸 수 있는 기회가 주어졌다. 그래서 나는 이때가 기회다 싶어 바로 책을 쓰기 시작했다. 그렇게 해서 나온 책이 나의 버킷리스트를 담은 《버킷리스트15》다.

나는 어릴 적부터 호기심이 많아 엉뚱한 짓을 많이 했다. 학교에 다닐 때도 얌전히 다녀 본 적이 극히 드물다. 특히 중학교 때가 가장 절정을 이루었던 것 같다. 학교가 높은 산꼭대기에 있었는데 얼마나 극성맞았는지 하루도 그냥 지나가는 날이 없었다. 중학교 때는 초등학교 때와 달리 약 30분 정도를 버스를 타고 다녔다. 그런데 넉넉하지 않은 집안 형편에 용돈을 타기는 하늘의 별 따기였다. 나는 매일 학교가 끝나면 회수권(그때 당시 버스표)을 들고 학교 앞 떡볶이 집으로 향했다. 거기서는 회수권을 떡볶이로 바꿔 먹을 수 있었기 때문이었다. 그러곤 2시간이 넘는 거리를 걸어서 집에 오곤 했다.

또한 학교 뒷산에는 과일나무가 참 많았다. 물론 학교에서 심어 놓은 것은 아니고 동네 집집마다 유실수를 심어 놓은 것이었다. 나는 같이 다니던 극성맞은 친구들과 앵두며 살구며 감이며 눈에 보이는 족족 싹쓸이를 했다. 가끔은 주인아저씨에게 들켜 손 들고 벌을 서기도 했다. 지금 생각하면 그분들께 너무 죄송한 마음이 든다.

이 외에도 통행금지가 있던 당시에 통금이 해제되면 그 깜깜한 새벽부터 한두 시간을 걸어 학교 교문에 다다랐다. 그러곤 수위 아저씨를 깨우곤 했다. 그래서 그런지 주위로부터 '또라이'라는 소리를 많이 들으며 자랐다.

그런데 〈책 쓰기 과정〉에서 또 한 번의 기회가 왔다. 이곳에는 이미 《또라이들의 전성시대》라는 책이 출간되어 있었다. 나는 깜짝 놀랐다. 나도 저 책을 한번 써 봤으면 생각하고 있을 무렵《또라이들의 전성시대3》을 함께 쓰자는 제안을 받았다. 나는 바로 신청하고 두 번째 책을 쓰기 시작했다. 이미 첫 책을 써 본 경험이 있는지라 두 번째 책은 어렵지 않게 써 내려갈 수 있었다. 그래서 나는《또라이들의 전성시대3》의 공저자로 나를 세상에 알릴 수 있게 되었다.

그 후 나의 생활이 달라졌다. 예전에는 그냥 독자로만 머물렀다. 그러다가 막상 책을 쓰고 나니 하루아침에 독자에서 저자로 신분이동이 되어 있었다. 세상이 달라 보였다. 나는 그때 받은 동기부여로 인해 저자다운 저자가 되고자 지금부터라도 책을 열심히 읽기로 마음먹었다. 일단 마음을 먹으니 책이 사고 싶어졌다. 나는 어떤 책을 골라야 할지 고민했다.

그러던 중 김태광 대표 코치가 일단 인생의 성공을 맛보려면 의식부터 바꿔야 한다고 했다. 그러면서 의식 전환에 도움이 되는 책 30여 권을 골라 주었다. 평소 책을 잘 안 읽던 나는 '이걸 언제 읽지?' 하는 생각에 일단 겁부터 났다. 그러나 그것도 잠시. 마음먹었을 때 한 권이라도 책을 펼쳐 보자 생각하고 배달된 30여 권의 책을 옆에 쌓아 놓고 읽기 시작했다. 기분이 좋았다. 이제는 독자로서 책을 읽는 것이 아니라 저자의 입장에서 책을 읽게 되었다는 기쁨 때문이었다.

'아! 그런데 이게 웬일?' 평소에는 잘 안 읽히던 책들이 어쩌면 이렇게 잘 읽히는지. 나는 단숨에 책 한 권을 뚝딱 읽어 버렸다. 너무 재미있었다. 내가 이제껏 잊고 살았던 나의 잠재의식이 용틀임을 하는 듯했다. 책을 놓을 수가 없었다. 이내 두 번째 책을 손에 들었다. 이것마저도 한 시간 만에 다 읽어 버렸다. 나는 나 자신에게 깜짝 놀랐다. 이렇게 해서 한 달 만에 30여 권의 책을 다 읽었다. 그렇게 두서너 달 동안 읽은 책이 우리 딸에게 읽어 준 그림책이나 동화책, 학부시절과 대학원에서 읽은 전문서적을 빼면 내가 평생 읽은 책의 양과 맞먹을 정도였다.

　그동안 나는 보육학과 교육학을 전공하고 지금은 대학원 박사과정을 밟고 있다. 그런 내가 이제는 본격적인 책 쓰기를 통해 사회에 무언가 도움이 되고자 하는 마음이 생겼다. 한동안 유치원과 어린이 전문서점을 운영하면서 아이들 교육에 가장 필요한 것이 무엇보다도 독서라는 것을 절실히 느꼈기 때문이다. 나는 딸을 키우면서도 수없이 많은 책을 읽어 주었다. 그 덕에 딸은 책을 아주 좋아하는 아이로 자랐다. 대학생이 된 지금까지도 손에서 책을 뗄 줄 모른다. 그래서 지금은 그동안의 경험과 노하우를 바탕으로 부모들을 위한 자녀 교육 지침서 《어린이 독서 코칭법》(가제)을 집필 중이다.

　나는 현재 청소년수련관 관장, 아동친화도시조성위원회 위원, 여성친화도시조성협의체 위원, 지역사회보장대표협의체 위원, 주민자치위원회 위원, 청소년시설협회 감사 등을 하며 아동, 청소년들과 지역사회를 위해 열심히 뛰고 있다. 또한 동기부여 강연가로 활동하며 많은 사람들에게 꿈과 희망을 심어 주고 있다.

　앞으로도 하고 싶은 일과 해야 될 일들이 참으로 많다. 지금까지는 청소년지도 현장에서 혹은 기업체나 학교 등에서 직접 강사로 많이 활동했다. 그러나 이제는 현장에서 활동하고 있는 강사나 지도자들에게 이제껏 내가 쌓아 온 인생의 경험들을 나누어 주는 다양한 방향의 컨설팅을 하고 싶다. 왜냐하면 길은 내가 아는 만큼 쉽게 갈 수 있기 때문이다.

요즘은 내비게이션이 웬만하면 찾고자 하는 길을 잘 안내해 준다. 그러나 그것도 업그레이드를 잘 안 하면 새로 난 길들을 잘 못 안내해 엉뚱한 길로 들어서게 하기도 한다. 인생도 마찬가지다. 길을 잘 아는 사람과 동행한다면 즐기면서 가고자 하는 목적지를 잘 찾아갈 수 있는 것이다.

나의 인생 스토리를 책으로 펴내면서 나의 삶이 많이 달라졌다. 먼저 더욱더 목표가 뚜렷해졌다. 그리고 나 스스로의 자신감은 물론이거니와 앞날을 걱정하는 많은 사람들에게 더욱 큰 희망을 줄 수 있다는 자부심이 넘쳐 난다. 그렇다. 누구를 만나서 어떻게 변화되느냐에 따라 삶은 완전히 달라질 수 있다.

모든 사람은 삶을 사는 동안 자신만의 무수히 많은 경험과 노하우를 쌓게 된다. 그러나 그게 무엇인지 찾고자 하는 노력과 실제로 그것을 찾았다 할지라도 잘 사용하지 못하는 경우가 너무도 많다. 나는 이런 사람들에게 좀 더 뚜렷한 인생의 목표를 가지고 방향을 잘 잡아 걸어갈 수 있도록 새로운 길을 찾아 주고 싶다.

나는 이 세상에서 가장 큰 축복이 만남의 축복이라고 생각한다. 나는 앞으로도 살아가면서 많은 사람들을 만나게 될 것이다. 그렇다면 나는 과연 그들에게 어떤 영향력을 주는 사람이 될 것인가? 그 답을 찾느라 오늘도 나는 끊임없이 공부하고 생각하고 행동한다.

마지막으로 나의 인생스토리를 책으로 펴내 새로운 삶을 찾게 해 주신 김태광 대표 코치님께 진심으로 감사하다는 말씀을 드리고 싶다.

꿈 가족을 만들어 준
인정받는 책 쓰기

성실애 '초등독서코칭협회' 대표 코치, 워킹맘 메신저, 자기계발 독서 전문가, IT QA 전문가, SW 기획자

엄마 경력 8년 차, 직장생활 12년 차로 두 아들을 키우는 워킹맘이다. 아이와의 소통을 위해 책을 매개로 삼았다. 독서를 통해 아이들과 소통하고 독서를 통해 나의 발전을 꿈꾼다. 토목공학 석사학위와 국제 SW Testing 자격증을 취득한 만큼 자기계발에 적극적이다. 현재는 부모 코칭을 통해 아이와 부모가 함께 책을 통해 꿈을 찾고 독서할 수 있도록 돕고 있다. 저서로는 《내 아이 독서 천재 만드는 비법》, 《또라이들의 전성시대3》, 《보물지도13》 등이 있다.

• E-mail sungsil0822@naver.com   • Blog blog.naver.com/sungsil0822

나는 세상을 살면서 나의 분신이라고 여겨지는 것을 만들고 키우고 지켜 나가는 것을 중요하게 생각했다. 나의 아들들 그리고 회사에서 출시하고 있는 제품을 나의 분신으로 여겼다. 하지만 내가 만든 그 분신은 결코 나의 것이 아니었다는 생각이 들었다. 나의 아들들은 나와 다른 하나의 독립된 인격으로 커 갔다. 내가 출시한 제품은 나의 이름이 아닌 회사의 이름을 달고 세상에 나갔다. 그것으로는 나의 분신이라고 인정할 수 없었다. 나는 필요했다. 나를 대변할 수 있는 나만의 분신이. 그리고 그 분신으로 인정받

고 싶었다.

결혼 9년, 입사 10년을 앞만 보고 달려왔다. 성실하게 내 일과 책임을 묵묵히 해내는 삶을 보람으로 알고 지낸 지 38년이다. 하루하루 맡겨진 업무와 책임에 최선을 다했다. 남에게 피해 주지 않고 살아가다 보면 점점 좋은 날이 올 거라는 막연한 기대만을 가지고 살았다.

작년 말, 갑자기 내 목표는 무엇인지, 내 꿈은 무엇인지 번뜩 떠오른 생각이 며칠 동안 머릿속을 헤집었다. 나에게 뚜렷한 목표가 있었던가? 이루고자 하는 꿈, 열망이 있었던가? 나는 무엇으로 인정받을 수 있지?

그런 찰나에 내 인생의 꿈이 불쑥 떠올랐다. 그것은 작가가 되는 것이었다. 초·중·고등학교 시절 백일장에 나가기만 하면 상을 타 왔다. 학교 대표로 글짓기 대회에 나가는 것은 당연했다. 그리고 작가를 꿈꾸었던 그때가 떠올랐다.

나는 중요한 일이 있거나 문뜩 떠오른 생각 또는 감사, 불만 등이 있으면 글을 쓰는 습관이 있다. 일기 형식이 대부분이다. 그것들을 쓰다 보니 글을 잘 쓰고 싶다는 생각이 들었다. 그 글들을 모아 책으로 내면 좋겠다고 생각했다. 하지만 이 또한 막연했다. 언제까지 어떤 글을 어떻게 써서 책으로 낼 것인가? 내가 환갑이 되고 칠순이 되면 가능해질까?

올해의 계획을 세우며 책 쓰기를 목표로 잡았다. 목표는 일정이 있는 꿈이라고 했다. 꿈을 실현하기 위해선 정확한 기준을 가진 목표가 필요했다. 목표를 잡고 그것을 실천해 갔다.

회사를 다니고 아이를 키우며 틈틈이 책을 쓰는 일은 쉽지 않았다. 주말엔 책을 쓰겠다고 아이들을 남편에게 맡겨야 했다. 그리고 주제에 맞는 전문지식의 습득을 위해 여러 권의 책을 사들였고 읽었다. 그 과정에서 가족의 양해를 구하지 않을 수 없었다. 남편에게 먼저 내 꿈에 대해 이야기하고 도움을 구했다. 주중에 아이들을 봐 주시는 부모님께도 내가 하고자 하는 바를 말씀드렸다. 아이들에게는 책을 읽고 글을 쓰는 모습을 최대한 많이 보여 주며 엄마가 하는 일을 인정하도록 노력했다.

이렇게 나의 꿈을 향해 전진한 지 3개월이 넘었다. 그동안 나에게 많은 변화가 왔다. 아니, 나뿐만 아니라 나의 가족들에게도 많은 변화가 일어났다. 남편은 새벽에 일찍 일어나 책을 읽고 글을 쓰는 내가 자랑스럽다고 했다. 내가 책을 쓰겠다고 한 날부터 나에게 생기가 돈다고 했다. 그런 삶의 활력을 찾은 나를 보며 자신이 더 대견스러워했다. 얼마나 자랑스러운지 시부모님께도 말씀드려 날 당황스럽게 만들었다.

책을 쓰겠다는 며느리를 두고 시부모님께서는 우리가 조상 묘를 잘 썼나 보다며 정말 잘 생각했다고 아낌없이 응원해 주셨다. 한 달에 한 번 가는 시댁에서도 자연스럽게 새벽에 눈이 뜨였다.

조용히 노트북을 들고 나와 식탁에서 글을 썼다. 아침잠이 없어 일찍 일어나신 어머니는 나의 글쓰기에 방해가 되지 않으시려는 듯 다시 방으로 들어가셨다. 그렇게 조금씩 시부모님께도 인정을 받았다. 인정받고 싶어 시작한 책 쓰기인데 그 과정만으로도 인정 받음에 나의 어깨가 들썩였다.

내가 글을 쓰거나 책을 보고 있으면 아이들은 자연스레 내 옆으로 와서 책을 읽었다. 가끔 엄마가 쓰는 책의 내용을 궁금해하고 필요한 내용에 도움을 주기도 했다. 책에 자신들의 이름이 들어간다고 하자 더욱 신이 났다. 주말에도 같이 놀아 주지 못하고, 조금 더 바빠진 엄마에게 그리 불만을 토로하지 않았다. 엄마가 책을 쓰기 위해 공부하러 가면서 아빠와 더욱 긴밀한 관계를 만들어 갔다. 나에게만 의지하던 식사 준비나 주말 소풍 같은 일상이 아빠에게 돌아갔다. 아빠는 점점 더 그것들을 잘해 나갔다.

가족과 회사를 위해 돌아가던 나의 생활이 나를 중심으로 돌아갔다. 그러면서 가족들은 할 수 있는 일을 찾아 스스로 할 수 있게 되었다. 꼭 내가 아니어도 괜찮았다. 그것을 결혼 10년 만에 알았다.

막연히 올해 안에 책을 쓰겠다는 목표는 책을 쓴 후 내 인생의 뚜렷한 목표를 잡는 것까지 자연스럽게 이어졌다. 한 줄 한 줄 버킷리스트를 작성해 가면서 내 조그만 그릇 속 바닥에 담아 두었던 꿈들이 휘저어 올라왔다. 결혼하며 남편과 그렸던, 우리가 살고 싶은 집부터 내가 10년 뒤 20년 뒤 어떻게 살 것인지도 구체적으로 그려지기 시작했다.

아이들이 아빠와 함께 우리가 살고 싶은 집을 열심히 종이에 그렸다. 내가 살고 싶은 감나무 세 그루가 있는 3층짜리 집을 5년 안에 짓자고 남편과 얘기했다. 그리고 남편은 그 꿈을 아이들과 그림으로 남겼다. 그냥 놀이로 생각하고 그림을 그렸던 큰아이가 몇 주가 지나 우리에게 물었다.

"아빠 우리 정말 집 지어요? 레고 집이 아니고 진짜 집?"

아이는 내가 책을 쓰면서 아빠와 가끔 나누는 이야기를 계속 들었다. 그러다 보니 그림 속 우리 집이 레고로 쌓아 올리던 장난감 집이 아닌 진짜 집이구나 하는 생각이 들었나 보다. 남편과 나는 아주 당연하게 "그럼, 진짜 집을 지을 거지."라고 확신에 차서 이야기했다.

우리 가족은 함께 같은 꿈을 꾸게 되었다. 손자들을 딱 10년만 봐 주시겠다고 하셨던 우리 엄마도 어디 땅이 좋다더라, 어느 평수 정도 부지가 있어야 그런 집을 지을 수 있지 않겠냐고 하신다. 내일 당장이라도 집을 지을 부지를 찾아보러 다니실 듯 이야기하신다.

내가 한 일은 단순히 내 분신을 만들어 인정받기 위해 책 쓰기를 시작한 것밖에 없다. 그 시작은 불과 3개월 만에 나와 우리 가족의 삶에 많은 변화를 가져왔다. 엄마이자 아내의 책 쓰기를 위해 불만을 드러내는 것이 아니라 불편을 조금씩 양보해 주고 있다. 스스로 할 수 있는 일들은 알아서 하게 되었다. 이 글을 쓰고 있는 지금도 아이들은 아빠와 함께 잠자리에 들어가 책을 읽고 있다. 엄마의 전유물이었던 베갯머리 책 읽기는 아빠가 읽어 주니 더 즐거운 책 읽기가 되었다.

더 중요한 건, 우리 모두가 나의 책 쓰기를 통해 같은 꿈을 꾸는 일명 '꿈 가족'이 되었다는 것이다. 책을 쓴 엄마는 시간을 많이 벌게 될 거라고 우리 아이들은 알고 있다. 그 시간을 자신들에게 나눠 줄걸 기대한다. 자신의 이름을 걸고 당당히 일하는 내가 자랑하고 싶은 아내가 될 거라는 것을 우리 남편은 알고 있다. 우리가 따스한 햇볕이 드는 3층 서재에서 향이 좋은 커피 한 잔을 마시며 책을 읽거나 이야기를 나눌 거란 걸 알고 있다.

책을 쓰기 시작한 후, 함께 같은 꿈을 꾸는 가족이 만들어졌다는 것이 내 인생을 달라지게 한 가장 큰 요인이다. 그 가족의 힘으로 나는 꾸준히 책을 쓴다. 자랑스러운 엄마이자 아내, 인정받는 딸이자 며느리의 책이 서점에 깔리는 날 우리는 서점으로 달려가 가족 사인회를 열 것이다.

지금까지와는
전혀 다른 삶 살기

신상희 SNS 마케팅 코치, 브랜딩 전문가, 세일즈 코치, 경력단절 여성 드림코치, 동기부여가, CS 강의 전문가, 자기계발 작가

20대에 SNS 마케팅으로 세일즈 8개월 만에 억대 연봉을 달성한 경험을 가지고 있다. 많은 사람들이 자신이 가지고 있는 스토리나 콘텐츠를 특별하게 생각하지 못해 좌절하고 포기하는 것을 발견했다. SNS로 콘텐츠를 마케팅하여 브랜딩에 성공할 수 있도록 교육하고 있다. 현재 〈한국SNS마케팅협회〉를 운영하고 있으며, 저서로는《고객이 스스로 사게 하라》,《SNS 마케팅이면 충분하다》등이 있다.

• E-mail msmkorea12@gmail.com
• Blog blog.naver.com/shinsanghee2
• Cafe cafe.naver.com/gamemecah
• Facebook sanghee.shin.58
• C-P 010.9651.0963

'성공해서 책을 쓰는 것이 아니라 책을 써야 성공한다'라는 말을 어떻게 생각하는가? 대부분의 사람들은 죽기 전에 책 한 권 쓰겠다는 버킷리스트를 가지고 살아간다. 나 역시 그런 사람 중 한 명이었다. 나는 사회적으로 다양한 경험을 하고 남들이 인정해 줄 만한 결과를 이루었을 때 책 쓰기가 가능하다고 생각했다. 하지만 〈한책협〉의 김태광 대표 코치님을 만난 이후로 내 생각은 완전히 바뀌었다.

경력단절 여성으로서 삶이 무료하던 어느 날, 우연히 네이버에

서 쪽지 한 통을 받았다. 지금 당장 책을 써 작가, 강연가, 코치로서 인생 2막을 시작하라는 내용이었다. 당장 책을 쓸 수 있다는 것도 이상했다. 게다가 인생 2막을 시작하는 방법을 알려 준다는 내용을 더욱 믿지 못했다. 그러나 강한 끌림으로 내 마음이 움직였고, 나는 당장 특강에 참석했다. 특강이 시작된 지 한 시간도 지나지 않아 나는 지금 당장 책을 쓰고 작가가 되어야겠다고 다짐했다. 그리고 바로 실천했다. 결과적으로 2년도 지나지 않아 나는 10권이 넘는 책을 펴낸 저자가 되었다.

나는 책을 쓰고 난 이후 많은 변화를 경험했다. 그중 가장 큰 변화는 경력단절 여성으로서 비닥이었던 자존감을 회복했다는 것이다. 글을 쓰며 과거의 나를 들여다보아야 했기 때문에 많이 울었다. 열심히만 살았던 시간이 억울하기도 했다. 왜 내 삶은 더 나아지지 않았을까 생각하니 화도 났다. 하지만 나의 경험과 지혜를 정리하기 시작하면서 나의 스토리가 누군가에게 힘이 될 수 있다는 것을 알게 되었다. 그 과정에서 생겨난 용기와 살아난 자존감은 이제 그 무엇과도 바꿀 수 없는 '책 쓰기 결과물'이 되었다.

"여보, 내가 책을 쓰고 작가가 되고 강연가가 될 수 있도록 도와줘서 고마워."

"그때 너무 힘들었잖아. 나는 당신이 글을 쓰고 작가가 될 수 있다는 것도 알았지만 아팠던 마음을 극복해 낼 수 있다는 것도 믿었거든."

육아우울증에 걸린 여성들이 왜 극단적인 생각을 하는지 나는 알고 있다. 아무것도 하고 싶지 않고, 아무것도 할 수 없을 것 같은 그 마음이 무엇인지 경험해 보지 않은 사람은 모른다. 어느 날 문득, 아이를 보고 있으면 그저 눈물이 났다. 청소를 하다가 갑자기 뛰어내리고 싶은 충동도 느꼈다. 그런데 갑자기 이런 생각이 들었다.

'지금 당장 내가 이대로 죽는다면, 나를 기억해 줄 사람이 있을까?'

'내가 열심히 그리고 치열하게 살아온 것을 누가 기억해 줄까?'

나는 겁이 남과 동시에 억울해지고 싶지 않았다. 그래서 나는 악착같이 책을 썼고 단기간에 작가가 된 것이다. 〈한책협〉에서 〈7주 책 쓰기 과정〉을 수강하면서 나는 육아우울증을 치유했다. 어느 병원 의사나 심리치료사도 고칠 수 없었던 우울증을 〈한책협〉의 김태광 대표 코치님께서 고쳐 주신 것이다. 지금에 와서 말하지만, 그때 대표 코치님을 만나지 못했더라면 나는 지금같이 자신감 넘치는 삶을 살지 못했을 것이다.

요즘은 내가 작가가 된 것이 운명처럼 느껴질 때가 많다. '이렇게 알려 주고 싶은 것이 많았을까' 생각될 정도이기 때문이다. 워킹맘, 경력단절 여성, 기업 마케팅 담당자, 자영업자, 직장인 등 많은 독자들로부터 연락을 받는다. 과거에 나는 몇만 원짜리 화장품을 판매하기 위해 직접 고객을 찾았다. 방문해서는 내 이야기를 들어 주길 바랐다. 하지만 지금은 어떤가? 책을 써서 작가가 되고 강연가가 되자 많은 이들이 먼저 나를 찾는다. 어떻게든 나의 조언을 받기 위해 애쓴다. 이것이야말로 책을 써서 유명해지지 않았다면 있을 수 없는 일이다.

"지금 아이를 키우고 있는데 다시 사회로 나가기 위해 어떤 준비를 해야 할까요?"

"회사에서 마케팅을 담당하고 있는데, 어떤 콘셉트로 SNS마케팅을 해야 할지 모르겠습니다."

"퇴직을 앞두고 지금 준비한다면, 앞으로 2년 뒤 자동화된 시스템을 구축할 수 있을까요?"

SNS 마케팅을 교육하고 기업과 개인을 브랜딩해 주는 나에게 가장 많이 오는 카톡, 이메일 내용이다. 나는 자신 있게 말한다. 개인이 브랜드가 되기 위해 갖추어야 할 마케팅 요소나 기술은 생각보다 어렵지 않다고 말이다.

이러한 질문과 대답은 과거에도 주변 사람들과 많이 나누었던 대화의 일부다. 하지만 그때와 지금, 달라진 것이 있다면 무엇일까? 바로 '수익'이다. 그때는 돈으로 환산받지 못했던 나의 가치를 지금은 책을 썼기 때문에 인정받으며 값을 매길 수 있게 된 것이다. 만약 내가 책을 쓰지 않았더라면, 나는 지금까지도 내가 가진 콘텐츠의 가치를 몰랐을 것이다. 그저 수다 떠는 식으로 주변인들에게 엄청난 정보, 노하우를 무료로 제공하지 않았을까? 상상하는 것만으로도 피곤해진다.

자존감이 높아지고, 강의를 하게 되면서 나는 삶의 변화를 경험했다. 내가 가진 것이 얼마나 엄청난 것인지 인정할 수 있게 되었다. 사람들에게 그것을 유료 콘텐츠로 판매한다는 것에 대해서도 무한한 가능성을 느꼈다. 그런데 그보다 더 대단한 경험은 우리 가족의 삶이 바뀌었다는 것이다. 말은 제주도로, 사람은 서울로 보내라는 말이 있다. 그 말이 내게도 적용되리라고는 생각하지 못했다. '언젠가는 나도 서울에서 살아 보고 싶다'라는 생각을 하긴 했지만 생각보다 일찍 현실로 다가온 것이다.

책을 쓰고, 메신저로 활동하며 수익이 급격하게 늘어나자 나는 더 이상 고향, 창원에 있을 이유가 없다는 생각이 들었다. 남편에게 퇴사를 권유했고, 아이들에게 더 좋은 환경으로 이사 간다고 설명했다. 그리고 나는 그날 당장 부동산에 집을 내놓고, 일주일 만에 서울로 이사 오게 되었다. 주변 사람 모두 놀랐지만, 우리 가족도 놀란 엄청난 변화였다. 30년 넘게 살아온 곳을 떠나 새로운 환경으로 간다는 것은 결코 쉬운 결정이 아니었기 때문이다. 한번 생각하면 곧장 실천해야 하는 것이 나의 성격이긴 하다. 하지만 책을 쓰지 않았다면 이렇게 빠른 실천은 어려웠을 것이다.

남편은 작가인 아내와 함께 새로운 꿈을 꾸기 시작했다. 스스로 글을 쓰는 것에 대해 두려움을 가졌지만 공동저서를 출간하면서 함께 작가가 되었다. 자신의 이야기를 책에 담고, 재능을 발휘하면서 남편은 더욱 밝아졌다. 과거에 우리는 행복했지만 서로 바라보는 방향이 달랐기 때문에 나눌 것이 그리 많지 않았다. 그런데 지금은 틈만 나면 서로의 꿈과 바람을 묻고 앞으로의 비전을 상상한다. 남편은 지금까지 많은 시행착오가 있었을 텐데 포기하지 않고 우리 가족을 이끌어 준 나에게 고맙다고 했다. 이제라도 함께 꿈꾸는 꿈 부부가 된 것이 감사하고 행복하다.

성공해서 책을 쓰는 것이 아니라 책을 써야 성공한다. 어떻게 하면 성공할 수 있는지 고민하지 말고 지금 당장 책부터 쓰자. 나의 일상이 콘텐츠가 되고, 나의 생각이 메시지가 된다. 내가 경력 단절을 경험하며 가졌던 육아우울증을 책 쓰기로 극복한 것처럼 당신도 할 수 있다.

이제 더 이상 나의 경험과 지혜를 무료로 봉사할 필요도 없다. 어떻게든 나의 경험과 지혜를 사기 위해 사람들은 줄을 설 것이다. 그 사람들에게 나의 재능을 팔자. 우리 모두 지금의 위치에서 작가와 강연가로서 많은 수익을 만들어 낼 자격이 있다. 언제까지 남의 책만 읽으며 독자로 살 것인가. 나처럼 책을 쓰고 작가가 되어 지금과는 전혀 다른 삶을 살아 보는 것은 어떨까.

누구나 할 수 있다는
자신감의 증거 되기

안태용 **CS 강사, CS 컨설턴트, 자기계발 강사, 칼럼 기고가, 자기계발 작가**

롯데카드에서 18년간 근무하고 있다. CS 업무에 대한 탄탄한 이론지식을 바탕으로 사내 강의와 CS 활동 등을 해 오고 있으며, 고객 중심의 기업 경영에 많은 관심을 가지고 있다. 수년간의 경험과 노하우를 바탕으로 고객주도형 수익기반 성장모델을 연구하고 있다. 고객만족 CS 교육 강사, CS 컨설턴트이며 자기계발 강사, 칼럼 기고 등을 통해 젊은 세대들에게 꿈과 희망을 주는 멘토로 활동하고 있다.

- E-mail dragonan32@naver.com
- Blog blog.naver.com/dragonan32
- Cafe cafe.naver.com/dragonan32
- C·P 010.9091.9143

행복한 삶은 어떤 것일까? 나는 경제적인 어려움 없이 하고 싶은 일을 재미있게 하는 삶이라고 생각한다. 이러한 행복을 갈망하는 것은 나뿐만이 아니다. 대부분의 사람이 비슷할 것이다. 그러나 누구나 다 알고 있는 사실이지만 현실적으로 행동으로 옮기기는 쉽지 않다. 모든 것이 마음먹은 대로 된다면 세상은 얼마나 아름답고 평화로울까? 그런데도 주변을 둘러보면 항상 시간에 쫓기고 돈에 쫓기는 삶이 대부분이다. 나도 예외는 아니다. 물론 저마다의 욕심이 화근이 되는 경우가 많다. 하지만 욕심이 아니라 일상을 소소하게 살고 싶어도 사회의 기본적인 시스템에 가로막히게 된다.

그렇지만 한 번뿐인 소중한 인생을 현실의 벽 앞에 주저앉힐 수는 없다. '두드려라 그럼 열릴 것이다'라는 말처럼 일단 한번 도전해 보는 것이다. 현실의 덫에 갇혀 인생과 행복을 담보 잡히지 말고, 한 줄기 빛이 들어오는 틈을 비집고 나가 나만의 새로운 삶을 만들어 가는 것이다.

나는 말쑥한 양복을 차려입고 가죽냄새 폴폴 나는 서류가방을 들고 다니는 변호사가 꿈이었다. 그래서 대학에서 법학을 전공했다. 그러곤 졸업하고 5년 동안 법서에 파묻혀 살았다. 그때만 해도 20대였으니 열정과 젊음을 불살랐다. 그러면서 꿈을 향해 한 발짝 한 발짝 나아갔다. 그러나 나에게 사법시험의 벽은 너무나 높았다. 번번이 고배를 마시며 자신감도 한 계단 한 계단 내려가는 것을 볼 수 있었다.

그러다 취업의 임계점인 만 30세 되던 해에 취업했다. 젊음을 다해 몰입했던 꿈을 접었을 때는 시퍼렇게 날 선 꼬챙이로 내 심장을 후벼 파는 아픔을 견뎌 내야만 했다. 그래도 사람이 죽으란 법은 없나 보다. 직장생활 한두 해가 지나자 금세 적응하고 옆 동료와 질세라 소주잔도 신나게 비웠다. 그러던 중 사랑하는 사람도 만나 결혼했다.

결혼은 모든 것을 새롭게 만들었다. 둘이서 하나의 가정을 꾸리고 완성해 가는 기쁨이 가장 컸다. 사랑과 축복 속에서 아들도 처음 만났다. 아빠라는 타이틀을 가지면서 더욱 굳건한 책임감과 각오가 내 의지를 담금질했다.

IMF와 금융대란을 거치면서 우리 사회는 점점 더 냉랭하게 변해 갔다. 45세가 정년이라는 '사오정'과 56세까지 직장생활을 하면 도둑이라고 자조하는 '오륙도'라는 씁쓸한 말들이 난무했다. 나는 이러한 단어들이 언젠가는 내 목을 조여 오는 올가미가 될 것을 예감했다. 직장생활을 회상하니 월급의 대가로 일한 것 말고는 내게 남은 건 아무것도 없었다. 누구나 할 수 있는 일, 그래서 쉽게 대체될 수 있는 그러한 일이었다.

참 답답했다. 100세 인생이라고 하는데 직장은 정년도 보장해 주지 않는다. 국민연금도 2045년이면 고갈된다고 한다. 모아 놓은 돈도 없이 직장을 졸업한다고 생각하니 참 암담했다. 동료들과 "어찌 되겠지, 산 입에 거미줄이야 치겠어?"라는 푸념 섞인 위안을 하며 쓰디쓴 소주잔을 기울였다. 그러나 이러한 넋두리도 그때뿐이지 당면한 문제를 해결해 주지는 못했다.

나는 출퇴근하면서 책을 자주 읽는다. 1년에 70~80권 정도는 읽고 있다. 답답한 마음에 자기계발서, 부동산이나 주식투자 관련

서적, 소설 등을 읽었다. 책을 통해 배움과 방법을 얻어서 이 답답한 현실을 타개해 나가기 위해서였다. 그러나 책을 읽을 때 마음의 위안은 받았지만 읽을 때뿐이었다.

그러다가 CS(Customer Satisfaction) 업무를 맡게 되었다. 우리 회사에서는 CS업무가 업력이 짧아 기준도 서지 않고 방향도 서 있지 않을 때였다. 선임자들이나 주변에 조언을 구해도 뾰족한 답이 나오지 않았다. 그래서 관련 서적을 읽고 체계를 잡아 보기로 했다. 이렇게 인연이 되어 접하게 된 CS 관련 서적이 50여 권 가까이 되었다. 그러자 어느 정도 감을 잡을 수 있었다.

한국표준협회에서 주관하는 '서비스 대상 수상'도 다시 추진했다. 고객 패널과 고객 체험 행사는 동종 업계 중 가장 매력 있는 프로그램으로 인정받았다. 또한 고객의 소리(VOC)를 운영하면서 CS 재판소를 설치했다. 여기서 고객의 소리 개선을 준강제하도록 해 고객 만족과 편의를 이끌어 낼 수 있었다.

이렇게 CS업무의 기틀을 다지고 나니 한껏 뿌듯하고 새로운 욕심이 생겼다. 지금까지 읽은 책을 바탕으로 CS 관련 책을 한번 써 보자는 것이었다. 책에서 얻은 지식과 나의 업무 노하우를 녹여서 정리하고 싶었다. 이렇게 정리한 내용을 후배들이 업무지침서로 활용하게 하고 싶었다. 그러나 이것도 쉽지가 않았다. 책은 많이 읽어 봤지만 정작 책을 쓰려 하니 나에겐 아무런 연장이 없었다.

그러다가 2018년 새해가 되면서 올해는 무슨 일이 있어도 꼭 책 한 권을 쓰자고 강하게 결심했다. 그러면서 책 쓰기에 관련된 이 책 저 책을 접하게 되었다. 그때 나에게 영감을 준 단 한 권의 책 《성공해서 책을 쓰는 것이 아니라 책을 써야 성공한다》가 책에 대한 그간의 나의 관념을 완전히 비틀어 놓았다. 나 같은 평범한 사람이 책을 써야 하고, 책을 써야 성공할 수 있다는 것이었다.

나는 이 책을 통해 책 쓰기가 새롭고 빠르게 성공할 수 있는 인생 2막의 추월차선이라는 확신을 가졌다. 책을 써서 강연도 하고, 칼럼도 쓰고, 1인 창업가로 거듭나는 것이다. 얼마 전까지만 해도 이러한 것은 전혀 생각지도 못했다. 그러나 〈한책협〉이란 인생의 마중물을 만나서 지금 꿈을 향해 열심히 펌프질하고 있다.

첫 저서로 고객서비스에 관련한 내용을 쓸 것이다. 그간의 CS 업무 경험을 바탕으로 지식과 노하우를 녹여내어 CS현장에서 노력하는 후배들에게 도움을 주고자 한다. 또한 음식점 등을 운영하는 자영업자들에게 내가 직접 고객으로서 경험한 내용을 전달할 것이다. 고객의 불만을 야기하는 서비스를 미연에 방지해 고객만족을 통한 수익 창출에 조금이나마 도움을 주고자 한다. 또한 저서를 계기로 관련 컨설팅이나 강연 등을 통해 1인 창업가로 거듭나겠다. 한 분야의 전문가가 되어 도움의 손길이 필요한 곳곳에 도움을 주어 같이 잘사는 세상을 만들어 가겠다.

평소에 직원들에게 자기계발을 강조하고 있다. 업무 외적으로 자기계발을 통해서 회사가 미래를 보장해 주지 않는 현실을 타개해 가라는 취지다. 그간 이 훈련을 통해서 자격증을 따거나 하고 싶은 것을 하게 되어 만족감과 자존감을 향상시킨 직원들이 많다.

그리고 두루두루 직원들과 소통하며 친밀한 관계를 유지하고 있다. 이러한 연유로 상사, 선배들보다는 후배나 팀원들하고 더 친하게 지내고 있다. 내가 직장생활을 하면서 터득한 것은 직원들과 회의할 때는 자리만 만들어 주고 절대 자신의 의견을 미리 내세우지 말라는 것이다. 직원들이 편하게 토론할 때 실현 가능한 아이디어가 나왔다. 그 아이디어로 좋은 성과도 많이 냈다. 관리자들은 의사결정을 해 주고 업무 결과에 대해 책임만 지면 된다. 관리자는 카리스마형보다는 코칭형이 되어야 한다. 이러한 경험을 토대로 자기계발서에도 도전할 계획이다. 선배로서 20~30대 후배들에게 직장생활에 대해 안내해 주고 세상을 살아가는 방식을 고민하며 공유하고 싶다.

나는 평범한 인생을 살아왔다. 그러나 면밀히 들여다보면 수많은 애환이 점철되는 순간의 연속이었다. 살아오면서 가장 큰 깨달음은 참아야 한다는 것이었다. 참는 게 가장 큰 미덕이었고 결과적으로 보람으로 연결되었다. 지금까지의 평범한 삶을 다시 한 번 정리하는 마음으로 책 쓰기를 한다. 또한 책 쓰기를 계기로 강연,

컨설팅, 1인 창업가로 거듭나려 한다. 직장생활을 하면서 시간에 쫓기고 월급에 맞춰졌던 일을 과감히 던져 버리고 하고 싶은 일을 할 것이다. 이것이 인생 2막을 자신 있게 여는 도약인 것이다. 나의 인생 2막의 성공을 통해 후배들이나 젊은이들에게 할 수 있다는 자신감의 증거로 살고 싶다.

책을 통해
나의 지식과 경험 전달하기

이상영 광고 사진가, 사진교육자, 자기계발 작가

뉴욕에서 광고 사진 스튜디오를 운영했다. 귀국 후 현재는 서울에서 '302스튜디오'를 운영 중이다. 새로운 방식의 사진교육법을 개발하고 이를 많은 이들에게 교육하고 있다.

• C·P 010.9926.5230

나는 사진가다. 사진작가라고 불리기도 한다. 책을 쓴 지금은 책을 쓰는 작가이기도 하다. 예전이나 지금이나 이상영 작가는 같은 사람이다. 하지만 아주 다른 삶을 살아가고 있다. 사진가로서 촬영 의뢰가 들어오면 그때부터 준비를 한다. 만나서 촬영 콘셉트를 잡고 일정이나 진행 상황에 대한 결정을 내린다. 시간이 많이 걸리는 작업이다. 촬영하고, 몇 번의 수정 작업을 거쳐 최종 승인된 사진을 전달한다. 적극적으로 영업을 한다거나 인터넷 광고 등은 전혀 하지 않았다. 겉보기엔 화려한 직업이지만, 빛 좋은 개살

구였다.

가끔은 사진에 대한 문의가 온다. "뭐를 하려는데 어떤 카메라가 좋을까요?", "이러이러할 때는 어떻게 찍어야 할까요?" 등등의 질문들이다. 금방 끝나는 경우도 있지만, 때에 따라선 길게 설명해 줘도 못 알아듣는 경우도 있다. 그런 경우엔 스튜디오로 부르기도 했다. 몇 시간이고 이해할 때까지 가르쳐 줬다. 물론 무료로. 개인도, 그룹도 몇 번에 걸쳐 무료로 수업을 진행했던 경험이 있다. 대학에서의 강의는 물론 강의료가 나오지만, 소득에 도움이 되는 금액은 아니었다.

내가 바보 같아서 그랬다고 생각하지는 않는다. 나는 사진을 기획하고 촬영하는 사진가지, 내가 가진 지식을 파는 사람은 아니라고 생각했었던 것이다.

책 출간 이후엔 사진을 배우고자 하는 개인, 단체, 기관으로부터 강연 요청이 많이 들어온다. 나의 책을 통해 소개된 나의 지식과 경험을 저자에게 직접 배우고 싶어 하는 사람들이 이렇게나 많다는 점에 스스로 놀라기도 한다. 짭짤한 강연료는 당연히 따라온다.

참 신기한 점 중의 하나는, 비싼 돈을 내고 배울수록 성장의 속도가 빠르다는 점이다. 배움의 속도뿐만 아니라, 수업에 대한 만족도 또한 매우 높다. 물론 나는 매일매일 성장하고 더 나아진다.

그렇다고 해서 순수한 열정만 있던 예전의 나 자신이 완전히 달라진 것은 아니다. 배우는 사람들의 태도가 다른 것이다.

이는 책으로 인해 급속도로 높아진 나에 대한 신뢰도 덕분이 아닌가 생각한다. 조선시대에는 '그림자도 밟지 않는다'라는 말이 있을 정도로 스승은 엄청난 존경과 신뢰를 받았다. 하지만 지금은 정규교육을 하는 학교에서뿐만 아니라 사회에서도 가르치는 사람은 존경과 신뢰의 대상이 아니다. 그보다는 또 다른 직업인 정도로 인식되는 경우가 많다. 그렇다 보니 교육효과도 떨어진다. 그뿐만 아니라 가르치는 사람과 배우는 사람의 만족도 또한 떨어지게 되어 있다. 하지만 나의 전문분야에 관한 책 한 권이면, 나의 말 한마디 한마디에 힘이 실리는 신뢰도를 얻을 수 있다.

나에게 배우고자 하는 사람들이 많아지면서 사진 수업을 진행하게 되었다. 크게 나누자면 두 가지다. 사진을 좋아하는 사람들을 위한 수업과 사진이 필요한 사람들을 위한 수업 말이다.

나는 《SNS에서 좋아요를 부르는 사진 찍는 법》이라는 책을 출간했다. 사진을 좋아하는 모든 사람, 사진이 필요한 모든 사람들에게 도움이 되고자 하는 나의 의도가 담긴 책이다. 이전의 사진 책들은 사진을 좋아하는 사람이 보는 책과 사진을 전공하는 전문가들이 보는 책으로 나뉘어 있었다. 전공을 한 전문가는 아니지만 좋은 사진이 필요한 사람들은 점점 많아지고 있다. 하지만 그런 사람들을 위한 책은 없었다. 나의 《SNS에서 좋아요를 부르는 사진 찍는 법》이 유일하다.

사진가로서, 특히 광고 사진가로서 활동하며 안타깝게 생각하던 일이 있다. 좋은 제품을 만드는 중소기업, 맛좋고 정성스러운 음식을 내는 식당, 혼신의 힘을 기울여 여러 소품들을 수제로 만들어 내는 공예가, 수십 년간 한길을 걸은 장인들. 이런 분들은 비싼 광고료를 지불할 돈이 없다. 그래서 정부나 지자체에서는 스스로 광고할 수 있는 블로그나 인터넷 광고 수업을 무료로 제공하기도 한다. 참 좋은 일이다. 하지만 블로그나 인터넷 키워드 광고는 배우기가 쉽지 않다. 그럴뿐더러 배웠다 해도 사진이 없다면 반쪽짜리 블로그나 광고가 된다. 광고효과가 없기 때문에 그런 분들은 악순환에 빠질 수밖에 없는 구조다.

좋은 사진이 필요한 많은 분들이 나의 책을 읽고, 직접 연락을 해 온다. 나는 그분들에게 사진 찍는 법을 전달하는 게 참 행복하다. 20년 넘게 쌓아 온 사진에 대한 나의 경험과 지식을 몇 주 만에 100% 전달하는 것은 불가능하다. 하지만 그 시간 동안 그분들이 실제 사업 환경에서 활용할 수 있는 사진 기술은 전달이 가능하다. 그리고 그렇게 전달받은 지식을 각자의 환경에 응용해 사업을 발전시키는 것은 매우 보람찬 일이다. 나는 나의 책과 강연이 사진이 꼭 필요한 분들에게 거의 유일한 대안이라고 믿고 있다.

그뿐만이 아니다. 사진은 우리 삶을 아주 풍요롭게 만드는 홀

룡한 취미가 될 수 있다. 나 자신도 공대생이던 시절 취미로 사진을 시작했다. 그러다 사진으로 전공을 바꾸고 유학까지 다녀왔다. 그렇기 때문에 취미로서의 사진이 얼마나 좋은 것인지 잘 알고 있다. 하지만 주변의 사진 관련 아마추어 단체들이나 교육을 보면 눈살을 찌푸리게 되는 경우들이 있다. 사진 자체보다는 카메라와 주변 기기에 대한 사랑이 깊은 경우도 많이 보인다. 누군가 멋진 사진을 찍은 장소라는 소문이 나면, 그곳엔 커다란 카메라를 든 아마추어 사진가들이 진을 치고 있다. 일반 시민들의 관람이나 통행을 불편하게 하는 행동들을 스스럼없이 한다. 사진을 사랑하는 사람으로서 부끄럽다.

거의 대부분의 사진 교육은 노출과 조리개를 공부하며 시작하게 된다. 스마트폰은 자동으로 이것들을 맞춰 준다. 요즘 나오는 모든 카메라는 노출과 조리개가 자동으로 조절된다. 그러니 이런 교육은 시대에 뒤떨어져도 한참이나 뒤떨어진 교육 방식이다.

좋은 취미 사진이란, 나 자신을 표현하는 것이다. 남들이 멋진 사진을 찍은 곳으로 가서 똑같이 찍는 것이 아니다. 나의 일상을 새롭게 바라보는 연습이다. 사진을 좋아하는 사람들을 위한 수업을 하면 재미있는 현상이 있다. 수업 초기, 1주 차 정도에는 본인의 카메라나 주변 기기를 자랑하는 분들이 꼭 있다. 그뿐만 아니라 기계가 다 해 주는 이 시대에 뒤떨어진 지식들을 자랑하는 분

들도 꼭 있다. 물론 좋은 장비가 필요한 시기도 있고, 깊은 지식이
필요한 시기도 있다. 하지만 지금 시대에 가장 중요한 점은 기계
가, 컴퓨터가 하지 못하는 일을 사람이 해야 한다는 것이다.

사진에 있어 컴퓨터나 기계가 해 주지 못하는 일이란 무엇일
까? 그것은 바로 무엇을 찍느냐다. 다른 모든 것은 카메라가 다
해 준다. 하지만 무엇을 찍느냐를 결정하는 것은 전적으로 그 카
메라를 들고 있는 사람의 몫이다. '어떻게'라는 질문이 20세기의
방식이었다면, '무엇을 왜'라는 질문은 21세기의 방식이다. 그렇게
주변의 일상을 공간을 사람을 물건을 새로운 시각으로 바라보는
연습이 취미 사진의 시작이다.

사진을 취미로 해 왔던 사람들, 새로 시작하는 사람들 상관없
이 새로운 방식의 접근에 즐거워하고 행복해한다. 비싸고 좋은 카
메라, 스마트폰 카메라 상관없이 함께 수업을 들으며 즐길 수 있
다. 수업과 과제를 하는 그 순간들에 몰입하며 즐거워한다. 이게
바로 취미 사진이다. 이게 바로 독창적인 사진이다. 그리고 이게
바로 예술사진이다.

이러한 나의 사진관을 독보적으로 올바르다 생각해 왔다. 하지
만 책 출간 이전에는 영향력을 갖지 못했다. 올바른 것은 결국엔
알려지고, 많은 사람들이 함께하게 될 것이라고 믿기만 했다. 하지
만 책 출간을 결심하고, 책을 출간한 지금은 나의 결정에 스스로
칭찬을 많이 한다. 책을 출간한 덕분에 더 많은 사람들이 더 좋은

사진을 더 빨리 즐길 수 있게 되었기 때문이다.

　　요즘 나는 책 쓰기 전도사다. 누구든 올바른 생각을 가지고 있고 전달할 지식과 경험이 있다면, 빨리 책을 쓰라고 한다. 대부분의 사람들은 예전의 나처럼 쉽게 결정을 내리지 못한다. 하지만 빨리 책을 쓰는 것이 우리가 살고 있는 이 사회에 보답하는 길이다. 올바른 생각 위의 지식과 경험은 널리 공유될수록 좋은 것이다. 책을 쓰지 않았다면, 내가 이 사회를 위해 널리 전파하고 있는 나의 지식과 경험들은 내 주변에서만 맴돌았을 것이다. 하지만 나의 책은 내가 잠자고 있을 때도, 내가 다른 일을 하고 있을 때도 쉬지 않고 나의 지식과 경험을 전파한다.

　　책을 쓴 나에게도, 나의 책을 읽는 독자에게도 참으로 축복된 일이다. 당신도 전달할 좋은 것을 가지고 있는가? 그렇다면 지금 당장 책 쓰기를 시작하라. 그것이 당신이 지금 당장 할 수 있는 가장 좋은 일이다. 당신에게도, 이 사회에도.

책 쓰기로 남들과는 다른
특별한 삶 살기

포민정 〈한책협〉 수석코치, 연애코치, 자기계발 작가, 동기부여가, 20대 청년 멘토

〈한책협〉 수석코치로서 책을 쓰고 작가, 코치, 강연가를 넘어 1인 기업가로 나아가려 준비하는 사람들에게 〈하루 만에 끝내는 1인 창업 수업〉 강의를 하고 있다. 또한 1인 창업 코치로 온라인 카페를 통해 수익을 창출할 수 있는 방법을 코칭하고 있다. 20대에 꿈꾸던 벤츠의 오너가 된 경험을 바탕으로 꿈꾸는 사람들에게 꿈을 이룰 수 있도록 힘을 주는 동기부여가, 청년 멘토로 활동하고 있다. 저서로는 《책을 쓴 후 내 인생이 달라졌다》, 《나를 세우는 책쓰기의 힘》, 《또라이들의 전성시대3》 등이 있으며, 현재 '건강한 연애법'에 대한 책을 집필 중이다.

• E-mail vhalsrhkd@naver.com   • C·P 010.2490.1603

　　누구나 부자가 되고 돈이 많다면 무엇을 먼저 하고 싶은지 생각해 본 적이 있을 것이다. 나 역시 내가 부자가 되면 뭘 할지 하고 싶던 꿈들을 생각해 본 적이 많다. 나는 어렸을 적부터 '돈이 많았으면 좋겠다', '성공하고 싶다'라는 생각을 많이 했었다. 돈이 많으면 내가 원하는 것을 원하는 만큼 가질 수 있고, 사고 싶은 것도 고민 없이 살 수 있으니 말이다. 평범함을 넘어 특별한 사람이 되면 돈을 많이 벌 수 있고, 그러면 부자가 될 수 있을 거라고 생각했다.

고등학교 때 나는 공부에는 특별한 관심이 없었다. 고3이 되고 대학교를 가야 한다는 생각에 어떤 과를 갈 수 있을지 고민했다. 간호사인 엄마를 보며 나도 전문직인 간호사가 되어야겠다는 막연한 생각만 가지고 있었다. 간호학과를 목표로 공부했지만 성적이 되지 않았다. 그렇게 지방 대학교 치위생학과에 들어가게 되었다.

학교를 다니면서 나는 자부심을 가지고 열심히 공부했었다. 치과위생사는 국민의 구강 건강 증진을 위해 충치 및 치주질환 예방교육을 하고 건강한 치아와 잇몸을 유지할 수 있게 도와주는 역할을 하는 사람이다. 그런 점이 멋있게 다가왔다. 누군가 나를 만나서 좀 더 나은 삶을 살 수 있게 해 주는 역할을 하는 사람이니 말이다.

대학 3학년 때 경험을 쌓기 위해 치과에서 아르바이트를 했다. 대학교가 있는 지방의 동네 치과였다. 대학교에서 자부심을 가지며 배우던 치과위생사의 역할을 치과에서는 원장님이 하고 있었다. 심지어 치과에서 일하는 사람 중에 치과위생사는 없었다. 일반인이나 간호조무사 학원 학생들이 그 일을 담당하고 있었다. 치과에서의 감염관리도 학교에서 배웠던 것처럼 철저하게 되지 않았다. 그때 나는 내가 생각했던 것과 치과의 현실은 다르다는 것을 느꼈다. 나는 예방의 중요성을 알리고 구강 보건교육을 해 줄 수 있는 프로페셔널한 치과위생사가 되려면 어떻게 해야 할지 생각했다.

특별한 삶을 살고 싶었던 나는 그저 치과에서 일하는 치과위생사가 아니라 내가 할 수 있는 한에서 최고가 되고 싶었다. 때문에 어떻게 하면 치과위생사라는 직업 속에서 특별한 사람이 될수 있을까 고민했었다. 다른 학생들은 국가고시를 준비하며 합격할지 못할지 걱정하고 있었다. 그럴 때 나는 치과위생사로서 성공한 사람들을 검색하고, 나의 앞으로의 진로는 어떻게 될 것인지, 나는 무엇을 할 수 있을 것인지 고민했다. 그렇게 4학년 말 실기시험과 필기시험에 모두 합격하고 보건복지부장관의 면허증을 받아 치과위생사가 되었다.

나는 서울에서 직장을 구했다. 첫 직장으로는 내가 많이 배울수 있는 곳에 취직하고 싶었다. 그러다 강의도 다니고, 경영 업무도 같이하는 치과위생사가 있는 병원에 취직하게 되었다. 서울에 처음 올라와서 나는 집값이 가장 저렴하다는 신림동에 원룸을 구했다. 1년 차 치과위생사로서의 나의 첫 월급은 145만 원이었다. 나의 첫 원룸은 4평 남짓 되는 작은 곳이었다. 문을 열고 들어가면 왼쪽에 작은 화장실, 오른쪽에 싱크대가 있었다. 화장실을 지나면 바로 싱글 매트리스를 하나 놓을 수 있을 정도의 공간과 책상이 있었다. 그것이 끝이었다. 가구는 풀 옵션으로 붙어 있는 것외에는 들일 수 없을 정도로 작은 원룸이었다.

한 달 월세와 관리비를 합치면 45만 원이 나왔다. 월급에서 월세, 휴대전화 요금, 보험료를 내고 한 달 식비와 교통비, 생활비를 제하면 금액이 딱 맞았다. 그러니 돈을 항상 쪼개서 써야 했다. 그렇게 쪼개서 써도 월급 받고 2주도 안 되어 돈이 다 어디로 증발하는지 통장의 잔고는 바닥을 보였다. 다음 월급을 받기까지 2주는 다시 보릿고개였다. 저금통에서 동전을 모아서 밥을 사 먹기도 했다.

치과에서 일하면서 나는 매주 주말이면 열심히 자기계발을 하고 각종 세미나들을 들으러 다녔다. 뭐든 열심히 해야 특별하게 살 수 있을 거라는 생각에 찾아다니면서 배웠다. 그렇게 자기계발을 열심히 하던 어느 날 나는 한 권의 책을 만나게 되었다. 그 책에서 김태광 대표 코치를 알게 되었다. 그에 대해 검색해서 이메일 주소를 알아냈다. 만나 보고 싶다는 생각에 김태광 대표 코치에게 이메일을 보냈다. 그는 나에게 〈한책협〉이라는 책 쓰기 카페에 가입하라고 했다. 나는 〈한책협〉 카페에 가입하고 2015년 11월 22일 처음으로 〈1일 특강〉에 참석하게 되었다.

특별한 삶을 살고 싶었던 나는 김태광 대표 코치의 〈1일 특강〉을 들으며 책 쓰기가 답이라는 것을 알게 되었다. 책 쓰기야말로 남들과 차별화되고 특별한 삶을 살 수 있는 방법이라는 것을 알게 된 것이다. 책을 쓰면 내 이름으로 된 책이 출간되어 작가님이 되고, 부모님에게는 자랑스러운 작가 딸이 된다. 그리고 인터넷을 검색하면 내 이름과 책 이름이 뜨니 이렇게 특별할 수가 없다.

나의 버킷리스트 중 하나에는 항상 책 쓰기가 들어 있었다. 이 건 나뿐만 아니라 다른 사람들도 많이 그럴 것이다. 누구나 자신 의 책을 쓰고 싶어 하기 때문이다. 살아왔던 스토리와 경험을 담 아 내 이름으로 된 책을 남기고 싶어 하기 때문이다. 하지만 모두 막연하게 '언젠간'이라고 말하며 그 꿈의 기한을 정해 놓지 않는 다. '언젠간 성공해서.", "언젠간 결과를 내야지."라고 말한다. 하지 만 '언젠간'이라는 순간은 영영 오지 않는다.

김태광 대표 코치는 특강에서 성공해서 책을 쓰는 것이 아니 라 책을 써야 성공한다고 이야기했다. 성공해서 쓰겠다는 나의 관 점을 완전히 바꿔 주는 말이었다. 나는 적금을 깨서 책 쓰기 수업 계약금을 결제했다. 그리고 김태광 대표 코치가 추천해 주는 책을 사서 집으로 돌아왔다.

그날 〈책 쓰기 과정〉에 등록하고 집으로 돌아오는데 심장이 뛰고 두근거리고 설레었다. 다른 사람이 아닌 나를 위해 투자할 수 있다는 것이 행복했다. 그 결정을 내린 나 스스로가 기특하고 뿌듯했다. 김태광 대표 코치가 추천해 준 책들을 집에서 하나씩 읽었다. 그 책들은 일반 서점에 진열되어 있는 베스트셀러가 아니 었다. 성공과 부에 관련된 책들이었다.

바리스타가 되고 싶으면 커피를 공부하고, 의사가 되고 싶으면 의학 공부를 하듯, 부자가 되고 싶으면 돈을 공부하고 성공을 공 부해야 한다. 나는 김태광 대표 코치가 추천해 준 책들을 읽으며 부자의 생각과 관점을 배웠다.

　　그렇게 〈한책협〉에서 28기 〈책 쓰기 과정〉을 듣고, 5꼭지 공동 저서 과정에 참여하고, 이후 〈한책협〉의 전 과정을 수료했다. 〈한 책협〉에서는 책 쓰기뿐만 아니라 책을 쓴 이후 1인 기업가로서의 행보와 성공학에 대해서도 알려 준다. 나는 〈한책협〉의 수업을 들 으며 나 자신을 치과위생사라는 직업에 한정해 왔다는 것을 깨닫 게 되었다. 그동안 성공할 수 있는 방법을 고민한 것이 아니라 치과 위생사 중에서 최고가 되는 방법만을 고민했던 것이다. 〈한책협〉에 서 수업을 듣고, 다양한 사람들을 만나면서 나는 꿈을 가지게 되 었다. 한계 없는 나의 무한한 가능성을 발견하게 되었다.

　　그러던 중 〈한책협〉에서 스태프로 일할 수 있는 기회가 생겼 다. 나는 일하고 있던 치과에 사직서를 제출하기로 마음먹었다. 처음으로 들어갔던 직장이었던 만큼 사직서를 쓰는 법을 몰라 인 터넷에서 방법을 찾아 사직서를 작성했다. 드라마에서나 봤던 사 직서를 진짜 내가 쓰게 된 것이다.

　　그렇게 2016년 4월 30일 토요일 나는 나의 첫 직장이었던 치 과에 사직서를 제출하고 짐을 싸서 나왔다. 당시 치과 원장님에게 사직서를 제출하며 "제 목숨이 걸린 일입니다."라고 말했던 것이 기억난다. 지금 생각하면 왜 '목숨'이라는 단어를 선택했는지 모르 겠다. 그러나 내 운명이 바뀐 날이었으니 나에게는 그 사건이 나의 목숨이 걸린 일이 맞았다.

나는 지금도 그 당시 나의 선택이 뿌듯하고 자랑스럽다. 나는 책 쓰기와 〈한책협〉을 만나서 지금 누구보다 특별한 삶을 살고 있다. 스물여섯 살부터 벤츠의 오너가 되었고, 1인 창업 수업 강의를 했다. 그리고 지금 스물여덟 살이 된 나는 여전히 잘나가는 벤츠를 타고 있다. 그리고 〈한책협〉에서 경험과 지식을 나누는 메신저로, 1인 창업 코치로 활동하고 있다.

집은 20평대 복층 오피스텔에서 살고 있다. 나의 오피스텔 1층 한쪽 벽은 책장으로 천장까지 1,000여 권 정도 되는 책들이 가득 차 있다. 그 앞에는 넓은 책상에 컴퓨터와 프린터기가 있다. 무엇보다 자수성가해서 현재는 페라리, 람보르기니, 포르쉐를 타는, 수백억의 자산가인 김태광 대표 코치와 가장 가까운 곳에서 함께하고 있다.

어떤 주변 사람들과 함께하는지는 정말 중요하다. 내가 만나는 사람 5명의 평균이 바로 '나'다. 그리고 내가 속한 환경에 따라 아는 만큼 꿈을 꿀 수 있다. 주변에 성공한 사람과 부자가 없다면 당연히 그런 환경을 겪을 수 없다. 그러면 그만큼 부자가 되기는 어렵다.

나는 성공자와 함께하며 돈에 대한 성공자의 생각과 성공학을 배웠다. 그러면서 성공은 과학과 같은 것이라는 것을 알게 되었다.

성공자가 주변에 없기 때문에 성공은 어려운 것이라고만 생각했다. 돈을 벌려면 노동이 따라야 한다고만 생각했었다. 하지만 성공자와 함께하면, 성공의 법칙만 알면 돈을 버는 것이 쉽다는 것을 알게 되었다.

나는 좋아하는 사람들과 좋아하는 일을 한다. 그러면서도 현재 한 달에도 여러 번 통장에 돈이 입금된다. 20대에 부모님 도움 없이 내 힘으로 외제차를 타고 다니며 웬만한 로펌 변호사보다 많은 연봉을 받고 있다. 스펙이 좋은 것도 공부를 잘한 것도 아니었던 내가 단지 20대에 책 쓰기와 〈한책협〉을 만났기 때문에 지금의 꿈들을 이룰 수 있었다. 특별하게 살고 싶고 성공해서 부자가 되고 싶은 20대라면 나는 당장 책 쓰기에 목숨 걸라고 말하고 싶다. 내가 20대에 책 쓰기를 알게 되고 많은 꿈을 이룬 것처럼 당신도 꿈을 꾸고 꿈을 이루며 살기를 바란다.

· 11~20 ·

박영신	이희수
오성숙	박준영
김하정	임보연
이용태	송세실
손성호	유선일

성공에 대한
확신으로 가득 찬 삶 살기

박영신 초등교사, 자존감육아 멘토, 자기계발 작가, 동기부여가, 강연가

행복한 아이에게는 행복한 부모가 있다. 초등학교에서 아이들을 가르치고 부모들을 만나며 행복한 아이로
키우는 자녀 교육을 전하는 부모교육 강연가, 육아 멘토로 살아가고 있다. 현재 아이의 자존감을 높이는
육아법에 관한 개인저서를 집필 중이다.

• E-mail youngs3131@naver.com   • Blog blog.naver.com/youngs3131
• Instagram youngs.1384   • C·P 010.3162.6263

"어떻게 하면 나비가 되죠?"

"날기를 간절히 원해야 돼. 하나의 애벌레로 사는 것을 기꺼이
포기할 만큼 간절하게."

트리나 폴러스의 《꽃들에게 희망을》에 나오는 대화다. 나는 그
동안 나로 사는 것을 포기할 만큼 간절한 꿈이 없었다. 어린 시절
엄마가 정해 주는 옷을 입고, 정해 준 학원에 다녔다. 학생이니까
그냥 공부했다. 나는 내게 주어진 상황을 의심 없이 받아들였다.

그리고 그 상황 속에서 문제를 해결했다. 그럼에도 불구하고 마음이 허전했다. 그 마음을 채우기 위해 나는 유행하는 자기계발에 힘을 쏟았다. 그러나 앞으로 나아가지 않는 나의 모습에는 희망이 없었다.

김태광 작가의 《성공해서 책을 쓰는 것이 아니라 책을 써야 성공한다》를 읽고 강의를 들으며 나는 인생의 새로운 방향을 찾았다. 책 쓰기라는 생산적인 자기계발을 하려 한다. 꿈이 있는 사람에겐 열정의 힘이 생긴다. 정말 가슴 뛰는 꿈이 생기니 내 안에 이미 잠재되어 있던 힘이 솟아오른다. 힘들어도 피곤하다는 생각이 안 들었다. 지루할 틈이 없다. 나는 애벌레 생활을 포기하고 용기를 내어 번데기의 시간을 보내고 있다. 나비가 되기 위한, 목숨을 건 과정을 하나씩 이뤄 내고 있다. 과거의 나와 결별하고 책 쓰기로 희망의 삶을 시작하려 한다.

비틀스는 역사상 가장 많은 음반을 판매한 밴드다. 최근 MBC FM4U 〈조 PD의 비틀스 라디오〉에서는 비틀스 노래로만 방송을 할 정도로 비틀스는 아직까지도 인기 있는 그룹이다. 그러나 비틀스가 처음부터 성공한 것은 아니다. 비틀스의 멤버 폴 매카트니는 자신의 성공을 확신하며 글로 적었다.

"존과 나는 언제나 공책을 펼쳐 놓고 나란히 앉곤 했다. 완전히 누더기가 되어 버린 그 공책을 지금까지 소중히 간직하고 있다. 첫 페이지 상단에 '레논과 매카트니의 오리지널'이라는 제목을 붙이고 생각나는 대로 무엇이든 써 두었다. 공책 한 권이 그렇게 빽빽하게 채워졌다. 다음 세대에는 우리가 최고의 밴드가 될 거라는, 꿈으로 가득 채워진 공책이었다. 그리고 우리는 그 꿈을 이루어 냈다."

래리 레인지는 《오만한 CEO 비틀스》에서 "꿈을 글로 적는 습관이 비틀스의 성공에 큰 역할을 했다."라고 단언했다.

나도 꿈을 글로 적어 성공하려 한다. 나는 이미 글로 적는 것의 힘을 경험했다. 초등학교 6학년 때 나는 20년 후의 미래를 상상해서 적었다. 그 글에서 나는 서른 살에 결혼했고 아이도 둘 있고 차도 있고 집도 있었다. 놀랍게도 나는 이 글을 스물여덟 살에 다시 발견했다. 나는 이미 그 모든 것을 이뤘다. 서른 살이 되기도 훨씬 전에 이루어 낸 것이다.

그 글을 발견한 것은 엄청난 끌어당김이었다. 글을 써서 이룬다는 것에 대한 확신을 주었다. 나는 더 크게 꿈꾸기 시작했다. 베스트셀러 작가가 된 모습을 상상한다. 큰 꿈을 상상하고 글로 적으려 한다. 그리고 그것이 이루어진다는 것을 확신한다. 모든 것은 내가 생각하는 것에서 시작된다.

나는 베스트셀러 작가다. 책을 쓰고 내 삶은 기적으로 채워졌다. 나는 어린 시절 가정폭력으로 불우한 삶을 살았다. 아버지가 술을 마시는 날이면 엄마와 동생들과 함께 짐을 싸서 차에서 쪽잠을 잤다. 그래도 다음 날 학교에 가면 나는 아주 즐거운 학생이었다. 나는 가면을 쓰고 살아왔다. 그 가면은 가족의 불화, 가정폭력이라는 어두운 현실 속에서 나를 지켜 주는 힘이었다. 그런데 그 가면은 너무 오래되어 나의 진짜 모습을 찾아보기 힘들게 했다.

결혼을 하고 아이를 낳고 키우며 나는 나의 어린 시절의 상처들과 다시 만났다. 이제 어린 시절 나를 지켜 주었던 가면을 벗고 본래의 나로 살아가고 싶었다. 나는 책을 쓰면서 가면 속에 숨겨진 아름다운 원래의 나를 찾았다. 나는 과거의 나로부터 완벽하게 벗어날 수 있었다. 나는 홀가분하고 행복하다. 힘든 과거를 정리하고 싶다면 책 쓰기가 답이다.

책을 쓰겠다는 하나의 꿈을 정하자 삶이 단순해지고 평온해졌다. 책 쓰기를 통해 나는 나를 용서하고 사랑하게 되었다. 나를 사랑하기 시작하자 내 주위 사람들에게도 사랑을 표현하는 사람이 되었다. 가까이 지내는 사람들에게는 사랑 표현을 소홀히 하기 쉽다. 그러나 익숙한 관계일수록 더더욱 사랑을 표현해야 한다. 나를 사랑하는 만큼 사랑을 표현할 수 있다. 지금 나는 자녀들에게 사랑을 듬뿍 표현하는 엄마다. 남편과는 서로의 꿈을 응원하는 꿈 부부로 살아가고 있다.

내 책을 읽고 나의 이야기를 듣고 싶다는 사람들이 많아졌다. 전국 교육청이 주관하는 행사에서 강사로서 강연했다. 이화여대, 연세대 등 대학생에게 꿈과 희망을 주는 강연을 했다. 내 이야기를 쓴 책을 통해 위로를 받고 희망을 찾은 독자들이 생겼다. 내 이야기를 통해 누군가를 돕는다는 것은 아주 큰 기쁨이다. 새로운 인생을 살게 되었다는 감사인사를 들었다. 감사인사를 받으면 나는 더 크게 감사한다. 나의 삶이, 나의 글이 도움이 될 수 있어 축복이다.

책 쓰기를 통해 나는 전문가가 되어 특별한 삶을 살아가고 있다. 하지만 처음부터 책을 쓰는 과정이 쉬웠던 것은 아니었다. 나는 불안하고 약했다. 그러나 내 안에 잠들어 있는 잠재력을 믿고 한 걸음씩 나아갔다. 《ONE THING》에서는 원하는 목표를 향해 내가 지금 할 수 있는 일을, 가장 작은 단 하나를 실천하라고 한다. 한 번에 하나씩 연속적인 성공을 쌓으라고 한다. 하나의 성공이 다른 성공을 불러왔다. 나는 점차 강해졌다.

내가 처음 시작했던 단 하나의 성공 노력은 매일 감사일기를 적는 것이었다. 내가 가진 것에 감사하는 마음을 갖기 시작했고 글로 적었다. 내가 이미 이룬 것들과 갖고 있는 것에 감사하는 마음을 적으며 나의 자존감은 나날이 높아졌다. 글을 쓸 수 있겠다는 희망과 세상을 보는 다른 눈을 갖게 되었다. 나에 대한 믿음으로 책을 쓰기 시작했고 그 책은 베스트셀러가 되었다. 꿈을 향한 단 하나의 노력이 더 큰 꿈을 불러왔다. 나의 삶의 방향을 바꿔 준 것이다. 누구나 할 수 있다는 믿음을 바탕으로 하나씩 꾸준히 해 나가면 성공한 삶을 살 수 있다.

책을 쓰고 나는 1인 기업가로 성장할 수 있었다. 나는 초등학교 교사였다. 초등학교 교사로 아이들을 만나는 시간도 행복했지만 자유롭지 않았다. 나는 자유롭게 동기부여가 필요한 사람을 만나 꿈, 희망을 나누는 사람이 되고 싶었다. 책을 쓰고 나는 나의 시간을 자유롭게 선택해 살아가고 있다. 시간을 선택하는 자유를 갖는다는 것은 엄청난 행복이다. 그리고 그 시간당 가치가 높아졌다. 나는 나만의 시스템을 완성했고 그 시스템으로 성공한 부자가 되었다.

나는 성공한 삶을 살고 있고 기적을 이루고 있다. 그리고 앞으로 나는 새로운 분야를 연구해 계속 책을 쓸 것이다. 나의 미래가 언제나 긍정적이고 희망찬 모습으로 그려진다. 〈한책협〉의 김태광 대표 코치님을 만나 책 쓰기라는 꿈을 갖지 못했다면 난 이런 삶을 상상도 하지 못했을 것이다. 그는 꿈이 없는 사람에게 확고한 꿈을 심어 주고, 자신감이 부족한 사람에게는 자신감을 심어 준다. 그렇게 세상에 빛이 되는 책을 쓰게 해 주신다. 꿈을 실현하는 방법을 실천할 수 있도록 돕겠다는 비전을 갖고 세상에 좋은 영향력을 행사하고 계신다. 내가 작가가 될 수 있었던 것은 모두 김태광 대표 코치님 덕분이다. 마음 깊이 감사드린다.

　상상하는 힘은 나에 대한 확신에서 나온다. 나는 성공한 삶을 살 것이다. 지금은 물론 과거의 나를 벗어던지고 변화하는 과정에 있다. 애벌레는 번데기를 거치는 변화의 시간을 인내하고 나비가 된다. 그렇듯이 나도 변화하려는 용기와 실행하는 열정으로 이제까지와는 다른 삶을 살 것이다. 나는 내가 적어 놓은 글에 책임을 지기 위해서 끊임없이 노력할 것이다.

　나는 글의 힘을 믿는다. 이 글을 읽는 당신도 글의 힘을 믿기 바란다. 원하는 목표를 글로 적는 것을 시작하길 바란다. 지금 당장 책을 쓰겠다는 꿈을 적어 보는 것은 어떨까. 책을 쓰는 것은 그 어떤 자기계발로도 이룰 수 없는, 변화를 만드는 최고의 자기계발 방법이다. 나는 책을 쓰며 행복한 삶을 이어 갈 것이다.

의식의 전환으로 꿈 찾기

이희수 〈한국재취업코칭협회〉 대표, 재취업코칭 전문가, 취업 컨설턴트, 동기부여가, 강연가, 자기계발 작가
현재 고용복지플러스센터 내 여성새로일하기 팀에서 직업상담사로 근무 중이다. 재취업을 준비하는
구직자들과 희로애락을 함께해 온 상담 경력 1만 시간 이상의 전문 컨설턴트다.

• E-mail tema117@epost.kr   • Blog blog.naver.com/tema117
• Instagram coachleehs

공자는 쉰 살을 지천명(知天命)이라 했다. 공자가 쉰 살에 하늘의 명을 깨달아 알게 되었다는 데서 나온 말이다. 벌써 내 나이도 50대 중반에 접어들었다. 100년을 1세기라고 하면 난 반세기를 살았다는 말이다. 그러면 난 이 나이가 되도록 무엇을 이룩해 놓았나? 나는 무엇을 깨달았을까? 나 자신에게 묻고 싶어진다. 그러나 대답은 자신 있게 나오지 않는다.

요즘은 흔히들 100세 시대라고들 말한다. 하지만 준비 없이 노후를 맞이해야 하는 현실은 막막하기만 하다. 게다가 빠르게 변화

하는 현시대를 의식조차도 못 따라간다. 갑자기 나의 지나온 삶이 주마등처럼 스쳐 지나간다.

심리학자인 매슬로우의 기본욕구 단계가 생각난다. 1단계는 의식주의 욕구다. 먼저 기초생활인 생계에 필요한 의식주를 해결하려 한다. 이 욕구가 다 채워지면 2단계인 안전의 욕구로 넘어간다. 사람에게는 불안해하지 않고 별 변화 없이 살려고 하는 욕구가 있다. 이 단계가 다 채워지면 소속감의 욕구가 생겨난다. 애정의 욕구, 즉 공동체 소속감의 욕구다. 어디에든 소속되어 공동체를 이루고 산다. 그다음 단계가 일에 있어서의 성공, 지위, 명예의 욕구다. 이제 마지막 단계인 자아실현의 욕구가 있다. 즉, 자신을 아는 욕구다. 자아의 마지막 실현은 자신을 아는 것이다. 그럼 나는 나 자신을 얼마나 알고 있을까. 남들에게 보이는 표면적인 내가 있다. 그리고 나도 잘 모르는 내면적인 내가 있다.

우리는 어떤 것이 진짜 나인지도 모르고 살아간다. 한동안 '내가 누구일까? 나는 왜 이 세상에 왔을까? 나는 진정 무엇을 원하는가? 나는 나를 얼마나 알고 있나? 진정 내가 원하는 것은 무엇인가?'가 화두가 되었었다. 나는 30대에 그것을 찾아 헤매기 시작했다. 그것을 알고 살아가는 사람들은 얼마나 될까? 적어도 난 그것을 모르고 살고 싶지는 않았다. 내가 이 세상에 온 이유가 너무 궁금해지기 시작했다. 그 이유를 찾기 시작하다 보니 종교적인 것에 관심을 가지게 되었다.

나의 미래가 궁금해졌다. 그리고 찾기 시작했다. 애기 보살, 장군 보살, 처녀 보살, 산신 보살 등 점집이라는 점집은 다 가 봤다. 그런데 답답함은 더 심해졌다. 성당에 가서 세례도 받았다. 불교대학교에서 금강경 독해도 했었다. 거기서도 답을 못 찾았다. 내가 엄청 무지했나 보다.

세월이 흘러 40대가 되었다. 나를 알고 싶은 욕망은 늘 의식세계에 있었다. 하루는 교회를 우연히 가게 되었다. 내 발로 나 홀로 갔다. 무엇에 홀린 듯 그렇게 가게 되었다. 나중에 알게 되었다. 그것이 성령 하나님의 인도였다는 것을. 그날 이후 난 하나님을 만났다. 매일 만났다. 너무 신기했다. 이 우주를 창조하신 분을 만났다. 우주 삼라만상을 다 만드신 분을 내가 알고 있다는 신기함에 빠졌다. 우리 집안은 유교 사상을 바탕으로 한 불교를 믿는 집안이었다. 그러니 유년시절 크리스마스 때 교회에 간 것이 다였다.

하나님을 알고 난 뒤 나의 의식세계는 변하기 시작했다. 세상의 이치를 깨닫게 되었다. 물론 하나님을 믿지 않는 남편은 나에게 여기저기 종교를 옮겨 다녔다고 한마디 한다. 그러나 난 안다. 그렇게 했기 때문에 깨달을 수 있었다는 것을. 아마 아는 사람은 알 것이다.

이제 지천명인 쉰 살도 넘었고 하늘의 뜻도 알게 되었다. 하나님의 사랑으로 지금까지 살아왔다. 난 누구보다도 하나님의 사랑을 듬뿍 받았다. 그 덕분에 나의 의식세계는 하나님으로 가득하다. 오십 평생 살아오면서 너무나 시련들이 많았다. 그럴 때마다 왜 나만 그럴까, 이 세상 사람들은 다 행복한데 왜 나만 이렇게 힘들게 사는지 참 많이도 하늘을 원망했다.

하나님을 처음 만나고 그때 여쭤 보았다. 하나님의 대답이 충격적이었다. "그렇지 않았으면 네가 나를 찾아왔겠니?"라고 하셨다. 그다음 말은 더욱더 충격적이었다. "내가 너를 사랑한다." 그 말에 난 대성통곡하고 말았다. 수건이 다 젖도록 울고 또 울었다. 평생 울 것을 그때 다 울었다. 그때부터 매일 새벽기도를 5년을 다녔다. 울기 위해 갔다. 아니 내가 살기 위해 하나님 앞에서 울었다. 그러면서 나의 의식세계도 점점 깨이고 세상이 아름답게 보이기 시작했다. 아상(我相)을 다 벗어 버리고 스스로 낮아짐을 선택했다.

그렇게 나의 의식세계는 점점 하나님화되어 갔다. 아니 더 정확히 말하면 예수님화되어 갔다. 하나님은 늘 나의 의식 한곳에 자리하고 계신다. 늘 나와 함께 동행하신다. 늘 함께하시겠다고 약속도 하셨다. 난 두렵지 않다. 성령 하나님과 함께하니까. 할렐루야.

그러던 어느 날 하나님은 나를 〈한책협〉으로 인도하셨다. 나의 기도를 아시기 때문이었다.

내가 경험하고 터득한 지식을 필요한 사람들에게 나누어 주라는 이유였다. 나를 나보다 더 잘 아시는 하나님이시기에 가능한 일이었다. 평소에 늘 품고 있었던 생각이기 때문에 〈한책협〉을 만나고 한 번에 알아볼 수 있었다. 바로 〈책 쓰기 과정〉을 시작했다. 책을 써야 많은 사람에게 내 경험과 지식을 알릴 수 있기 때문이다. 그리고 더 크게 성공한다는 응답도 여기에 있었다.

나의 인생은 책 쓰기를 통해 바뀌었다. 책을 쓰고 나의 꿈을 찾을 수 있었기 때문이다. 나의 버킷리스트 50가지를 찾아 준 것도 여기 〈한책협〉의 〈책 쓰기 과정〉이다. '꿈이란 그냥 꿈일 뿐이다'라고 생각했다. 그런데 여기 〈한책협〉의 〈책 쓰기 과정〉은 그냥 꿈이 아니다. 현실 가능한 꿈을 찾아 준다. 난 그것을 믿는다. 〈한책협〉의 천재작가 김태광 대표 코치님을 믿는다. 아니, 그분이 믿는 하나님을 믿는다.

이렇게 나는 책을 쓰기 시작하면서 의식세계의 평안을 찾았다. 책을 쓰고 난 후 의식의 변화를 겪었기 때문이다. 첫째는 꿈을 찾게 되었다. 둘째는 작가로서의 나의 역량을 발휘할 수 있었다. 셋째는 자존감을 다시 찾았다. 마지막으로 진짜 더욱더 좋은 것이 〈한책협〉에 있다. 아마 난 이것 때문에 〈한책협〉을 더 사랑하는 것일지 모른다.

〈한책협〉은 여느 교회보다 더 교회답다. 김태광 대표 코치님께서는 확고한 신앙심으로 우리 초보 작가들에게 비전을 심어 주신다. 교회도 종파에 따라 다르고 목사님의 설교도 종파에 따라 해석이 다르다. 김태광 대표 코치님은 한 달에 두 번 특강을 하신다. 난 그때 교회에 간다는 의식으로 특강에 참석한다. 물론 카페 게시판에도 성경 말씀이 올라온다. 하지만 특강 때 한 번씩 하시는 성경 말씀이 더 와 닿는다. 참 좋다. 대표 코치님의 그 신앙심이 좋다. 그냥 좋다. 내가 좋아하는 할렐루야를 이 카페에서 마음껏 외칠 수 있다는 것도 참 좋다.

〈한책협〉을 만나고 나의 인생은 확 바뀌었다. 반세기를 살아오면서 겪은 시련, 좌절, 두려움, 고난이 희망, 꿈, 비전 등으로 다시 태어났다. 내가 하나님을 믿지 않았더라면 〈한책협〉도 모르고 죽었을 것이다. 그러나 난 하나님을 믿었고 그로 인해 〈한책협〉도 만났고 나의 인생도 바뀌었다. 이 모든 계획을 있게 해 주신 하나님께 영광 돌린다. 할렐루야.

13

책을 써 원하는 삶 살기

오성숙 **대학 교수, 프로강사양성 코치, 강사컨설팅 전문가, 자기계발 작가, 동기부여가**

교육학 박사로, 경기대학교 외래교수로 재직 중이다. 중앙대학교와 서울시민대학에 출강하고 있으며, 한국성인교육학회 학술이사로 활동 중이다. 작가이자 동기부여가라는 메신저의 꿈을 그리며 강사들의 코치로서 강의 활동을 하고 있다. 저서로는 《또라이들의 전성시대3》, 《버킷리스트16》이 있으며, 현재 '강의 잘하는 법'을 주제로 개인저서를 집필 중이다.

• E-mail oss5004@naver.com   • Blog blog.naver.com/oss5004
• C·P 010.3689.5152

'언젠간 책을 쓴다!', '책을 쓰고 싶다!' 나의 주변 지인들의 이야기다. 나도 얼마 전까지 이런 부류의 사람이었다. 일반인들은 책을 쓰기 위해 많은 스펙을 쌓아야 된다고 생각한다. 그래서 책을 쓰기 위해 경력, 학력 등을 만드는 데 돈을 투자하고 꽤 많은 시간을 책 쓰기에 쏟는다. 하지만 책을 쓰는 데 '자격증'은 존재하지 않는다. '자격증'은 스스로가 만든 '자격' 울타리라서 갇히면 나오지 못한다.

그 울타리에서 탈출하기 위해서는 가장 먼저 나의 의식이 변화되어야 한다. 내가 만든 울타리이기 때문에 나 스스로가 해결할 수 있다. 그 과정에서 방법보다 의식을 깨우고 변화된 행동으로 실행해야 한다. 그 순간 비로소 탈출할 수 있는 것이다.

나는 2004년부터 2015년까지 대기업 교육부서에서 '강사'로 근무했다. 그 당시 강의 영역을 회사 내부조직에서 점차 외부조직으로 넓혀 갔다. 그러면서 다양한 분야에서 자연스럽게 체득한 경험들을 차곡차곡 나의 노트와 메모지에 적어 갔다. 그 과정에서 나는 막연하게 10년 차가 되면 책을 써야겠다는 목표를 세웠다. '책을 쓰려면 전문가가 되어야 한다'라는 말을 들은 듯했다. 그래서 강의 10년 차가 되면 나도 전문가가 되지 않을까, 하는 생각에 세운 목표였다.

그런데 10년이 지나도 나는 책을 쓰지 못했다. 아니, 책의 첫머리조차 끼적거리지 못했다. 항상 일에 쫓겨 책 쓰기는 우선순위에서 밀리기 일쑤였다. 박사과정을 밟으면서 도저히 책을 쓸 시간을 낼 수 없었다. 그즈음 마음의 변화가 찾아왔다. '나는 박사과정을 졸업하면 교육학 박사인데 책이 굳이 필요할까?' 또는 '학위논문이 더 어려운 일이니까 책보다 학위를 더 알아주겠지!' 이렇게 자기합리화를 했다. 당연히 책을 써야겠다는 생각은 흐릿해졌다.

어느덧 논문을 탈고하고, 박사가운을 입고 졸업식장에 있는 나를 발견했다. 드디어 박사과정을 마치고 졸업한 것이다! 그토록 원하던 박사학위를 받았다. 그러나 되돌아본다. 예상대로 나는 행복하고, 성공한 삶을 살고 있을까?

생각하지 못했던 일이 생겼다. 나는 한없이 우울했다. 박사학위가 성공이라고 생각하며 집중하고 집중해서 졸업했다. 그런데 졸업 후 나는 한없이 무기력해졌다. 성취감보다는 그 과정에서 받았던 상처가 잘 씻기지 않았다. 매일 우울했고 매일 눈물이 났다. 하지만 주변으로부터 위로를 받기는 힘들었다.

한참 무기력하고, 우울감마저 높아질 때 갑자기 잊었던 꿈을 떠올렸다. 바로 책 쓰기였다. 그리고 모든 인맥을 동원해서 책을 쓴 사람을 찾았다. 책 쓰는 방법과 관련 정보를 듣고 정리해 보았는데 전혀 공통점을 찾을 수 없었다. 도저히 알 수 없는 막막한 시간을 보내다가 전문가에게 코칭을 받고 싶다는 생각을 했다. 나는 인터넷을 탐색하기 시작했다. 관련 사이트 정보는 수없이 많았다. 사실 하나를 선별하기 어려울 정도였다.

그 순간 나는 한 사이트에 접속했고, 첫 화면부터 충격적이었다. 남다른 홈페이지 첫 화면, 공신력 있는 기관으로부터 받은 많은 수상경력 등에 적잖이 놀라면서 그 사이트를 살펴보기 시작했다. 이 협회에 회원 가입을 해도 좋겠다는 믿음이 가는 순간, 〈1일 특강〉이 있다는 것을 알고 바로 접수했다. 나는 '가 봐야겠다. 여기서 나의 꿈이 현실로 될 수 있을 것 같다. 나의 코치를 찾을 수 있을 것 같다'라는 믿음이 생겨 참석하기로 결정했다.

특강을 들으러 간 날, 나는 두 번째 충격을 받았다. 20대 작가 3명이 나와서 출판사와 계약한 내용, 출판 시점을 정확하게 공유하면서 소감을 말하고 있었다. 그 순간 어리둥절해서 정신을 차릴 수 없었다. 하지만 하나도 빠뜨리지 않고 경청했다. 잠시 후 〈한책협〉의 김태광 대표 코치가 나와서 자신의 소개와 함께 화려한 작가 경력, 책 쓰기 코칭 경력을 말해 주었다. 그날 나는 '책을 쓴다면 바로 여기겠구나!'라는 확신이 들었다.

그런데 강의 내용이 매우 남달랐다. 책 쓰는 방법도 설명해 주었지만 그보다 더 중요하게 강조한 것은 의식 변화였다. 대표 코치의 강렬한 메시지가 각인되는 순간이었다. 대표 코치는 의식 변화에 대해 이야기했다. 혼란스러웠다. 책 쓰기 방법만 알려 주면 되는데 왜 의식을 바꾸라고 온 힘을 다해서 말하는지 그때는 몰랐다. "성공해서 책을 쓰는 것이 아니라 책을 써서 성공하라!"라는 말에 머리가 또 한 번 멍해졌다.

나는 책을 쓰려고 지금까지 학력과 경력을 쌓았는데 이 말은 순서가 바뀌었다는 것이기 때문에 놀라지 않을 수 없었다. 책을 먼저 쓰는 것이 답이라니. 지금도 그때의 놀라던 내 모습이 생생하다. 특강이 있던 날, 20대 젊은 작가들의 실제를 보면서 더 이상 늦출 수가 없었다.

사실 〈한책협〉에서는 너무나 많은 사람들이 책을 썼다. 두 번째 세 번째 책을 쓰고 있고, 책을 처음 쓰겠다는 사람이 많아서 더 황당했다. 책은 내가 써야 하는데, 나는 강의를 하는 사람이고, 지속적으로 강사를 양성하고 있는 사람인데, 하는 생각이 들면서 조급해졌다. 나는 지금까지 무엇을 하고 있었는가? 왜 빙빙 돌아서 왔나 싶어서 참을 수 없었다. 당장 시작하지 않으면 평생 후회할 것 같았다.

책 쓰기를 각오하고 20권이 넘는 추천도서를 받아서 집으로 돌아왔다. 그리고 귀 기울였다. 대표 코치가 말하는 의식이 무엇일까? 이런 마음으로 관찰하기 시작했다. 카페의 많은 글을 집중하면서 읽었다. 그때 정말 오랜만에 가슴이 마구 뛰었다. 내가 그동안 잊어버리고 살았던 열정과 꿈이 마구 떠올랐다. 심장박동이 빨라졌다.

나는 20대 초반에 카네기의 《성공론》을 읽었다. 그때 내 인생에 믿음을 갖고 도전하면서 살겠다고 결심했었다. 그 후 정말 내 삶의 곳곳에서 변화가 일어났다. 내 인생에서 첫 성취감을 느꼈던 20대의 수많은 일들이 기억났다. 그러면서 '맞아! 내 인생은 내가 만들어 간다는 확신, 나에 대한 성공 확신이 있었는데 왜 잊었을까?' 했다. 나는 20년 만에 그 순간을 다시 경험하게 되었다. 잠자고 있던 나의 의식이 조금씩 깨어나고 있었다. 의식이 깨어나는 속도는 매우 빨랐다. 매일매일 나는 성장하고 있다. 지금 이 순간에도.

세상이 다르게 보였다. 간절히 원하니 길이 열리고, 만들어졌다. 인맥보다는 꿈맥을 강조하는 작가들과 소통하면서 나는 더욱 확신하게 되었다. 서로의 꿈을 지지해 주고, 성공을 확신하면서 우리의 성공이 뚜렷하게 나타났다. 매일매일 원고를 마무리하고, 출판사와 계약하고, 도서판매 사이트에서 베스트셀러가 되면서 우리는 계속 선한 공동체로 나아가고 있다.

이처럼 책 쓰기의 꿈이 현실로 드러나는 과정을 경험하면서 나는 너무나 행복해졌다. 지금 살아 있음에 감사한다. 불과 몇 달 전까지만 해도 자살충동을 느끼며 살던 내가 아니다. 오늘이 감사하고, 글을 쓰고 있는 이 순간이 감사하다. 내가 할 수 있는 일, 내가 좀 더 나를 성장시킬 수 있는 일을 찾은 게 너무나 행복하다.

요즘 대학에서 강의할 때, 시민대학에서 강의할 때, 성인 학습자들에게 강의할 때 나도 모르게 꿈에 대한 이야기를 한다. 학습자들에 대한 믿음이 이전보다 더 견고해져서 확신을 갖게 되었다. 그래서 이들의 꿈과 희망을 적극적으로 지지해 준다. 강의 내용은 이전과 같지만 전달하는 내가 달라졌다. 한 사람 한 사람 학습자 모두에게 자신을 발견하고, 자신을 믿으면 하고자 하는 모든 일이 잘될 거라는 믿음을 주고 있다.

나는 예전에 강의할 때보다 더욱 확신에 찬 목소리와 표정으로 전달한다. 이런 나의 모습이 요즘 학습자들에게 전달되고 있다. 더 많은 학습자들이 용기를 내어서 지속적으로 계속학습 하기 위한 로드맵을 물어본다. 하고 싶은 일을 숨기지 않고 꺼내 놓는다. 그렇게 학생부터 성인 학습자에 이르기까지 다양한 분야의 이야기를 나누고 있다. 나를 만나는 많은 학습자들에게 계속 용기와 희망을 주고 싶다. 누군가의 삶에 내가 도움이 되고 꿈을 찾아 준다는 게 즐겁고 행복하다.

나는 미래의 나를 기대하며 책을 쓴다. 우리 각자의 인생은 한 편의 영화다. 그 영화의 시나리오 작가는 다름 아닌 나다. 자신의 삶을 원하는 삶으로 만들고 싶다면 바로 책을 쓰자. 자신의 책을 시작하는 순간, 당신은 성공할 것이라고 나는 확신한다.

14

부자가 되기로 결정하고
책 쓰기에 도전하기

박준영 목사, 가정사역자, 자기계발 작가, 동기부여가, 강연가

17년간의 목회 생활을 통해 많은 부부와 부모들을 코칭한 경험을 가지고 있다. 화목한 부부, 주도적인 삶을
사는 자녀, 건강한 성공 등 가치 있는 삶을 살아 내는 가정이 되도록 돕는 작가이자 강연가다. 2015년까지
서초동에 위치한 '사랑의교회'에서 부목사 생활을 했고 가정 중심의 교회를 꿈꾸며 2016년에 성남 분당에
'더좋은나무교회'를 개척했다. 저서로는《행복한 결혼생활을 위한 감정공부》가 있다.

• E-mail spidoc@naver.com   • Blog blog.naver.com/spidoc
• C·P 010.3746.8998

마흔세 살이던 2017년 12월 15일에 나는 부자가 되기로 결정
했다. 이상하게 들리겠지만 나는 마흔세 살 이전까지 단 한 번도
부자가 되고 싶다거나 되어야겠다는 생각을 하지 않았다.

나는 금수저로 태어나진 못했지만 그렇다고 흙수저도 아니었
다. 초등학생 때부터 대학생까지 부족하지 않게 용돈을 받았다.
대학교 등록금 걱정도 한 적이 없다.

아버지는 시골에서 한식당을 운영하셨다. 현대식 건물에 나무
로 만든 정자와 꽤 너른 잔디밭이 있었다. 잔디밭에서 야외결혼

식을 진행할 정도로 전경도 좋았다. 사촌 형과 사촌 누나 그리고 나의 결혼식도 이곳에서 진행되었다.

아버지는 자신의 관상이 좋기 때문에 부자가 될 수 있다는 황당한 믿음으로 사셨다. 내가 유치원 때 부도를 맞은 경험이 있으셔서 무리한 사업을 하진 않으셨다. 친구 따라 주식을 하시거나 식당을 운영하며 모은 돈으로 동업을 하시기도 했다. 하지만 번번이 손해만 보셨다. 그도 그럴 것이 사업가 친구만 있을 뿐 그들처럼 발로 뛰며 사업을 운영하지 않으셨기 때문이다. 그들에게 제대로 배우려 하지도 않으셨다. 하루의 대부분은 〈동물의 왕국〉 같은 다큐멘터리를 시청하시다가 낮잠을 주무셨다. 그런 모습의 아버지를 보고 나는 저렇게 살지 말아야겠다고 생각했다.

아버지 주변에는 꽤 탄탄한 중소기업의 사장님들도 계셨다. 그중 한 분은 사업을 하시는 분들은 이름만 대면 알 정도로 꽤 잘나가는 사장님이셨다. 1995년쯤에 자산이 500억 원 정도 되셨다고 하니 현재 가치로 환산하면 훨씬 많은 금액일 것이다. 자신의 별장으로 몇 번 초대하는 등 우리 남매에게 잘해 주셨지만 조금 부담스러웠다. 어린 우리에게도 돈 자랑을 늘어놓으시고 여배우와 재혼하셔서 사는 모습도 별로 자연스러워 보이지 않았다.

다른 두어 분의 부자들도 있었다. 그런데 그분들의 삶에 배어 있는 오만한 모습은 보기가 불편했다. 심지어 내연녀가 운영하는 식당에 버젓이 나를 초청해서 식사할 때는 정말 상을 엎고 나오고 싶었다. 이런 여러 모습들이 겹쳐 내게 부자에 대한 이미지가 매우 부정적으로 자리 잡힌 것 같다.

더구나 나의 부친은 지금까지 네 번이나 결혼하셨다. 나의 친모와는 내가 두 살 때 헤어지셨다. 이후 내 나이 다섯 살, 열 살, 스물세 살에 세 번 더 결혼하셨다. 만약 부자가 되셨다면 더 하셨을지도 모른다. 나는 그 과정에서 심각한 정서적 결핍을 겪었고 자연스럽게 약자인 어머니 편에 서게 되었다.

어머니는 나의 마음을 잘 아셨고 늘 미안해하셨다. 어머니는 내 나이 여덟 살 때부터 교회를 다니셨다. 이후 신실한 신자가 되셨다. 항상 가난한 사람을 돌보고 약자의 편에 서서 도와야 한다고 말씀하셨다. 이 말에서 한 걸음 더 나아가 건강한 부자가 되어 더 큰일을 도모하고 더 크게 돕는 사람이 되라고 하셨으면 좋았을 것이다. 하지만 어머니는 부자들을 좋아하지 않으셨다. 이 때문에 부자에 대한 나의 이미지가 더 안 좋아졌고 부자가 되면 안 될 것 같았다.

대학을 졸업하고 목사가 되기로 결정한 이후 나는 아예 부자라는 단어를 머릿속에서 지운 것 같다. 부목사 월급으로 어떻게 부자가 될 수 있겠는가? 물론 당시에는 대형교회 목사님들의 연봉이 억대라는 것을 전혀 몰랐다. 혹시 알았더라도 부자에 대한 이미지 때문에 그리 노력하진 않았을 것이다.

그저 환경이 열리는 대로 하늘을 바라보면 먹고살 걱정은 하지 않을 것 같았다. 사실 아무리 작은 교회라도 목사를 위한 관사가 있었다. 그래서 집 걱정은 할 필요가 없다고 생각했다. 그렇게 15년 동안 직장생활과 비슷한 부목사 생활을 이어 갔다.

15년이 흐르는 동안 한국 사회와 교회 문화는 많이 달라졌다. 특히 교회의 숫자보다 목사의 숫자가 많기 때문에 아무나 담임목사가 될 수 없다. 실력과 스펙을 겸비해야 한다.

그런 와중에 나는 15년간의 부목사 생활을 정리하고 교회 개척을 시작했다. 창업을 한 셈이다. 지금 생각해 보면 창업하더라도 준비할 게 많은데 너무 무모하게 시작했다는 생각이 든다. 개척이 생각대로 되지 않았다. 이 개척을 실패라고 인정하기까지 1년이 걸렸다. 개척 시작 후 2년 안에 자리 잡지 못하면 다른 일을 병행해야 했다. 무엇을 할까 고민을 시작한 이때가 2017년 6월쯤이었다.

평소 음식을 만드는 데 소질이 있었다. 그런 데다 학창시절 방학 때마다 부친의 식당에서 전반적인 일을 경험해 보았기 때문에 식당을 창업하려 했다. 친척 중 한 분이 강원도에서 꽤나 알려진 산채백반 식당을 운영하시고 계셨다. 만약 내가 한다고 하면 노하우를 알려 주시겠다고 말을 마친 상태였다. 하지만 식당일이 정말 고된 일이라는 것을 알고 있었다. 무엇보다 일요일 장사를 쉴 수 없었다. 나는 일요일엔 교회의 목사로서 일해야 했다.

두 번째는 창업 1순위 커피숍이었다. 커피를 좋아했기 때문에 회사 주변에 작은 영업점포를 내면 생활비 정도는 충분히 벌 수 있을 것 같았다. 하지만 이 역시 준비 단계에서 좌절되었다. 내가 가진 돈으로는 좋은 장소에서 시작할 수 없었다. 빚을 내는 것은 무리였다. 한 번도 해 보지 않은 일이라 자칫 큰 손해를 볼 수 있었기 때문이다. 그렇게 주저하면서 시간만 보냈다.

상황이 이렇게 되다 보니 정말 답답한 나날의 연속이었다. 아내와 3명의 자녀들 걱정에 앞이 캄캄했다. 아파트 15층 베란다에 서면 뛰어내리고 싶었다. 짓누르는 걱정에 밤잠을 설쳤다. 정말 죽을 것 같다는 생각이 들었다. 청소년기에 정서적인 지지를 받지 못하고 자란 터라 늘 불안함에 시달렸다. 다행히도 공황장애로 이어지진 않았다. 하지만 아무 이유 없이 살기가 싫었고 누군가 내 심장을 있는 힘껏 누른다는 느낌을 자주 받았다.

그런데 마흔이 넘은 나이에 생계를 걱정하는 가장의 무게는 청소년의 그것과 비교할 수 없었다. 이 나이 먹도록 뭐 했을까 하는 자괴감에 빠져 절망했다. 아이들에게는 필요 이상으로 화를 냈다. 화가 가라앉으면 세상에 이렇게 못난 아빠가 있을까 싶어 더 괴로웠다. 밤과 아침마다 기도했지만 해결책은 보이지 않았다. 그렇게 시간만 자꾸 흘러갔다.

그러던 어느 날, 운명의 2017년 12월 15일. 잠자리에 들었는데 갑자기 마음이 무거워졌다. 일어날 기운도 없어 그대로 기도했다.

"하나님, 살고 싶어요. 남편, 아빠, 효도… 뭐든 조금이라도 제대로 하고 싶어요."

그때였다. 내 마음 깊은 곳에서 어떤 깨달음이 올라왔다.

'아! 그래. 부자가 되면 되겠구나. 그래, 남은 삶은 부자로 살기로 결정했어.'

부자가 되기로 결정하니까 갑자기 마음이 편해졌다. 그날 밤 정말 잘 잤다. 되돌아보니 43년 동안 단 한 번도 부자가 되어야겠다고 결정한 적이 없었다. 막연히 돈이 많았으면 좋겠다고 생각했다. 목사의 삶은 부자와 거리가 먼 것이라 생각했다.

내가 부자가 되기로 결정했을 때의 그 느낌이 무엇인지 나는 안다. 이 세상의 모든 일은 항상 두 번 일어난다. 첫 번째는 마음에서 일어나고 두 번째는 실행을 통해 삶에서 일어난다. 마음에서 부자가 되기로 결정했으니 실행을 통해 삶에서 일어나게 하면 된다.

다음 날 바로 실행에 옮겼다. 먼저 나처럼 무일푼으로 부자가 된 자수성가 부자들을 찾았다. 그렇게 《부의 추월차선》을 만났다. 나는 이 책을 통해 부자에 대한 나의 이미지를 완전히 바꿀 수 있었다. 저자는 부자가 되기 위해 가족과 공동체, 경건과 건강, 시간과 자유를 포기하지 않았다. 또 나 같은 사람이 부자가 될 수 있는 방법이 집필이라는 것을 알게 되었다.

그리고 피터 드러커를 만났다. 건강한 부자란 사람들을 섬김과 동시에 나에게 이익이 되어야 한다. 이 일은 집필과 강연을 통해 가능할 거라는 믿음이 생겼다. 목사의 설교가 집필과 강연을 통해 이루어진다는 생각이 들었기 때문이다. 내가 하고 있는 설교를 세상을 향한 강연으로 확장할 수 있다는 확신이 들었다.

몇 가지 원칙을 세우고 내가 원하는 집과 자동차 및 삶에 대해 구체적으로 적어 보았다. 또한 당장 도전할 수 있는 몇 가지 버킷리스트도 작성했다. 그런 후 첫 도전을 한 것이 바로 책 쓰기다. 나는 책 쓰기와 강연을 병행하는 삶으로 나의 삶을 채울 것이다. 이 일을 통해 사람들을 도우면서 나도 살아갈 수 있다는 생각을 하니 벌써 가슴이 벅차오른다.

또한 나의 마음에서 일어난 이 '결정'에 대한 일도 조만간 책으로 출간될 것이다. 절망이 아닌 희망의 삶을 살도록 다른 사람들을 도울 수 있을 거라 믿는다. 이제 겨우 시작이지만 책 쓰기는 이미 내 삶을 지탱하는 기둥이다. 이미 내 마음에서 이루어진 현실이다. 나의 삶이 또 다른 누군가의 삶을 풍요롭게 할 수 있다는 생각에 매 순간이 행복하다.

이상주의자로 살기

김하정   아이얌요가커뮤니티·김하정감정코칭협회 대표, 요가·명상지도자, NLP 심리상담사, 지구별 여행가

15년간 요가와 명상을 지도해 오고 있으며 상담을 하고 있다. 과거의 상처와 감정을 해결하는 방법을 알지 못해 삶에서 고통을 겪는 사람들의 몸과 마음의 통합적인 치유를 돕고 있다. 모든 존재가 행복한 삶을 꿈꾸는 이상주의자다. 저서로는 《보물지도13》이 있으며, 여행과 삶에서 만난 많은 사람들과 요가와 명상을 통해 얻은 다양한 경험들을 토대로 감정에 대한 개인저서를 집필 중이다.

- Blog blog.naver.com/kkhlstar   • Instagram kimhajeong3
- C·P 010.6556.1488

"별은 아름다워. 그것은 눈에 보이지 않는 꽃이 하나 있기 때문이지. 그리고 사막이 아름다운 것은 어딘가에 우물을 숨기고 있기 때문이야." – 생텍쥐페리의 《어린 왕자》 중에서

'현실과 이상의 차이는 뭘까?'

나는 지금 게스트하우스의 옥상 난간에 기댄 채 하늘을 올려다보고 있다. 이곳은 인도의 바라나시에서 가장 높은 건물이다. 화장터에선 밤새 시신을 태우는 연기가 피어오른다. 보름 동안 매

일 옥상에서 밤을 세며 하늘을 보았다. 달 아래 줄지어 있는 낮은 지붕들이 밤하늘 위로 희미하게 지평선을 그린다. 나는 지금 인도 바라나시에 있다. 현실과 이상 사이의 어딘가에 걸쳐져 있는 것만 같다. 나에게 환상 같은 이곳에서 사람들은 지극히 현실을 살아내고 있다. 참 아이러니하다.

나는 할머니와 엄마, 친척들로부터 "너는 너무 이상만을 좇는다.", "너는 이상주의자다. 현실에 발을 붙여라." 등의 말을 들으며 자랐다. 그들의 말에서는 늘 부정적인 뉘앙스가 풍겼다. 그래서 나에게 이상주의자란 어딘가 모자란 사람이란 인식이 있었다. 이상주의가 정확히 어떤 의미인지도 모르면서 말이다. 그리고 그들이 말하는 대로 나는 이상주의자가 되었다.

'이상주의자'란 무엇인가? 네이버 사전이 그 의미를 알려 준다. '이상을 실현하는 데 삶의 가치를 두는 사람.' 달리 말하면 이상을 꿈이라고 하겠다. 그러니 나는 꿈을 꾸고 꿈을 실현하는 사람이다. 어렸을 때 네이버 사전이 있었다면 나는 나를 비정상이라고 생각하지 않았을지도 모르겠다.

나는 어렸을 때 UFO가 있다고 믿었다. 물론 지금도 그렇다. 어렸을 때 혹시 UFO가 나타날까 봐 하늘을 유심히 살펴보곤 했다. 이상한 움직임이 포착되면 심장박동이 빨라지며 설레곤 했다. 혹시 외계인이 나타나서 나를 우주선으로 초대하지 않을까 하는 상상을 하면서 말이다. 언제나 비행기란 걸 확인하고도 늘 기대하게 되는 건 어쩔 수 없다.

세계의 미스터리를 다룬 프로그램이나 스필버그 감독의 〈어메이징 스토리〉는 빼놓지 않고 보았다. 〈이상한 나라의 폴〉이나 〈시간탐험대〉를 보며 주인공처럼 시간여행을 하는 상상을 하곤 했었다. 벽에서 다른 차원으로 가는 문이 열리길 기대하거나 주전자를 들고 "돈데기리기리~!"라고 주문을 외우기도 했다. 〈인디아나 존스〉나 〈백 투 더 퓨처〉 같은 판타지 영화를 보며 나는 대리만족을 느꼈다. 화면 속의 세상이 답답한 현실에서 숨통을 트이게 했다.

나는 작가다. 우연 같은 필연으로 〈한책협〉을 만났다. 이곳에서 나의 꿈을 확인했다. 그리고 작가의 꿈을 이루었다. 강의를 듣다가 나의 귀를 의심한 적이 있다. 김태광 대표 코치의 "이상주의자가 되라!"라는 말을 듣고서였다. 그 말이 참 낯설고 생소하게 들렸다. 그렇게 많이 들어 왔던 말임에도.

'성공'과 '부'를 이야기하면서 이상주의자가 되라고 하는 말이 내 귀엔 어색하게 들렸다. 지금까지 나는 이상주의자를 가난뱅이 예술가 정도로 생각해 왔다는 것을 알았다. 강의를 들으며 나의 해묵은 신념은 날아가 버렸다. 그 후 읽게 된 그의 책의 프로필엔 람보르기니를 타고 다니는 작가이자 신비주의자라고 적혀 있었다. 신비주의자라는 그의 프로필을 볼 때마다 나는 묘하게 안심이 되었다.

나에게 작가란 잠시 잊고 있었던 꿈이다. 직관적으로 이끌려 찾아간 〈1일 특강〉에서 김태광 대표 코치의 강의를 들으며 가슴이 뛰고 있음을 느꼈다. 그것이 오랫동안 품어 온 나의 꿈이라는 것을 나의 심장이 말해 주고 있었다.

글쓰기는 잠재되어 있던 기억들을 수면 위로 끌어올릴 만큼 강한 힘을 지녔다. 고무줄놀이를 하고 있는 나의 모습이 슬로 모션처럼 스쳐 간다. 잠시 잊고 있었던 어린 나의 순수한 바람을 보았다. 초등학생 시절부터 작가가 된 내 모습을 상상하던 나를. 그리고 성인이 되어 만든 버킷리스트 안엔 이미 '책 쓰기'가 여러 번 적혀 있었다는 것을 말이다.

일기를 열심히 쓰기 시작한 건 배낭여행을 다니면서부터다. 매일의 일정을 기록하기 위함이기도 했다. 하지만 그때그때 떠오르는 심상을 짧은 글이나 그림으로 남겨 두는 것은 습관이 되었다. 늘 작은 노트와 펜을 가지고 다니지만 깜빡 잊었을 땐 냅킨이나 영수증에 끼적이기도 한다. 혼자서 여행을 많이 하다 보니 무료함이나 낯선 곳에서의 어색함을 달래기 위한 방법이었다.

그때의 기록들은 거의 사라졌지만 글로 적었던 것은 기억에 오래도록 남아 있다. 학창시절에 글쓰기란 늘 숙제였다. 방학 숙제로 개학 전날 한 달치의 일기를 써 버렸을 때처럼 하기 싫었던 적도 있었다. 하지만 내 자유의지로 책상에 앉아 글을 쓰는 지금 이 순간, 나는 무엇과도 바꿀 수 없는 행복을 느낀다.

엄마와 호스피스 병동에서 지냈던 1년 동안 나는 매일 일기를 썼다. 특히 아침에 눈을 뜨자마자 3페이지의 일기를 쓰는 것을 습관화했었다. 일명 '모닝 페이지'였다. 태국에서 만났던 이가 추천해 준 《아티스트 웨이》란 책을 읽으면서 시작된 일과였다. 나는 그 책을 읽고 매일 글을 쓰며 힘든 시간을 이겨 냈다. 도망가고 싶을 정도로 힘들고 지칠 때마다 노트에 내 마음을 써 내려갔다. 엄마에 대한 화가 올라올 땐 시원하게 욕도 휘갈겼다.

시간이 흐른 후에 일기를 다시 꺼내 보았다. 분노와 용서, 미움과 사랑, 거부와 이해가 뒤섞여 있었다. 내가 당시 얼마나 힘들었고 또한 행복했는지를 보여 주고 있었다. 그 시간을 아름답게 기억하기 위해 얼마나 많은 노력을 했는지도 알 수 있었다. 나는 그만큼 시련 속에서 강해졌다. 시간이 허락한 만큼 감사함도 알았다. 글을 쓰는 것은 스스로를 치유하는 무엇보다 강한 힘을 지니고 있다.

작가가 되겠다는 꿈이 이상주의자들이나 하는 짓이라 생각한다면 책을 현실로 가져다 놓으면 될 일이다. 나는 지금 당당히 이상주의자라 말하겠다. 지금까지 세상을 바꾼 이들은 이상주의자들이었다. 보이지 않는 것들을 보는 사람들이다. 용기 있는 사람만이 이상주의자로 살 수 있다. 사람들은 겁쟁이로 무난한 삶을 살길 요구한다. 그런 요구를 하는 사람들은 십중팔구 두려움이 많은 사람들이다. 그들은 보편적인 삶이 옳다고 입을 모은다.

사람들은 그들만의 잣대로 나를 평가한다. 하지만 그들은 나를 모른다. 나의 진짜 모습은 마음으로 볼 때만 보이기 때문이다. 이상과 현실 사이에서 방황한 시간들이 그 둘 사이에 구분이 없다는 것을 알게 해 주었다. 이제는 나를 이상주의자로 불러 준 이들에게 감사한다. 그들의 말대로 나는 그렇게 살고 있으니까 말이다.

바라나시 옥상에서 바라보는 하늘은 넓고 깊다. 달은 매일 다른 모습을 보여 준다. 보름달에서 상현달 그리고 그믐달로, 초승달에서 하현달 그리고 다시 보름달로. 어느 밤에 달이 나에게 말해 주었다. 우리가 보는 달의 모양은 매일 변하지만 달의 본질은 변하지 않는다고. 그림자에 가려져서 보이진 않을지라도 달은 여전히 달일 뿐이라고. 내가 보는 세상은 보름달일까? 그림자에 가려진 초승달일까? 내가 지금 보는 것이 과연 진짜일까?

살면서 꼭 기억하고 싶은 것들이 있다. 중요한 것은 눈에 보이지 않는다는 것이다. 그리고 보이지 않는 것이 세상을 바꾼다는 것이다. 눈으로 볼 수 없는 마음을 글로 표현하고 책으로 만드는 것은 무에서 유를 창조하는 일과 같다. 나는 글을 쓰면서 보름달의 가려진 부분도 볼 수 있는 지혜의 눈이 생겼다. 그리고 매 순간을 글로 창조한다.

나는 책을 쓰는 작가 김하정, 이상주의자다.

책을 출간하고 다양한 경험하기

임보연 　하브루타 감정 연구소 대표, 꿈꾸는 아티스트 원장, 아동미술 전문가, 미술심리 상담가, 에세이
　　　　작가, 아동&부모 감정 코치

현재 미술 홈스쿨을 운영하는 원장이다. 하브루타와 감정을 접목해 미술수업을 하고 있다. 아이들의 창의적인
생각을 끌어내 작품으로 표현할 수 있도록 지도하고 있다. 미술 심리치료를 공부해 아이&부모 상담활동을
하고 있다. 작가이자 아동&부모 감정 코치라는 가슴 설레게 하는 꿈을 그리며 부모와 아이에게 도움이 되려
한다. 저서로는 《보물지도13》이 있으며, 현재 '하브루타와 감정을 접목한 자녀양육법'을 주제로 한 개인저서
출간을 앞두고 있다.

• Blog blog.naver.com/boyounyi　　　　　　• Instagram boyounyim
• C·P 010.5206.4953

　　약 8년 전 나는 독서를 취미로 삼아 책을 읽었다. '책은 마음
의 양식'이라는 말이 있듯이 나는 책을 읽으면서 마음이 배부른
느낌을 받았다. 기분이 좋고 뿌듯했다. 책을 읽으면서 감정도 위로
받고 새로운 정보나 지식도 습득했다. 나는 자기계발서나 성공한
사람들에 관한 책을 주로 읽었다. 성공을 이루어 낸 결정적 일화
나 시련을 이겨 낸 대목을 읽을 때는 가슴이 두근거리고 흥분되
었다. 유명인들의 책을 읽고 감상을 노트에 적어 보기도 했다. 책
을 읽어서 뿌듯했다. 그러나 그 기분은 또 다른 책을 읽으며 반복

될 뿐이었다.

바다를 항해하다 정처 없이 길을 헤매고 있다고 생각해 보자. 식량이 다 떨어지고 물 한 방울도 없는 상황이다. 따가운 햇볕이 내 머리 위에 눈치 없이 내리쬐고 있다. 타 들어갈 것 같은 열대 기후가 연이어 계속되고 있다. 자그마한 일에도 짜증이 울컥 쏟아진다. 미칠 것 같은 갈증이 나를 더 힘들게 한다. '에라, 모르겠다.' 바닷물을 퍼마신다. 몇 분 뒤 더 갈증이 난다. 나는 계속 바닷물을 퍼마시고 더 심한 갈증에 발버둥 친다.

책을 읽는 것은 나에게 이런 기분이었다. 계속 갈증 나게 하는 도돌이표. 이렇게 혼자만의 세계에 갇혀서 아무것도 실천하지 않고 책 읽는 행동에만 집중했다. 책을 읽으니 나는 더 나은 사람이 될 거라 합리화했다. 물론 독서가 가치 없다고 이야기하는 것은 아니다. 책에서 얻은 교훈을 실천하지 않은 나를 채찍질하는 것이다. 그렇게 뚜렷한 성과 없이 책을 읽기만 하면서 내 귀한 시간을 낭비하고 있었다.

나는 아동전문 미술 교사다. 현재 근무하던 학원에 과감히 사표를 던지고 1인 창업을 준비 중이다. 내가 이런 결심을 하게 된 것은 〈한책협〉의 김태광 대표 코치님을 알게 된 이후부터다. 〈한책협〉에서 〈책 쓰기 과정〉을 신청하고 원고를 쓰고 있다. 나는 개인 저서 출간을 계기로 메신저의 삶을 사는 것을 목표로 삼고 있다.

정말 놀랍기 그지없다. 왜냐하면 책을 쓰면서 내 인생을 바라보는 기존의 관점이 바뀌었기 때문이다. 생각이 한층 업그레이드된 것이 아니라 완전히 바뀌었다. 책을 쓰는 일은 내 인생의 절대적인 터닝 포인트다.

김태광 작가는 《성공해서 책을 쓰는 게 아니라 책을 써야 성공한다》에서 작가가 되면 평범한 사람도 성공한다고 말한다. 책 속에 담긴 내용을 모두 포괄하는 제목처럼 책을 쓰면 인생이 변한다. 책을 출간해야겠다는 생각밖에 떠오르지 않는다.

현재 내 의식에 커다란 변화를 느낀다. 사람은 자신이 보고 듣고 경험하고 배운 것들 안에서 한계를 짓는다. '큰 꿈을 가져라!'라는 말은 아주 유명하지만 실제로 그것을 실천하는 사람은 아마 극소수일 것이다. 왜냐하면 자기 스스로 한계를 짓기 때문이다. '내 스펙으로는 살기 힘들어'라고.

자격증을 따고 대기업에 들어갔지만 매달 들어오는 월급으로는 생계를 감당하기가 빠듯하다. 대한민국에서 알아주는 '사'자 들어간 직업 종사자들은 어떠한가? 그들도 어쨌든 월급쟁이일 뿐이다. 돈은 많이 벌겠지만 시간적으로 자유롭지 못할 것이다. 금수저로 태어난 재벌을 부러워하지만 그들의 삶처럼 부유한 인생을 넘보지 않는 이유는? 바로 자기 스스로 한계를 넘지 않겠다는 주문을 외우고 있기 때문이다.

모르기 때문에 그런 것이다. 나 역시 모르고 살았다. 하지만 이제 깨달았다. 이전에 반복했던 책 읽기는 그만둔다. 곰곰이 생각해 보면 유명한 강연가와 전문가, TV에 나오는 방송인 그리고 사회적으로 부를 쌓은 사람들은 모두 책을 써서 성공했다. 그래서 나는 책을 써서 한계를 깨고 선한 영향력을 미치는 메신저의 삶을 살려 한다.

책을 쓰는 것은 나에게 시작에 불과하다. 개인저서를 출간하고 나는 작가로 데뷔한다. 그러고 나서 1인 창업가가 된다. 책을 써서 작가가 되면 나를 알리는 '소개서'가 따로 필요 없다. '전문가'로 인정받는 것이다. 내 경험과 깨달음이 필요한 사람은 분명 어딘가에 있다.

책 출간 이후에는 다양한 기회들이 생겨난다. 책이 출간되면 나는 모교를 방문해서 강연을 하고 싶다. 후배들에게 내 성공을 이야기하며 동기부여를 해 주고 싶다. 작가가 되어서 성공하라고! 혼자 원고를 쓰고 읽기를 반복하는 작업은 내 입가에 절로 미소가 지어지게 한다. 책을 써서 내가 사회에 공헌한다니 이게 정말 실화인가?

하브루타와 감정 수업이라는 2개의 콘텐츠를 접목한 나만의 미술수업 경험을 써 내려가고 있다. 전문가로 인정받기 위한 '자격증' 시험을 실전으로 치르고 있는 셈이다. 책을 쓰는 것이 이렇게 재미있을 줄은 몰랐다. 왜냐하면 책을 쓰는 것은 내 가치 있는 경험과 깨달음을 써 내려가는 작업이기 때문이다. 그리고 지극히 개인적인 이야기를 쓰기 때문에 쉽게 느껴진다. 뿐만 아니라 책 출간 이후의 변화된 내 모습을 상상하는 재미가 있다.

그러나 간절함과 절실함을 담아 구체적이고 생생하게 그림을 그려 나가야 한다. 그러면 즐기면서도 뚜렷한 목표의식이 생기게 된다. 김태광 대표 코치님의 지도에 따라 어디에서도 배울 수 없는 '핵심 전략적 책 쓰기 비법'을 배웠다. 나는 '독자의 위치에서 책을 읽는다'라는 생각의 한계를 깨뜨려 준 김태광 대표 코치님께 진심 어린 감사를 표현하고 싶다.

나는 계속해서 책을 출간할 것이다. 부모들이 소중하게 생각해야 할 아이들의 감정에 관한 자녀양육서를 출간할 것이다. 그러고 나서 아동, 부모 감정 강연가가 되어 강연을 펼칠 것이다. 강연가는 다양한 지식이 있어야 한다고 생각했다. 스펙 또한 뛰어나야 한다고 생각했다. 하지만 이제는 평범한 일반인도 강연가로 살 수 있다. 왜냐하면 값진 깨달음의 스토리가 있다면 누구나 본받을 가치가 있는 사람이기 때문이다.

학력과 지위, 직업으로 대우받는 세상은 이미 지나간 지 오래다. 〈세상을 바꾸는 힘 15분〉이란 프로그램에서 장애를 극복한 이야기, 시련을 이겨 내고 성공 신화를 보여 준 강연가들은 모두 평범한 사람들이다. 나는 그들을 보면서 동기부여를 많이 받는다.

그리고 현재 내가 소속되어 있는 〈한책협〉에는 개인저서를 출간하고 제2의 전성시대를 사는 선배 작가들이 수두룩하다. 그들은 활발한 강연가, 코치, 컨설턴트, 동기부여가로 멋지게 활약 중이다.

대한민국 최고의 코치가 되어 감정 조절의 어려움을 겪는 아이와 부모에게 빛과 소금이 되고 싶다. 나는 15년 동안 미술교육에 종사해 왔다. 수업을 통해 겪은 다양한 아이들과의 값진 경험을 사람들에게 전해 주고 싶다. 감정 조절이 자녀와 부모에게 얼마나 중요한 것인지 알려 주어야 한다. 감정 조절에 애먹고 상처받은 감정을 어루만져 줄 수 있는 구체적인 방법을 함께 찾고 싶다.

나는 1인 창업으로 사업가가 될 것이다. 지금 이미 미술교육 사업을 진행하고 있다. 내가 쓴 책을 바탕으로 사업 역시 활발한 상승곡선을 탄다. 왜냐하면 현재 많이 시행되고 있지 않은 미술교육이기 때문이다. 이 사업은 내가 쓰고 있는 개인저서에서 소개된다. 브랜드화된 가치는 많은 사람들에게 선한 영향력을 미친다. 물론 가치를 제공하고 판매하는 사업이기 때문에 수익은 당연히 따라오는 꼬리표가 된다. 월 억대 수익을 창출해 경제적, 시간적인 여유를 가질 것이다.

나는 2년 안에 부모님을 모시고 '크루즈 여행'을 떠날 것이다. 부모님은 여행을 즐기신다. 국내외 여행 경험은 풍부하시나 크루즈 여행은 못 해 보셨다. 부모님의 끊임없는 애정과 관심에 크루즈 여행으로 보답해 드리고 싶다. 그리고 부모님께 매달 '100만 원'의 용돈을 드리고 싶다. 부모님께서는 돈이 부족하신 편은 아니다. 그러나 나는 용돈을 드림으로써 부모님께 딸 하나 잘 키워서 용돈을 받는 기쁨을 누리게 하고 싶다.

나는 대학생 시절까지 부모님께 용돈을 받고 지냈다. 그 마음을 부모님께서도 느끼도록 하고 싶다. 그리고 부모님도 마음에 들어 하는 배우자를 만나서 행복하게 사는 내 모습을 보여 드리고 싶다.

무엇이 나를 이렇게 변화하게 했는가? 그것은 책을 썼기 때문에 가능했다. '우리에게 주어진 시간은 같다.' 이 시간에 어떤 생각을 가지고 꿈을 이루려고 노력하느냐가 인생의 성패를 좌우한다. 그러나 노력만으로 성공하는 것은 아니다. 구체적인 계획을 세우고 그것에 맞게 준비하는 자세가 성공을 부르는 것이다. 지금 내가 하는 것처럼 말이다.

나는 《시크릿》이란 책을 읽으면서 소망을 끌어당기는 법칙을 알게 되었다. '끌어당김의 법칙'은 누구에게나 적용된다. 예를 들어, 누구나 위에서 뛰어내리면 떨어지는 중력과 같은 법칙이다. 내가 간절히 원하는 것을 매일 생각하면 이루어진다. 그러니 긍정적인 사고방식으로 좋은 것만 생각해야 한다. 그래서 나는 매일 꿈

노트에 원하는 것들을 구체적으로 적고 또 적는다. 그러면 이미
이루어진 것을 느낀다.

책을 쓰고
현실에서 꿈 실현하기

이용태 **직장성공연구소 대표, 대학 및 기업체 강의, 한국HRD교육방송 강사, 중소기업 품질컨설턴트, 자기계발 작가**

SK하이닉스에서 29년간 국내 및 해외 공장의 품질정보시스템을 구축하고 운영했으며, 글로벌 IT 고객들과 일하면서 국내 및 해외 협력업체들과 품질 혁신을 추진했다. 현재 직장인과 중소기업을 대상으로 직장성공을 위한 컨설팅을 진행하고 있다. 저서로는 《회사는 이런 사람을 원한다》, 《일공부력》, 《버킷리스트11》, 《나는 책 쓰기로 당당하게 사는 법을 배웠다》 등이 있다.

• E-mail ytlee0311@naver.com
• Blog blog.naver.com/ytlee0311
• Cafe cafe.naver.com/rkfcl123456
• C·P 010.4741.7760

우리는 인생을 살아가면서 수많은 경험을 하게 된다. 그때 이런 생각이 든다. 내가 살아온 삶을 정리하는 의미에서 책을 한번 써 보았으면 하는. 그러다 '어디서, 누구에게, 책 쓰기를 배워 책을 써낼 수 있을까?'라는 고민에 빠진다.

내가 책 쓰기와 인연을 맺게 된 것은 직장 상사 때문이었다. 그는 늘 책 읽는 것을 좋아했다. 결국 어느 순간 자신의 업무경험을 책으로 펴냈다. 거기에는 내가 한 일도 포함되어 있었다. 그전까지 나는 책 쓰기에 관심이 전혀 없었다. 그런데 그와 같이 일하면서 책 쓰기에 관심을 갖게 되었다. 하루는 궁금해서 상사에게 "상무님, 책을 출간하려면 얼마나 걸리나요?"라고 질문했다. 그는 "자료를 모으고 편집하고 하면 꼬박 1년은 걸려."라고 했다.

나는 '책 한 권 출간하는 것은 정말 어려운 일이구나'라고 생각했다. 그런데 나 또한 책을 써야겠다는 생각을 갖게 되었다. 그것은 다름 아닌 1인 창업 때문이었다. 내가 그동안 회사에서 가졌던 품질경험을 기록으로 남기기 위해서는 책 쓰기가 필요했다. '상사도 2권이나 출간했는데, 나라고 못 할 게 있나'라는 생각에 책쓰기 도전에 나섰다. '꿈을 꾸면 이루어진다'라고 했던가. 우연한 기회에 〈한책협〉에서 진행하는 〈책 쓰기 과정〉을 통해 책 쓰는 방법을 배울 수 있었다.

상사는 내게 "1년은 걸려야 책을 쓸 수 있어."라고 했는데, 〈한책협〉의 김태광 대표 코치는 "두 달 만에 책을 쓸 수 있다."라고 했다. 그 순간 나는 깜짝 놀랐다. '아니, 어떻게 두 달 만에 책을 펴낼 수 있단 말인가' 하며 내 귀를 의심했다. 직장 상사는 책을 2권이나 출간했는데도 1년 넘게 걸렸는데…. 아마 〈책 쓰기 과정〉에 처음 온 대부분의 사람들이 그렇게 생각했을 것이다. 그런데 〈책 쓰기 과정〉을 들으면서 그 이유를 알 수 있었다.

그 이유는 간단했다. 내가 하고 싶은 것이 있다면, 전문가를 찾아가 배우면 된다는 것이었다. 얼마 전 평창 올림픽이 열렸었다. 그런데 경기를 보다 보면 감독과 코치들이 어김없이 등장했다. 바로 그것이었다. 최고의 전문가에게 배우면, 단기간에 성과를 크게 높일 수 있다.

나 또한 SK하이닉스에서 근무하는 동안 품질분야에서 거의 29년 동안 일했다. 세계적인 IT회사인 애플, 델, 휴렛팩커드, 아이비엠, 소니, 도시바, 화웨이, 아수스 등 이름만 들어도 아는 그런 회사들이 고객이었다. 그리고 회사 내부뿐만 아니라, 국내 및 해외 협력업체들과 수년 동안 품질 혁신을 추진하기도 했다. 그런 경험을 쌓아서 그런지 공장현장만 보아도 그 회사의 품질수준을 알 수 있을 정도의 품질전문가가 되었다.

물론 처음에 책을 쓰는 일은 쉽지 않았다. 하지만 〈책 쓰기 과정〉에서 책을 쓰는 지혜를 배웠기 때문에 가능했다. 〈한책협〉을 통해 책 쓰기를 배운 지 불과 두 달 만에 《회사는 이런 사람을 원한다》라는 책을 출판 계약하고 책을 출간했다. 단기간에 책을 써내고 1인 지식창업을 시작할 수 있었다.

직장생활을 하면서 가장 염두에 둘 점은 기록이다. 우리는 누구나 자신만의 경험과 재능을 가지고 있다. 그런 지혜를 기록으로 남겨야만 비로소 후배들에게 전수할 수 있다. 나는 그동안 직장생활에서 겪었던 경험을 나누고 싶었다. 직장에 입사한 신입사원들은 '어떻게 해야 상사에게 업무 보고를 잘할 수 있는 거지'라는 고민에 빠진다.

회사 또한 보이지 않는 경쟁체제이다 보니 업무 노하우를 쉽게 가르쳐 주지 않는다. 그런 모습을 보면서 직장에서는 핵심인재로, 회사는 세계 최고의 품질회사로 성장하도록 도움을 주고 싶었다. 그러한 소명의식을 이루기 위해 책 쓰기에 도전했고, 단기간에 책을 펴낼 수 있었다.

책을 출간하자 신기한 일들이 많이 일어났다. 어느 독자는 "지금까지는 주로 외국 책을 보았는데 이렇게 우리나라 책을 보게 되어 감사합니다. 앞으로도 좋은 책을 부탁합니다."라며 편지를 보내오기도 했다. 어떤 독자는 자신의 블로그에 "지금까지는 눈앞의 현실에만 급급하며 살았는데, 앞으로는 5년 후의 미래를 준비하는 리더가 되어야겠어요."라는 글을 남기기도 했다.

어느 날 L 작가의 저자강연회가 교보문고에서 있다고 해서 광화문 거리를 걸어가고 있었다. 그때 도로 한가운데서 전화 한 통을 받았다. 우연히 만났던 지인이 "책 내용이 직장생활에 관한 것이니 취업을 앞둔 대학생들을 대상으로 강연하면 어떠신가요?"라며 내게 전화한 것이다. 전화를 받는 순간 갑자기 멍해졌다. 직장에서는 상사에게 수없이 업무 보고를 했지만, 대중 앞에서 발표하는 일은 처음이었기 때문이다.

대학 강연을 위해서는 몇 가지 준비가 필요했다. 먼저 책에 있는 내용을 토대로 발표장표를 만들어야 했다. 강연 관련 책을 사서 스스로 공부하며 발표장표를 만들었다. 다른 하나는 스피치였다. 대중을 상대로 강연했던 경험이 전혀 없었기 때문이다. 이것 또한 〈책 쓰기 과정〉과 다름없었다. 스피치 전문가를 통해 말하기 기술을 단기간에 배웠다. 그렇게 해서 수백 명의 대학생들을 대상으로 한 첫 대학 강연을 무사히 마칠 수 있었다. 책을 펴낸 후 불과 며칠 만에 일어난 일이었다.

책을 펴내고 그런 일들이 나도 모르게 자주 일어났다. 신문에 나오기도 했다. 또한 온라인서점 YES24의 자기계발 성공스토리 분야에서 베스트셀러에 오르기도 했다. 이 모든 일은 책을 써냈기 때문에 가능한 일이었다.

하루는 과거 직장생활을 할 때 같이 근무했던 직원의 결혼식에 갔다. 그런데 거기에서 협력업체 대표이신 중소기업 사장을 만났다. 그는 내게 "책을 써내시고 1인 창업을 하셨다니 정말 대단합니다."라고 말하면서, "쓰신 책 내용이 품질과 관련이 있으니 저희 회사에 오셔서 품질 강의 좀 해 주셨으면 합니다."라고 말했다.

나는 또 책에 있는 내용과 품질 관련 책을 사서 공부하며 발표장표를 만들었다. 그런데 공교롭게도 설날 바로 다음 날에 강의를 요청했다. 그렇다 보니 설날에도 발표 연습을 하며 준비했다. 결과는 대성공이었다. 모든 일이 그렇듯이 처음은 항상 힘들고 어렵다. 하지만 한 번 강연을 하고 났더니, 두 번째부터는 큰 어려움이 없이 잘해낼 수 있었다. 어떤 일에 익숙해지기까지는 6개월이란 시간이 걸린다고 한다. 실제로 6개월 동안 하나의 일에 집중한 결과 과거와는 전혀 다른 나를 발견할 수 있었다.

얼마 전에는 방송출연 요청을 받았다. 〈한국HRD교육방송〉 담당자로부터 "작가님, 책을 읽고 전화 드렸는데요. 직장인들을 대상으로 강연해 주실 수 있나요?"라는 문의가 왔다. 나는 "네, 알겠습니다. 그럼 발표 준비를 해서 한 달 뒤에 강의할 수 있도록 하겠습니다."라고 했다. '내가 방송에 출연해서 강의를 하게 되다니'라는 생각에 꿈만 같았다. 정말로 책을 쓰자 내가 알 수 없는 그런 일들이 자주 일어났다.

하지만 대중 앞에서 강연하는 데는 주의가 필요하다. 앞선 선배들의 경험에 따르면, 미리 준비하고 연습하는 것이 무엇보다 중요하다. 처음 강연을 하는 사람이라면, 최소 두 달 정도 연습시간이 필요하다. 경험이 쌓이면 차츰 준비시간이 줄어든다. 2시간 강연에는 발표장표를 대략 30장을 준비하면 충분했다. 초보자는 가능하면 스피치 전문가를 찾아가 배우는 것을 적극 추천한다.

나는 이렇게 책을 쓰면서 인생이 달라졌다. 몇 년 전까지만 하더라도 그저 그런 인생을 살고 있었다. 하지만 나의 소명의식, 내가 가진 재능과 지혜를 남들에게 베풀겠다는 마음으로 책 쓰기에 도전했다. 그 결과 나의 꿈을 현실에서 실현할 수 있게 되었다. 지난 30년 동안 직장생활에서 얻은 경험은 '누구나 생각은 똑같이 한다. 그런데 누가 빨리 행동으로 옮기느냐에 따라 달라진다'라는 것이다. 내가 가진 재능과 지혜를 담아 책 쓰기에 도전해 보자. 과거와는 전혀 다른 인생이 눈앞에 펼쳐질 것이다. 단기간에 책을 출간해서 내가 하고 싶은 꿈을 실천해 보자.

책을 써서 사람들에게
위로와 희망을 주는 메신저 되기

송세실 '한국간호사코칭협회' 대표, 간호사 코칭 전문가, 동기부여 강연가, 심리치료사, 자기계발 작가

11년을 간호사로서 임상에 임했다. 그동안 자신의 간호사 생활을 담은 책을 쓰면서 간호사들을 위한 간호사가 되어야겠다는 소명의식이 생겨 '한국간호사코칭협회'를 설립하고 간호사 코치로 활동 중이다. 현재 네이버 카페 '한국간호사코칭협회'에서 간호사들의 취업, 임상고민, 자기계발 등에 대한 상담을 하며 소통하고 있으며 간호사들의 취업과 관련된 프로그램도 운영 중이다. 저서로는 《간호사 취업 비법》, 《부모님에게 꼭 해 드리고 싶은 39가지》, 《보물지도8》 등이 있다.

• E-mail riyon7@naver.com
• Cafe www.nursec.kr
• Blog www.nursec.co.kr
• C·P 010.8898.6176

2017년 12월, 나는 나의 큰 소원 하나를 이루게 되었다. 바로 내 첫 번째 개인저서가 출간된 것이다. 나의 10년간의 간호사 생활을 담은 《간호사 취업 비법》이 세상에 나왔을 때 나를 아는 많은 사람들이 축하해 주었다. 그리고 그들은 꿈을 이룬 내가 매우 행복하고 설레는 날들을 보낼 것이라 생각했었다. 그러나 책이 나오고 내가 가장 강하게 느낀 감정은 바로 '두려움'이었다.

내가 책 쓰기를 배웠던 〈한책협〉 작가님들 사이에는 이런 속설

이 있다.

'책을 쓸 때 작가가 울면 그 책은 대박 난다.'

그러나 나는 《간호사 취업 비법》을 쓸 때 울지 않았다. 오히려 생활에 찌들어서 겨우겨우 써낸 책이다. 그때 나는 병원을 그만두고 싶었다. 그러기 위해서는 이 책을 써야만 했다. 그렇게 새벽에도 일어나서 썼고 틈만 나면 썼다. 나중에는 원고가 꼴 보기 싫을 정도였다. 그렇게 한 번 더 탈고하겠냐는 물음에 단호하게 "No!"라 외쳤던 원고가 세상에 나온 것이다.

게다가 내 책은 값이 다른 책보다 비싼 편이었다. 그래서 내 지인들도 하나같이 책이 비싸다는 말을 했었다. 그 말을 듣고 더 두려워졌다. 과연 내가 독자들이 이 돈을 지불하고 봐도 아깝지 않을 책을 썼을까? 스스로에게 질문했다. 그런데 그렇다고 선뜻 대답할 자신이 없었기 때문이다. 그렇게 책이 나오고 한동안 나는 두려움이라는 감정에 사로잡혀 있었다.

이 두려움이라는 감정에서 벗어나게 된 계기는 한 독자의 문자였다. 그분은 간호사가 아니었다. 그러면서도 나에게 간호사가 이렇게 힘든 직업인지 몰랐다며 그동안 몰라서 미안하다고, 알려줘서 고맙다고 문자를 보내 주셨다. 그 문자를 받았을 때 나는 내 책이 나올 때보다 더 기쁘고 행복했다. 나는 책을 쓸 때 간호사들에게는 위로가 되고 간호사가 아닌 사람들에게는 이 직업에 대해 알릴 수 있는 책이었으면 좋겠다고 생각했었다. 그랬는데 내 책이 나의 의도대로 독자에게 다가간 것이다! 그 행복한 기분이란!

그 뒤로도 꾸준히 내게 돌아오는 독자들의 피드백에 나의 두려움은 점점 사라졌다. 나는 비로소 내 책을 출간한 기쁨을 오롯이 느낄 수 있었다. 지금에서야 하는 말이지만 그때 독자들의 피드백이 없었다면 나는 두 번째 책을 쓸 엄두도 내지 못했을 것이다.

책이 점점 사람들에게 알려지면서 내게 연락해 오는 독자들도 많아졌다. 언젠가는 저녁을 먹고 있는데 카톡이 왔다. 자신은 간호사가 되고 싶은 고등학생인데, 부모님이 자신의 꿈을 반대하신다는 것이었다. 부모님의 반대에 더해 내성적인 자신의 성격이 간호사가 되기에는 적합하지 않은 것 같다는 고민이었다.

나는 밥을 먹다 말고 그에게 답신을 보냈다. 간호사는 꼭 활발한 성격을 가진 사람들만 갖는 직업이 아니다. 중요한 것은 성격이 아니라 그 사람이 얼마나 간호사로서의 역할을 잘해낼 수 있는지라고. 내 조언이 도움이 되기를 바라면서 말이다. 그러면서 내가 누군가에게 도움을 줄 수 있다는 것은 매우 행복한 일이라는 생각이 들었다. 이렇게 독자들과 직접적으로 소통하게 되는 경우에는 그 보람이 더욱 커진다.

하루는 어떤 학생이 내가 운영하는 '간호사 취업 코칭 협회'의 문을 두드렸다. 그 학생은 가입하자마자 1:1 컨설팅을 신청했다. 그 학생은 나에게 컨설팅을 받기 위해서 안동에서 서울까지 올라왔다. 그 사실 하나만으로도 나는 그녀가 매우 절박한 상황이라고 짐작할 수 있었다. 과연 그녀는 정말 절박했었다. 부모님의 권유로 간호학과에 들어오기는 했지만 자신의 적성에 맞지 않는 길이라는 생각에 많이 방황했던 것 같다. 긴 방황 끝에 그래도 답은 간호사라고 결론을 냈다. 그런데 그동안의 학점이 엉망이었던 것이다. 교수님들도 별다른 해결책을 제시해 주지 못했다. 자존감이 바닥을 친, 한 치 앞도 보이지 않는 막막한 상황에서 나를 만나게 된 것이다.

처음에 그녀의 이야기를 듣는데 '얼마나 암담할까'라는 생각이 들었다. 교수님들이 나름대로 그녀를 위해 해 준 조언이 결국 그녀에게 독이 된 상황이었다. 그런 상황인데도 교수님들은 그것을 수습하거나 도와줄 생각도 못하는 것이었다. 여러모로 답답한 상황이었다. 그리고 우리가 조금 더 일찍 만났다면 참 좋았을 것 같다는 생각도 들었다. 그러면 더 좋은 병원의 취업을 시도해 볼 수 있었을 텐데 말이다. 어쨌거나 상황은 이미 정해져 있었다. 그 안에서 나는 최대한 그 학생에게 도움이 되는 병원을 추천했다. 그리고 그 병원에 들어가기 위한 플랜을 짜 주었다.

내 앞에서 눈물을 감추지 못하던 그 학생은 컨설팅이 끝난 후 한결 시원해진 표정으로 돌아갔다. 그는 자신이 갈 수 있는 병원이 과연 있을 것인가 생각했다. 그런데 정말 생각지도 못한 병원에 갈 수 있다는 나의 대답을 들은 것이다. 그녀는 나와의 컨설팅에서 목표와 희망을 찾았다고 했다. 그리고 자존감이 올라가는 보너스도 함께 가져갔다. 지금도 종종 연락을 주고받는다. 점점 긍정적으로 변하고 성격도 밝아지는 그녀의 모습을 보면서 내가 책을 쓰고 코치가 되기를 참 잘했다는 생각이 든다.

책을 써 작가와 코치가 되어 다른 사람들에게 도움을 주는 것도 정말 행복하다. 하지만 가장 행복한 것은 내 인생이 변했다는 사실이다. 나는 책을 쓰기 전에는 몰랐던 세계를 책을 쓰고 알게 되었다. 그전의 나는 우물 안의 개구리였다. 그저 병원이라는 울타리 안에서 그곳만이 안전하다고 믿으며 얌전히 있었던 것이다. 책을 쓰고 울타리 밖으로 나와 보니 세상은 정말 넓고 다양한 모습을 하고 있었다. 전보다 많은 것들을 보고 접하고 느끼면서 나의 세계는 말할 수 없이 커졌다. 그리고 그만큼 내 역량도 커졌다.

얼마 전 '간호사 작가 동호회' 모임이 있었다. 그 모임에서 여러 가지 이야기들이 나왔다. 그중에서도 가장 많은 비중을 차지했던 것이 바로 '간호사 태움' 문제였다. 그때 당시 신규 간호사가 자살한 지 얼마 되지 않은 시점이었다. 그런지라 그 문제에는 간호사를 넘어 사회의 전반적인 관심이 쏠린 상황이었다. 그리고 그중 한 간호사는 직접 집회에 참석하며 행동으로 자신의 의견을 표출하고 있었다. 작가라는 영향력을 가진 사람들이 어떻게 행동해야 하는가에 대해 열띤 토론이 진행되었다. 그때 한 작가님이 이런 말씀을 하셨다.

"어쨌거나 우리는 글을 쓰는 사람들이고, 우리가 잘할 수 있는 방법으로 이 문제를 풀어 가야 하지 않을까요? 행동하는 것도 좋지만 저는 우리가 글로써 사람들을 설득하고 위로해 주는 것도 중요하다고 생각합니다."

그 이야기를 듣고 내가 해야 할 일을 더 명확히 하게 되었다. 그 작가님의 말이 맞았다. 나는 글을 쓰는 사람이고, 사람들에게 위로와 희망을 주는 사람이었다. 그것이 내가 작가로서 하고 싶었던 일이고, 해야 할 일이었던 것이다.

'펜은 칼보다 강하다'라는 말이 있다. 이는 글의 힘이 얼마나 큰지 가장 잘 표현하는 말일 것이다. 많은 사람들이 책으로 위로를 받고, 희망을 얻으며 꿈을 꾸게 된다. 때로는 작가가 표현한 것보다 더 많은 것들을 느끼는 경우도 있다. 그렇기 때문에 작가는 글을 쓸 때 사명감을 가지고 써야 한다. 나는 사람들에게 위로와 희망을 주기 위해서 작가를 선택한 사람이다. 그래서 내가 선택한 작가라는 사명을 기쁘게 감당하려고 한다. 내가 쓴 글로 누군가의 인생이 바뀐다면 나는 그 사명감의 무게마저 잊을 만큼 행복할 것이다. 책을 써서 사람들에게 선한 영향력을 미치는 메신저. 그것이 내가 지금 하고 있는 일이고 앞으로도 해 나갈 일이다.

책 쓰기로 무한한 가능성
만들어 나가기

손성호 수능영어 강사, 독서경영 코치, 시간경영 컨설턴트, '마인드 골프' 시간경영법 창안자

영어를 매개로 청소년들이 잠재능력과 꿈을 펼칠 수 있도록 돕는 공부코치이자 청소년 멘토로 일하고 있다. 사람들이 자신의 무한한 잠재능력을 개발하고 행복한 성공을 누릴 수 있도록, 지식과 경험과 노하우를 전해 주는 자기경영 코치를 꿈꾼다. 저서로는《되고 싶고 하고 싶고 갖고 싶은 47가지》,《인생을 바꾸는 감사일기의 힘》,《나는 책쓰기로 당당하게 사는 법을 배웠다》,《꼭 이루고 싶은 나의 꿈 나의 인생》,《또라이들의 전성시대3》,《죽기 전에 꼭 이루고 싶은 40가지》,《나를 세우는 책쓰기의 힘》이 있으며, 현재 독서경영과 시간경영을 주제로 개인저서를 집필 중이다.

• E-mail sshope2020@naver.com   • Blog blog.naver.com/sshope2020

책 쓰기는 무한한 가능성을 내포하고 있는 씨앗이다. 그 씨앗이 자라 거목이 되면, 풍요롭고 행복한 인생의 숲을 거닐 수 있게 된다. 책 읽기는 거인의 어깨에 올라타는 것에 비유할 수 있다. 그런데 책 쓰기는 한 걸음 더 나아가 스스로 거인이 되는 것이라 할 수 있다. 나는 책 쓰기가 내 인생에 가져온, 그리고 앞으로 가져올 무한한 가능성과 기회와 기적을 믿는다. 나는 오랜 시간 독서경영을 통해 책을 소비해 왔고, 이제는 책 쓰기 경영을 통해 책의 생산자로 전환하고 있다. 생존 독서에서 생존 책 쓰기로 획기적으로

전환한 것이다. 나에게 있어 책 쓰기는 독자에서 저자로 나아가는 자기혁명이다.

나의 첫 공저 《되고 싶고 하고 싶고 갖고 싶은 47가지》에서 나는 2017년부터 10년 520주 동안 1주 평균 4권의 책을 읽어 2,080권을 독파하는 '2080 독서 프로젝트'를 새로운 독서경영의 비전으로 밝혔다. 아울러 1년에 2권씩의 책을 써서, 10년간 20권의 책을 쓴다는 책 쓰기 경영의 꿈을 밝혔다. 그 실천 첫해인 2017년에만 무려 7권의 책을 썼고, 2018년 봄까지 3권을 더 추가했다. 이제 열 번째로 이 책 《책을 쓴 후 내 인생이 달라졌다2》를 통해 책 쓰기가 나를 어떻게 변화시켰는지 이야기하고 있다. 나는 독서경영에만 머물러 있어서 별반 존재감이 없었다. 그랬던 내가 2017년부터는 책 쓰기를 통해 세상과 소통하면서 존재감을 갖게 되었다. 책을 쓴 후 나의 인생은 이전과는 몰라보게 달라졌다.

책 쓰기는 나에게 이전보다 더 많은 행복을 가져다주었다. 나는 두 번째 책 《인생을 바꾸는 감사일기의 힘》을 쓰면서 감사하는 마음의 소중함을 한층 더 깊이 느낄 수 있었다. 이러한 느낌은 책을 쓰지 않았더라면 체험하기 힘들 뻔했던 소중한 경험으로 남아 있다. 감사일기가 내 인생에 가져온 변화를 쓰면서, 행복감이 더 한층 커짐을 느낄 수 있었다. 또한 어떠한 책을 쓰더라도 책을 쓰는 과정 그 자체가 행복한 일이라고 생각한다. 내가 쓴 책이 누군가의 인생을 바꿔 놓을 수 있다고 생각하면 행복하고 설레기 때문이다.

책 쓰기는 나의 자존감을 높여 주었다. 책이 출간되어 나왔을 때 이루 말할 수 없는 벅찬 감격과 희열과 기쁨을 느낄 수 있었다. 책이 나온 후, 내가 나 스스로 생각하는 것보다 더 멋지고 가치 있고 특별한 존재라는 것을 깨닫게 되었다. 책을 내면 국립중앙도서관에 1,000년 동안 보존된다고 한다. 세상을 살면서 경험한 나의 스토리가 서기 3,000년 사람들에게도 전해진다니 책을 쓴다는 것은 정말 엄청난 가치가 있는 일이다.

한마디로 나는 책 쓰기를 하면서 자존감이 더 한층 높아지게 되었다. 당당하게 살 수 있는 힘을 가지게 되었다. 나의 세 번째 책《나는 책 쓰기로 당당하게 사는 법을 배웠다》에서 나는 이렇게 책 쓰기로 당당해진 내 인생을 진솔하게 이야기했다. 그리고 나의 일곱 번째 공저《나를 세우는 책 쓰기의 힘》을 통해 책 쓰기가 나를 어떻게 반듯하게 일으켜 세울 수 있었는지 들려주었다.

나에게 있어 책 쓰기는 자기계발의 종결판이다. 나는 〈한책협〉의 〈책 쓰기 과정〉 교육을 통해 평생 써먹을 수 있는 책 쓰기 기술을 배웠다. 그리고 책 쓰기가 자기계발의 종결판임을 깨달았다. 기존의 자기계발이 재래식 무기라면, 책 쓰기는 자기계발의 핵무기라는 사실을 말이다. 책 쓰기는 무한한 가능성을 열어 주기 때문에 인생을 바꾸는 최고의 자기계발이다.

나는 기존의 자기계발에 더해, 새롭게 책 쓰기를 통해 나의 무한한 잠재능력을 개발하는 데 박차를 가하고 있다. 이것이 내가 책을 쓴 후 가장 놀랍게 체험하고 있는 핵심적인 변화다. 나는 여섯 번째 공저 《꼭 이루고 싶은 나의 꿈 나의 인생2》에서 나의 무한한 잠재능력을 개발하려는 꿈을 담대하게 펼쳐 나갔다.

책 쓰기는 나의 꿈을 향한 여정이다. 나의 꿈을 이루기 위한 여정 속에서 이러한 책 쓰기를 실천하면, 마음이 뿌듯해지고 행복해진다. 나는 네 번째 공저 《꼭 이루고 싶은 나의 꿈 나의 인생》에서 세계 최초의 자기경영시스템을 세상에 내놓을 것이라는 꿈을 적었다. 나는 지금까지 없던 자기경영시스템을 세상에 내놓아 인류를 더 윤택하게 하고 세상 사람들을 더 행복하게 하는 데 기여할 것이다. 사람들이 인생의 권태를 느끼지 않고, 우울증에 빠지지 않고, 더 많은 재미와 흥미와 의미를 가지고 활기차게 인생을 살아갈 수 있도록 도울 것이다.

나는 21세기의 1주에 20세기 이전의 1년과 맞먹는 가치를 부여하는 '주년' 개념을 창안했다. 이를 통해 사람들이 몇 십 년의 시야로 세상을 바라보는 것을 몇 천 주년으로 시야를 넓히도록 도울 것이다. 그렇게 새로운 안목으로 인생을 살 수 있도록 도울 것이다. 사람의 인생을 약 50년에서 100년으로 생각하는 것이 아니라, 약 2,600주년에서 5,200주년으로 새롭게 바라볼 수 있는 관점의 혁명을 제시하는 것이다. 나는 책에서 인생을 더 풍부하고 희망차게 살 수 있도록 할 것이라는 이런 이야기를 들려주었다. 그리고 뒤이어 나의 여덟 번째 공저《죽기 전에 꼭 하고 싶은 40가지》에서는 이러한 세계 최초의 자기경영시스템을 세상에 선보이겠다는 꿈을 구체적으로 그려 나갔다.

책 쓰기를 통해 나는 창의적인 인재로 거듭나게 되었다. 독서 경영을 통해 나는 폭넓게 새로운 지식을 받아들이고 나의 경험과 접목해 새로운 창의적 통찰력을 얻을 수 있었다. 이러한 깨달음을 책 쓰기를 통해 세상과 소통하려 하니 더욱더 새로운 창의력이 생겨나는 것을 느낀다. 나는 다섯 번째 공저《또라이들의 전성시대 2》에서 창조적 또라이가 되어 21세기 감성 창조시대의 한가운데에 우뚝 선 나의 모습을 그렸다. 멘탈 스포츠인 골프와 자기계발을 접목해 '마인드 골프', '15분 시간경영법', '1주년 시간경영법'을 창안하고 매일매일 실행하고 있다. 그러니 그야말로 나는 창조적 또라이라 할 수 있다.

2018년 1월 정현 선수가 세계 4대 메이저 대회인 호주 오픈 테니스 대회에서 우리나라 최초로 4강에 진출하는 쾌거를 이루었다. 나는 이 테니스 경기에서 영감을 얻어 '마인드 테니스'라는 시간경영법을 새롭게 창안해 내었다. 그리고 이것을《또라이들의 전성시대3》을 통해 세상에 선보였다. 나는 책 쓰기를 통해 점점 창의적으로 변해 가고 있다. 그리고 이러한 변화는 점점 많은 책을 쓰는 원동력이 되고 있다.

나는 세상에 없던 그 무엇을 창안해 내었다. 남들이 하지 않는 방식을 도입해서 창의적으로 시간과 독서와 마음과 사람과 행복을 경영하면서 멋지게 자기계발을 하는 21세기형 창조적 또라이다. 이 모든 것이 책을 쓴 후 더 가속적으로 일어나고 있는 변화들이다.

나는 독서경영과 시간경영에 관한 개인저서를 집필하고 있다. 독서로 꿈꾸고 시간무대에서 행복을 경영하는 방법에 관한 책을 쓰고 있다. 수많은 책을 읽으며 내가 어떻게 생활에 적용하고 실천해 왔는지, 독서를 통해 어떻게 꿈을 경영할 수 있는지에 관해 쓰고 있다. 또한 독서경영 비법을 시간이라는 무대에서 실행하고 평가하는 세계 최초의 시간경영시스템을 소개한다. 그렇게 시간 속에서 행복을 경영하는 노하우를 전하는 책을 쓰고 있다.

나는 내가 가진 가치를 잘 알고 있다. 전 세계 76억 명의 인구 중에서 오직 나만이 가지고 있는 경험과 지식과 스토리를 책으로 써서 나를 우리나라와 세계에 알릴 것이다. 내 책을 읽은 사람들의 인생이 달라진다면 내가 책을 펴내는 일은 그 자체로 사회에 공헌하는 일이 될 것이다. 나만의 지식과 경험이 녹아 있는 책을 낸다고 생각하니 마음이 벅차오른다. 책을 출간해 자기계발 작가, 독서경영 코치, 시간경영 컨설턴트, 행복 메신저, 강연가, 칼럼니스트, 동기부여가로서 멋진 삶을 펼쳐 나가는 모습을 상상하는 것은 참으로 즐겁고 행복하다.

　나는 책 쓰기를 통해 행복하고 풍요로운 인생 2막을 열어 가고 있다. 나는 작가, 코치, 컨설턴트, 강연가, 칼럼니스트, 동기부여가, 메신저로서 인생 2막을 펼치는 것을 꿈꿔 왔다. 내가 진정으로 좋아하고 즐기면서도 잘할 수 있는 일을 찾을 수 있었던 것은 축복이다. 사람들에게 나의 지식과 경험과 노하우를 전하며, 더 나은 삶을 살 수 있도록 선한 영향력을 미치는 메신저의 삶, 1인 기업가의 삶을 사는 것은 행복한 일이다. 책 쓰기는 이러한 모습으로 나를 퍼스널 브랜딩 할 수 있는 최고의 방법이다. 나는 책을 쓴 후 행복하고 풍요로운 인생 2막의 문을 활짝 열어 가고 있다. 앞으로도 책 쓰기를 통해 눈부신 미래를 펼쳐 나갈 것이다.

20

꿈을 꾸며 이루는
엄마의 모습 보여 주기

유선일 퍼스널브랜딩 전문가, 마케팅 컨설턴트, 자기계발 작가, 동기부여가

쇼핑몰 회원 모집 및 운영 경험을 토대로 온라인 마케팅 교육을 진행하고 있다. 1인 창업 시대에서 성공할 수 있는 비결을 공유하며 많은 사람들의 브랜딩을 돕고자 한다. 현재 '온라인 마케팅 글쓰기'를 주제로 개인저서를 집필 중이다.

• Instagram social.marketing.school   • C·P 010.7152.3140

이 책《책을 쓴 후 내 인생이 달라졌다2》의 공동 집필에 참여하며 첫 줄을 적고 있다. 지금 이 순간 주체할 수 없는 벅차오름은 어떤 말로도 형용할 수 없다. 내 인생에서 이런 기분 좋은 변화의 불씨를 스스로 지폈던 적이 있던가. 불과 1년 전만 해도 한낱 엄마라는 미명 하에 내 수많은 꿈들이 조금씩 도려내지는 기분을 느끼며 산후우울증을 겪었다. 그때를 생각하면 지금 나에게 다가온 작은 날갯짓의 힘이 무척이나 감사하다. 그런데 아이러니하게도 이 작은 움직임은 '그 지친' 육아생활에서 비롯되었다.

어렸을 적, 나의 성공만큼이나 중요하게 여긴 것은 가정적인 성향의 배우자를 만나 내 자식을 잘 키우는 것이었다. 모성애는 이미 출산 전부터 체화되어 있음을 스스로 잘 알았다. 하지만 그 강한 모성애가 나를 지독히도 괴롭히게 될 줄은 몰랐다. 큰일이 일어나지 않는다는 걸 알면서도 처음 세상에 나온 아기가 불안감에 떨며 우는 걸 잠시라도 내버려 둘 수 없어 바로 달려가곤 했다.

분유를 먹여야 밤잠을 잘 잔다는데 난 아이가 잠들지 않는 새벽에도 모유수유를 했다. 그러곤 세상의 아름다운 것은 무엇이든 많이 보고 느끼게 해 주고 싶었기 때문에 열심히 놀아 주었다. 이 시기, 남들은 육체적 피로 때문에 힘들었을 줄 알겠지만 정작 나를 힘들게 한 건 따로 있었다.

남편은 "그러다가 마마걸로 키우겠다."라며 나를 유난스럽다고 했다. 그리고 시부모님은 모유수유 중 매운 것 하나 입에 안 대려고 하는 내게 "그러다가 애기가 편식하면 어쩌려고 하니."라고 했다. 그렇게 남편과 시부모님이 아무렇지 않게 툭 던진 말에 내 마음은 돌덩어리로 얻어맞은 것처럼 멍들었다. 나를 조금도 이해하지 못하는 것 같은 남편의 스킨십에 본능적으로 거부감이 생겼다. 어떠한 소통의 작은 창도 열리지 않았었다.

답답한 마음을 어디에라도 내뱉어야 겨우 숨을 쉴 수 있을 것 같았기 때문에 일기를 쓰기 시작했다. 다른 엄마들은 아기의 성장발육을 기록한 세심한 육아일기를 썼다. 그럴 때 나는 나의 막힌 가슴을 속 시원히 뚫어 줄 몇 자를 적었다. 그리고 그 안에서 그동안 숨바꼭질하던 '나의 꿈'들을 지금이라도 가시화하고자 펌프질했던 것이다.

내가 이 책의 집필에 참여하고자 용기를 낸 것을 보면서 글을 쓰는 힘이 얼마나 위대한지를 다시금 느낀다. 또한 그것을 알기 때문에 이 책을 통해 당시 일기에 적었던 몇 가지 나의 꿈에 한 발짝 더 다가가고자 한다.

학창시절 '공부 좀 한다'는 이유로 주변의 기대에 부응하려고 노력했다. 그런 탓에 정작 내 안에서 꿈틀대는 끼와 열정은 억누르는 게 최선이라고 생각했다. 평범하게 사는 삶이 가장 어렵다지만 나는 신의 직장이라 불리던 은행을 그만두었다. 그러곤 평생직장이라 불리는 공기업에 재취업하며 얻은 깨달음이 있다. 무엇을 하든 남들의 기준에서 최고인 것이 결코 나에게 최고가 될 수 없다는 것 말이다.

30대 엄마에게는 아무도 장래희망이 무엇이냐고 물어봐 주지 않았다. 하지만 육아를 하는 현 상황을 특권으로 누려 보기로 생각을 바꿨더니 가장 먼저 떠오른 것이 주부모델이었다. 고등학교 때도 내성적이기는 해도 소극적인 학생은 아니었다. 때문에 수학여행 가서 췄던 춤으로 '웨이브'라는 별명을 얻기도 했다. 평소 교실에서 말 잘 듣는 모범생이었던 나의 뜻밖의 모습에 친구들은 적잖이 충격을 받았을지도 모르겠다.

주부모델을 하면 지금껏 자제해야 했던 끼를 카메라 앞에서 발산할 수 있을 것 같았다. '지난 삶처럼 남들의 시선을 걱정에 휩싸여 의식하는 것이 아닌' 나를 바라보는 남들의 시선을 즐길 수 있을 것 같았다. 이미 한 차례 주부모델 지원서를 작성한 적이 있었다. 얼굴은 반반한데 키가 작아서 안 된다는 직설을 듣기도 했지만 좌절하지는 않았다. 적어도 서류심사는 통과했으니 그런 팩트를 들을 기회가 생긴 것 아닌가.

무엇보다 육아에만 신경 쓰느라 화장기 하나 없이 다니던 나였다. 그런 나를 벗어나 세상 제일 예쁜 듯 화장하고 한껏 포즈 잡고 프로필 사진을 찍었던 도전과정 자체가 즐거웠다. 그래서 또다시 도전할 것이다. 설사 백번을 떨어진다 해도 꿈에 대한 도전 자체를 즐기니 손해 볼 것은 없는 셈이다. 그런데 그전에 나의 또 다른 꿈을 이루어 명강연자가 되면 주부모델계에서도 스카우트 제의가 들어오지 않을까 짐작해 본다. 주부들의 롤 모델로서 자리를 빛내 달라고.

어린 시절, 다른 친구들은 꿈이 매번 바뀌었다. 하지만 유치원부터 초등학교를 졸업하기까지 수년 동안 내 생활기록부 장래희망란에는 발레리나가 적혔다. 나름 학원 선생님도 인정해 주는 실력을 갖추고 있었다. 무엇보다 하루에 밥 먹고 자는 시간만 빼면 발레를 계속하고 싶을 정도로 좋아했다. 때문에 다른 건 생각도 못했다. 집안 형편이 넉넉지 않아 반대하셨던 부모님께 당돌하게 새벽 신문을 돌려서라도 발레를 하겠다고 했다.

그랬던 의지가 예중 입시를 치르며 '돈맛을 따르는 사회'의 부조리에 처참하게 꺾였다. 작품을 한번 보고 동작의 순서를 외워 따라 하는 것이 시험문제였다. 그런데 같이 연습할 땐 하나도 모르던 친구가 한 대학교수의 개인레슨을 받고는 혼자만 안무를 다 알고 왔었다. 내겐 처음부터 발레를 할 수 있는 경제적 능력을 알아보기 위한 시험이라 생각되었다.

이후 세상에 대한 반항심도 생겼고 꿈이 사라지니 학교생활도 열심히 하지 않게 되었다. 1년여의 시간을 그렇게 허비했다. 그러다가 고맙게도 중2 때 교육열은 물론이고 학생들의 선도에도 열정적이었던 담임선생님을 만났다. 담임선생님은 언제나 관심을 가지고 나를 지켜봐 주셨다. 나와 소통하며 내가 새로운 꿈을 찾을 수 있게 조언을 아끼지 않으셨다. 그때 새로 생긴 꿈이 '아나운서'다. 이 꿈은 이후 대학 진학까지 내 인생을 스스로 소중히 여기며 지치지 않고 달릴 수 있도록 동기부여를 해 주었다. 이때, 꿈이란 존재가 내게 얼마나 필요한 건지 알게 되었다.

한국에서는 명문대라고 불리는 대학교에 입학하며 고된 아르바이트가 아닌 대학생 과외로 용돈을 벌 수 있었다. 처음부터 돈을 벌려고 과외를 했던 것은 아니었다. 고등학교 시절, IMF 이후 기울어진 가세 탓에 나는 유명 강사의 수업이나 과외를 받을 기회가 없었다. 그때 나는 나와 비슷한 처지에 놓였지만 배움에 의지가 있는 학생들에게 무료로 과외를 해 주겠다고 다짐했었다.

그래 놓고는 내 주머니 사정이 여의치 않자 눈 딱 감고 첫 과외비를 받았다. 그러곤 집에 돌아와서 얼마나 울었는지 모른다. 나도 모르게 주체할 수 없을 정도로 눈물이 흘렀다. 그 눈물에는 아마도 그 학생에 대한 미안함과 나에 대한 실망감이 담겨 있었을 것이다. 그때의 후회를 만회라도 하려는 듯 사욕을 떠나 누군가의 인생에 선한 영향력을 끼치는 의미 있는 사람이 되고 싶은 마음은 지금도 여전하다.

많은 사람에게 스스로의 인생을 경영할 수 있는 꿈의 위력을 느끼게 해 줄 것이다. 그리고 나와 같이 1인 기업가가 되고자 하는 용기 있는 주부가 있다면 내 경험과 지식을 바탕으로 퍼스널 브랜딩을 성공적으로 돕고자 한다. 그동안 쇼핑몰 운영과 마케팅 교육을 병행하며 기술적 방법만으로는 안 된다는 것을 알았다. 유행처럼 번진 '퍼스널 브랜딩'의 필요성을 누구보다 뼈저리게 느꼈기 때문이다. 그래서 감성을 터치할 수 있는 마케팅 전문가로 거듭나려 한다. 누구나 자신의 꿈을 힘차게 노 저어 멋진 인생 항해를 할 수 있도록 해 주는 대한민국 최고의 동기부여 및 퍼스널 브랜딩 강연가가 될 것이다.

친정엄마의 낡은 화장대 서랍 속엔 누리끼리한 쪽지가 들어 있다. 삐뚤빼뚤한 글씨로 '각서'라고 쓰인 이 쪽지는 내가 유치원 때 적은 종이다. 이다음에 어른이 되면 엄마에게 다이아반지와 밍크코트를 사 주겠다는 약속이 적혀 있다. 어릴 적 쓴 쪽지라 아무런 법적 효력이 없다 해도 아직도 내겐 꼭 지키고 싶은 약속이다.

친정엄마께서 20년도 더 되는 세월 동안 그 쪽지를 간직하고 계신 이유는 반드시 지키라는 으름장은 아닐 테다. 지금은 애교가 사라진 옛날의 귀여운 딸의 마음을 오래도록 간직하고 싶어서라는 걸 잘 안다. 엄마는 아시는지 모르겠지만 가끔씩 그 쪽지는 내가 더 열정을 갖고 성공하는 삶을 살 수 있게 해 주는 긍정적인 효과를 낸다.

얼마 전 친정엄마와 마트에서 장을 볼 때 정육 코너에서 서성거리는 엄마의 모습을 봤다. 수술 후 단백질 보충이 필요한 친정아빠를 위해 소고기를 사시려는 듯했다. 구이용으로는 잘 먹지 않는 앞다릿살 부위를 저렴하다고 고르셨다. 그것마저도 아까워서 당신의 입에는 대지 않고 친정아빠에게만 구워 주신단다.

그 자리에서 내색하지 않았지만 한동안 먹먹한 기분이 가시질 않았다. 내 딸아이에겐 아무리 비싸도 매일 한우 안심만 구워 줬었다. 그런데 정작 한 번도 부모님께는 고기를 사 드린 적이 없었기 때문이다. 결혼 전 엄마께선 가끔 우스갯소리로 "우리 딸이 결혼 잘해서 명절날 한우선물세트 들고 오려나?" 하셨다. 물론 한

우선물세트를 원하셔서 하신 말씀은 아니었을 것이다. 딸이 고생하지 않을 넉넉한 집에 시집가길 바라는 마음이셨을 것이다.

곧 전국 방방곡곡 다니는 유명 강연가로 이름을 떨쳐 명절에 투풀 한우선물세트를 양가에 들고 갈 것이다. 그리고 엄마께 10캐럿 다이아 반지와 밍크코트를 선물해 그 쪽지가 부도나지 않은 약속 어음임을 증명해 보일 것이다. 당신께서 부족함 없이 길러 주셨기에 능력 있는 커리어우먼이 될 수 있었다는 감사인사도 잊지 않고.

성공은 도전의 결과물이다. 물이 흘러가는 대로 노를 젓지 않으면 목적지에 이를 수 없다. 마찬가지로 도전하지 않는 삶은 성공을 이루어 낼 수 없다. 앞으로의 내 인생 또한 도전을 멈추지 않을 것이다. 때문에 반드시 이 책에 적은 꿈을 이루어 낼 것이라 자신한다. 그리고 항상 무엇이든 도전하는 내 모습을 좋아해 주시고 묵묵히 응원해 주신 친정아빠께 감사드린다. 그러면서 그 뜻을 내 딸에게도 전해 줄 것이라 다짐해 본다.

· 21~30 ·

이은정   전희정

류지민   이 선

안선혜   서동범

김성희   김서진

김빛추   양은정

책을 쓰기 위해 살고,
살기 위해 책 쓰기

이은정 엄마 자존감 코치, 자기계발 작가, 동기부여가

이화여자대학교 국제대학원에 재학 당시 '동시다발적 FTA에 따른 국가경쟁력의 변화'라는 논문으로
한국무역협회에서 주최한 논문대회에서 1위를 수상했다. 이는 당시 미국 국무장관이었던 힐러리 클린턴을
직접 만나는 계기가 되었다. KOTRA에서 근무하기 시작해 현재는 서울시 산하 공기업에 과장으로 재직
중이다. 워킹맘과 엄마의 자존감, 아이의 자존감에 대해 블로그로 활발히 소통하고 있으며 현재 개인저서를
집필 중이다.

• E-mail cool.ej1@gmail.com   • Blog blog.naver.com/02madame

  육아와 직장생활을 하다가 몸은 한가해졌다. 그런데 머릿속에
서는 억압했던 여러 문제들과 갈등이 불거져 나와 편안하게 쉴 수
없었다. 오해가 새로운 오해를 낳아 어색하게 된 인간관계로 힘들
기도 했다. 반복되는 일상에 삶의 열정이 줄고, 흥미를 느낄 일이
별로 없었다.

  아이를 재우고 맥주를 마시면서 TV를 틀어 놓았다. 두세 시간
쯤 흘렀는데 어떤 내용인지 전혀 감이 안 왔다. 머리를 쓰는 것도
귀찮은 건지, 쓰고 싶지 않은 건지 그냥 멍하니 시간만 흘러갔다.

기분전환 겸 자전거를 자주 탔다. 자전거를 타고 예쁜 공원을 돌아다녔는데도 꽃이 피었는지 나무가 자랐는지 기억나지 않는다. 머릿속에는 온통 불안과 걱정뿐이었다.

아이를 낳기 전까지는 학교와 회사가 시간을 관리해 주었다. 그때는 몰랐다. 나는 시간을 관리하는 능력이나 통제력이 없는 사람이었다. 어떤 일에 정신 줄을 잡고 있지 않으면 어두운 감정이 스멀스멀 올라왔다. 꼭 육아 스트레스뿐만 아니라 살면서 억압했던 부정적인 감정들이 습관처럼 떠올랐다.

우울한 생각이 나를 공격할 때 나는 책에게 달려갔다. 책은 마음의 먹구름을 지워 주었다. 책을 통해 알게 된 것은 두려움과 불안은 나뿐만 아니라 누구에게나 붙어 다니는 감정이라는 것이다. 다만 나는 그 감정을 스스로 소화시키지 못했을 뿐이다. 불안을 느끼는 이유는 다른 사람에게 이해받지 못하고 있다는 느낌 때문이었다.

나는 그런 감정이 들 때마다 사람들에게 불필요하게 에너지를 쏟는 대신 조용히 책에 몰두했다. 책은 나에게 타인의 반응에 지나치게 신경 쓰지 말라고 했다. 내면의 목소리에 귀 기울이고 자신이 원하는 삶을 살라고 말해 주었다.

그래서 본격적으로 나의 이야기를 글로 쓰기 시작했다. 글을 통해 내 아픈 기억을 소화시켰다. 그러자 나의 기억을 새롭게 해

석해 긍정적인 삶을 살아갈 수 있었다. 나의 감정을 정면으로 바라보고 두려움을 마주하는 방법을 알게 되었다.

짜증나는 사건이 떠올랐는데 그 생각을 멈출 수 없다. 그러면 그 주제로 글을 쓴다. 최대한 구체적으로 그 일을 떠올려 표현한다. 그리고 그때의 내 감정을 적는다. 내게 고통을 준 사람들의 잘못을 표시하고 마음껏 원망하고 분노한다. 스스로를 위로해 줄 방법을 찾는다. '힘들었구나!', '애썼구나', '그것은 내 잘못이 아니야'라고 나를 다독인다. 마무리는 그 사건으로 인해 내가 배운 것, 나를 성장하게 만든 것을 찾아서 긍정적으로 끝낸다. 나를 힘들게 한 일도 내가 거기서 배운 것이 있었다고 글로 감사해하면 내 마음은 그것을 받아들이고 떠나보낼 수 있었다.

그렇게 글쓰기는 우울했던 내 인생의 해독제였다. 무엇이 나를 불안하게 하는지 끝까지 가 본다. 그리고 '나 이렇게 잘 컸다'라고 이야기했다. 더 이상 내 삶을 괴롭히지 말라고, 앞으로의 내 인생에 영향을 주지 말라고 명확하게 쓰면 마음의 독이 풀렸다. 내가 부모님에게 받은 상처, 부정적인 감정이 들었을 때의 극복 방법, 나의 자존감을 키우기 위한 노력 같은 것을 솔직하게 썼다. 신기하게도 글을 쓰면서 떠오르지 않았던 추억이 생생하게 떠오른다거나 절대 용서할 수 없었던 일을 이해할 수 있었다. 혼돈되었던 머리가 정리되는 느낌이었다.

글을 쓰면 어떤 사건이 내 삶에 어떤 의미가 있었는지 명료하게 통찰해 내게 된다. 글쓰기는 보다 충실하게 삶을 살게 만들어 주었고, 그동안에 받은 상처를 치유해 주었다. 또한 글을 쓸 때 나는 창의적으로 나의 머리를 사용했다. 능동적으로 머리를 쓰는 그 느낌이 좋았다.

글을 쓸 때 가장 행복했고 시간이 잘 갔다. 글을 쓰다가 내 혼란스러운 감정을 더 깊이 이해하기 위해 전문서적을 유심히 보게 되었다. 적극적으로 궁금증을 해소하고 스스로의 감정을 헤아릴 수 있었다.

내가 행복해지고 마음에 여유가 생기니 같은 고민으로 힘들어하는 엄마들이 주위에서 보였다. 다른 엄마들의 고민을 듣고 그럴 때는 이렇게 넘길 수 있다고 조언할 수 있게 되었다. 엄마들은 나의 이야기에 집중하며 따뜻한 위로를 받고 눈물을 흘렸다.

삶의 즐거움이 생겼다. 처음에는 내 감정을 이해하려고 글을 쓰기 시작했다. 그런데 나처럼 마음 아픈 엄마들을 위로할 수 있는 책을 쓰고 싶었다. 어떤 것을 새롭게 배우고 싶은 욕심이 나에게 있었다. 전문적으로 책 쓰기를 코칭해 주는 과정에 등록했다. 어렴풋하게 혼자 하던 것을 전문가들을 만나자 빠르게 습득할 수 있었다.

나의 취미를 통해 같은 꿈을 꾸는 새로운 사람들을 만났다. 같은 꿈을 가진 사람들을 만나면 쉽게 친해지고 마음의 문을 열 수 있다. 〈한책협〉의 〈책 쓰기 과정〉에 등록한 사람들은 저마다의 다양한 사연으로 책을 쓰는 사람들이었다. 처음 모인 자리에서 책을 쓰고 싶어 하는 동기를 물어 내 마음을 솔직히 말했다.

"한동안 우울증으로 힘들었는데, ADHD라는 진단을 받았어요. 나와 비슷한 사람이 있다면 세상에 홀로 있다는 느낌을 받지 않기를 바라는 마음에서 책 쓰기를 시작했습니다. 마음이 아픈 엄마들을 위로하고 싶어요."

나에 대해 전혀 모르는 누군가에게 처음으로 한 이야기다. 아니, 나를 아는 사람에게도 전혀 못한 말이다. 내가 우울증이 있다고, ADHD라는 진단을 받았다고 말할 수 없었다. 그전에는 늘 노심초사였다. 병원을 갈 때도, 처방전을 지어 약을 받으러 갈 때도 혹시나 아는 사람이 있는지 주변을 살폈다. 누군가 알게 되면 회사를 다닐 수 없을지도 모른다는 생각까지 했다. 마음의 장애가 있는 나에게 아무도 다가오지 않을 것이라고 믿었다. 그 정도로 자신이 없고 불안했던 나였다.

그랬던 내가 무슨 생각이었는지 용기 내어 그렇게 말했다. 같은 꿈을 가진 사람들이서인지 더 쉽게 마음이 열렸다. 이야기를 듣던 사람들은 따뜻한 박수를 쳐 주었다.

"작가님께서는 자신의 인생에 주어진 과제를 적극적으로 푸시는 거예요. 분명 세상이 주목하는 좋은 책을 만드실 거예요. 장담

하건대 당신에게 ADHD는 슬픔이 아니라 선물이 될 것입니다! 다들 그렇게 자신의 인생을 사랑하기 때문에 온 것이랍니다."

〈책 쓰기 과정〉을 이끌어 주는 코치들은 믿을 수 없을 만큼 강한 긍정과 응원으로 나를 변화시켰다. 진심 어린 배려와 따뜻한 위로 덕분에 나는 책을 쓰고 펴낼 수 있었다. 한때는 불안으로 잠 못 들었던 내가 가장 좋아하는 일에 몰입하느라 잠을 자지 못했다. 내일 해도 되니 그만하고 자자고 스스로를 설득해야 잠자리에 들 수 있었다.

책을 쓰기 위해 살았고 살기 위해 책을 썼다. 사람은 절박함이 있어야 행복하게 살 수 있다. 내가 하고자 하자 그동안 복잡했던 육아와 살림이 심플하게 정리되고 시간이 생긴다. 그렇게 자투리 시간을 내어 하던 글쓰기였는데 조금씩 자신감이 붙으면서 용기가 생겼다. '그래. 본격적으로 작가가 되어 보자. 같은 고민을 하는 사람에게 내가 있다고 말해야겠다.' 소박하게 시작했던 취미는 어느 순간 상상도 못할 꿈을 품고 있었다.

나는 지금 내 소중한 인생을 위해서 책을 읽고, 글쓰기를 하는 데만도 시간이 부족하다. 나만의 시간이 나면 아낌없이 나를 위해 쓰고 있다. 다른 엄마와 수다를 떠는 대신에 내 인생에 대한 수다를 책으로 떨고 싶다. 그리고 그 책을 통해 마음이 아픈 사람들을 따뜻하게 위로해 주고 감동을 줄 것이다.

아내, 딸, 엄마 이전에 홀로 나를 지킬 수 있는 무기가 있어야 한다. 나의 존재를 잊어버리고 가족을 위해, 회사를 위해 살다가는 어느 순간 우울과 절망에 맞닥뜨리는 순간이 오게 되어 있다. 가족과의 추억도 중요하지만 나를 위해 꿈꾸고 공부하고 그래서 이룩한 나만의 인생이 있어야 한다. 그래야 모두가 떠나가도 흔들리지 않고 살아갈 수 있다. 나 스스로를 위해 새긴 지나온 삶의 기록들을 꺼내 보며 나는 뿌듯해할 것이다.

이제 나는 첫사랑 하듯 작가가 되려는 꿈을 사랑하고, 감동하고 갈망할 것이다. 꿈을 꾸는 열정과 현실을 지키려는 냉정 사이에서 방황한 때도 있었다. 하지만 그 변화에 대한 두려움과 그 두려움에 대처하는 자세를 배울 것이다. 잊었던 설렘과 설렘이 주는 열정을 느낄 것이다. 그렇게 작가가 되어 선한 영향력을 주겠다는 꿈은 나의 현실이 될 것이다. 사람들은 꿈이 거창한 것인 줄 알지만 사실은 살기 위해서 꾸는 것이다. 절망의 얼굴을 하고 온 운명을 나를 위해 희망으로 바꾸는 것이 내 인생을 사랑하는 방법이다.

22

삶을 피버팅하기

전희정 국제회의 영어사회자, 강연가, 동기부여가

'인생은 놀이터'라고 믿으며, 열정에 톡끼 한 스푼으로 인생을 요리하고 있다. OECD 기업지배구조 아시아 라운드 테이블 회의 및 한-아세안 정상회담 방송 콘텐츠 쇼케이스 개막식 등 국제 행사를 진행한 바 있으며, 영어 프레젠테이션 잘하는 방법에 대한 강의도 여러 차례 진행했다. 영국·독일·싱가포르 등지에서 10여 년 이상 생활하면서 지켜본 한국인의 영어를 바탕으로 영어 공부법에 관한 개인저서를 집필 중이다.

• Blog blog.naver.com/hj_jeon2013   • Facebook Heejeong Jeon
• Instagram presenter_heejeong

목요일 오전 10시 30분. 거리는 한산하다. 아침에 잠깐 내린 비로 봄내음이 한층 더 강하게 난다. 비가 내린 탓인지 온도는 약간 쌀쌀하다. 촉촉하면서 시원한 공기를 한껏 마신다. 브런치를 같이 먹기로 한 친구를 기다리면서 나는 책을 읽고 있다. 책을 쓴 이후 무엇이 달라졌냐고 묻는다면, 바로 이것이다. 내가 원하는 시간에 내가 원하는 사람과 함께할 수 있게 된 것.

얼마 전 회사를 그만둔 40대 중반의 한 남성분을 만났다. 그분은 평일 오전 11시에 가로수길 카페에 앉아 커피를 마시는 사람들의 모습을 보고 깜짝 놀랐다고 한다. 자신은 대학교 졸업 이후 회사를 그만둔 최근까지 매일 아침 일찍 회사에 출근해서 밤 늦게까지 책상에 앉아 일만 했었다고 한다. 다들 그렇게 산다고 생각했다고 한다. 그런데 회사를 그만둔 지금 보니, 평일 오전에 '멀쩡한'(그분의 말을 빌리자면) 사람들이 회사에 있지 않고 카페에 앉아 여유로운 아침을 보내고 있더란다. 그 광경이 자신에게는 너무도 생경했다고 한다.

사람은 누구나 자신이 속해 있는 세상만 보게 마련이다. 어떤 삶을 선택하느냐에 따라 삶의 모습은 천차만별이다. 무엇이 옳고 그르다, 라고 판단할 수는 없다. 다만 내가 원하는 삶을 살고 있느냐 아니냐에 따라 행복을 느끼는 정도는 달라질 수 있다. 나는 책을 쓰기로 결심했고, 책을 통해 내 삶을 재정립해 보고 싶었다.

나는 자존감이 낮은 사람이었다. 어떤 일을 하든지 내가 하는 일은 중요해 보이지 않았다. 그래서 늘 만족하지 못했다. 자신이 선 자리에서 최선을 다하라는 말을 들을 때마다, 나는 내가 선 자리 자체가 초라해 보였다. 그래서 주어진 자리에 쉬이 만족하지 못했다. 남들이 하고 있는 일들이 더 멋있게 보였다.

나 자신이 가지고 있는 가치가 무엇인지조차 알지 못했다. 그리고 설령 그것이 가치 있는 것이라 할지라도, 내 안의 보석을 발견하지 못했다. 파랑새를 찾아 떠나듯, 나는 나의 가치를 찾아 떠나는 방황을 여러 차례 했다. 대체 내가 가진 가치는 무엇인가, 라는 질문을 끊임없이 하면서도 끝끝내 스스로 보지 못했다. 결국 누구나 그러하듯 자신이 보지 못할 때 찾아가는 그곳, 명리학을 다루는 분들을 찾아갔다.

"제가 무엇을 해야 하나요? 무엇을 잘하나요?"

생년월일, 태어난 시를 넣으니 나를 분석해 주었다.

"무엇 무엇을 하고, 이런 일을 하면 더 잘할 수 있어. 성격이 어떠어떠하니, 앞으로 이런 일들을 해 보면 좋을 것 같아."

나도 보지 못하는 나를 알아봐 주는 명리학 선생님이 대단하게 느껴진다. 그리고 선생님이 하는 말들을 주섬주섬 종이에 받아 적는다. 나는 이런 사람이구나, 하고 생각한다. 그것도 잠시, 스스로 보지 못하는 보석은 다시 빛을 잃어 가기 시작했다.

내가 보지 못하는 나의 가치를 남들이 볼 수 있을 것이라는 착각. 그래서 누군가 나의 재능을 알아봐 주고, 나를 끌어 주면 좋겠다는 생각들 속에서 시간은 흘러갔다. 다양한 경험들을 해 보았다. 남들이 쉽게 얻을 수 없는 그런 기회들도 내게 주어졌다. 그럴 때마다 '일단 해 보자'라는 생각으로 경험해 보았다. 하지만 정작 내 가치를 보지 못하는 나는 다양한 경험들을 하면서도 내가 만들어 내고 있는 값비싼 진주를 알아보지 못했다.

삶에서 무엇인가 이루어 내고 싶은 욕망이 끊임없이 내 안에서 꿈틀거렸다. 평범하게 살고 싶지는 않지만, 그렇다고 딱히 무엇을 해야 할지도 몰랐다. 그러던 와중에 마음에 확 꽂히는 문구를 발견했다. 김태광 작가가 쓴 책 제목,《성공해서 책을 쓰는 것이 아니라 책을 써야 성공한다》였다. 지금까지 내가 생각해 온 바와는 백팔십도로 다른 각도에서 책을 쓴다는 개념을 설명하고 있었다.

나는 내가 무엇인가 이루어 낸 어느 날, 그 이야기를 바탕으로 책을 낼 수 있을 것이라고만 생각했었다. 하지만 이 책에서는 성공한 후 책을 쓰는 것이 아니라, 무엇인가를 이루기 위해서 책을 쓰라고 가르치고 있었다. 신선했다. 책을 써야겠다고 마음먹었다. 그리고 김태광 작가가 직접 운영하는 〈한책협〉의 〈책 쓰기 과정〉에 등록했다.

책을 쓰는 과정에서 신기하게도 나는 나의 가치를 하나둘 발견해 나가기 시작했다. 사소하게 생각했던 이력들은 사람들이 나에게서 가장 듣고 싶어 하는 이야기가 되었다. 아무것도 아닌 것처럼 보이던 내 안의 작은 보석들이 반짝이기 시작했다. 그리고 조금씩 커져 갔다. 나 스스로의 가치를 알아보지 못했던 그 시간들 동안 내 마음에 쌓여 갔던 먼지들을 털어 냈다.

책을 쓴다는 것은 내가 가지고 있는 지식을 사람들에게 자랑하는 과정이 아니었다. 나를 돌아보고, 내가 스스로 보지 못한 가치를 하나둘 꺼내는 일이었다. 낮아질 대로 낮아졌던 자존감이 어느새 조금씩 자라고 있는 것을 느꼈다. 내가 하는 일을 나 스스로 사랑하기 시작했다. 내가 하는 일을 사람들에게 당당하게 이야기하기 시작했다. 책을 쓰는 과정은 지난 경력들의 흩어진 점들을 선으로 잇는 과정이었다. 흩어져 있던 나의 경력들을 탄탄한 하나의 선으로 이어 나갔다.

글 쓰는 일을 그다지 좋아하지 않았던 나는 과연 내가 책을 쓸 수 있을까 하는 걱정도 했었다. 재미있는 것은, 책을 쓰면서 내가 글 쓰는 것을 싫어하지 않았다는 사실을 발견한 것이다. 내가 글쓰기가 싫었던 이유는, 내 글을 쓰지 못해서였다. 회사에서 기획안을 올리거나, 공문 하나를 발송하면서도 우리는 글을 쓴다. 그 글은 나만의 오롯한 스타일을 담아내는 글은 아니다. 무미건조한 문장에 필요시 누군가 손을 댄다. 내가 중요한 부분이라 생각하는 문장은 과감하게 삭제되기도 한다. 그 과정에서 나는 나를 표현하는 힘을 잃어버렸던 것이다.

책을 쓰면서 글이 그림과도 같다는 사실을 발견했다. 글을 쓰는 사람들마다 각자의 색깔이 고스란히 묻어져 나왔다. 그 누구도 나의 문장을 두고, 나의 이야기를 두고, 뭐라고 하지 않았다. 왜냐하면 내 이야기였으니까. 재미있는 그림을 그리듯 그렇게 책을 써 내려갔다. 나를 표현함에 있어 주저함도 없어졌다. 있는 그대로의 나를 책 속에 녹여내기 시작했다. 그렇게 나는 다시 성장하고 있었다. 낮아졌던 자존감도 다시 올라왔다.

책을 쓰고 난 지금 나는 앞으로 무엇을 하고 싶은지, 어떤 삶을 살고 싶은지 명확해졌다. 스스로에게 자신 없어하던 내 모습은 이제 온데간데없다. 나는 있는 그대로의 나 자신을 사랑하고 있다. 나의 가치가 무엇인지 끊임없이 독자들과 확인해 나가고 있기 때문이다. 내가 하찮게 여기던 나의 경험을 누군가는 듣고 싶어 한다. 그리고 그 이야기는 그들에게 또 다른 희망이 된다. 서로가 서로에게 힘을 북돋워 주고 있는 셈이다.

이제 누군가 나에게 어떻게 살아야 할지 모르겠다고 상담해 온다면, 나는 주저 없이 책을 쓰라고 말해 주고 싶다. 책을 쓰면서 나 자신을 알아 가게 되었고, 책을 쓰면서 나의 삶의 목표는 뚜렷해졌다. 어지러이 흩어져 있던 나의 꿈들은 단단한 하나의 현실이 되어 가고 있다. 나는 책을 쓰면서 내 삶을 피버팅할 수 있었다.

23

세상을 꿈과 희망, 도전으로 비추는 거울 되기

류지민 세일즈 컨설팅 멘토, 세일즈 리더, 리더십 코치

세일즈 현장에서 상품을 판매하는 일과 조직을 관리하는 리더로 9년째 일하는 중이다. 첫 세일즈 도전임에도 운 좋게 억대 연봉과 최연소 연 매출 1등이라는 성과를 거두었다. 리더로서 갖추어야 하는 성공 습관과 200% 세일즈 매출을 올리는 방법을 연구하며 교육하는 코치다.

• Blog blog.naver.com/tldodi   • Instagram newjimin
• C·P 010.7704.0330

난 20대에 하이에나처럼 이 책 저 책을 읽어 삼켰다. 그러던 중 남자의 성공담만 가득하던 서점에서 핑크색 책이 눈에 띄었다. 성공의 결핍이 가득했던 때였다. 그 책은 미국 화장품 창업자의 리더십이 담긴 책이었다. 한 번도 만나지 못한 여성의 신념의 목소리가 녹아 있는 것 같았다. 단숨에 그 책을 다 읽었다. 그리고 난 바로 그 책에 나오는 코스메틱 세일즈 회사에서 8년간 근무하게 되었다.

꿈도 멘토도 없던 나는 처음으로 꿈꾸던 성장을 하게 되었다.

점차 삶은 여유로워졌고, 세일즈 회사에서 인정받기 시작했다. 나는 나를 돌아보며 꿈꾸었다. 내가 이렇게 책으로 인해 방황을 멈추게 되었듯 나도 기회를 못 만난 사람들에게 꿈과 희망을 꼭 주고 싶다고. 하지만 이 생각은 뜬구름처럼 선명하지 않았다.

20대부터 글 쓰는 걸 좋아해서 작가가 되어 보고 싶다는 막연한 꿈을 가졌다. 하지만 첫 책을 집필할 때 내 나이는 40대 이상일 거라고 생각했다. 사회적으로 더 큰 성공을 이루고 더 입지를 다진 후에 나의 경험담을 적어야겠다, 라고 생각했다. 그렇게 해야지만 남들이 비웃지 않을 것 같았다. 그래야 내가 용납할 수 있을 것 같았기 때문이었다.

그러나 누구나 그렇듯 현실과 타협하며 꿈을 마음속에 접어넣고, 열심히 일했다. 그렇게 더 높은 목표를 달성하고 성공에 가까워졌다고 생각할 때쯤 나의 생각이 정말 틀린 생각이라는 것을 알게 되었다. 충격적이었다. 숨 가쁘게 달려오던 내 엔진에 경고등이 켜진 기분이 들었다.

성공은 너무나 주관적이고 기준이 없는 것이라서 '내가 어느 정도 성공했을 때'는 애당초 없었던 것이다. 내가 과연 더 부자가 되고 더 인정받는다면 그때야 작가가 될 수 있을까? 난 아마 용기를 내지 못했을 것이다. '나보다 더 잘난 사람들도 책을 안 냈는걸?'이라는 부정적인 생각이 나의 발목을 잡았을 것이다.

세상 잣대로 볼 때 나보다 잘난 사람은 너무 많다. 다만 나와 같은 스토리의 사람이 없을 뿐이다. 누군가에게 희망을 줄 수 있는 나만의 스토리는 나의 경험과 기억으로 쓸 수 있는 것이다. 40대가 되었을 때 나는 몇 천 번이나 더 많은 실패와 성공 경험을 글로써 세상에 남길 수 있을 것이다. 나는 보이지 않는 세상 성공 기준에 나를 맞추고 있었던 것이다.

우리가 아는 영향력을 가진 사람들은 자신을 세상에 드러낸 사람들이다. 그들은 처음부터 완벽하게 등장한 게 아니었다. 지금은 최고로 대우받는 강연자의 가장 처음 영상을 찾아보라. 얼마나 불안해 보이는지 지금과 비교할 수도 없다. 더 실력이 뛰어난 고수가 있다고 할지라도, 우리는 세상을 향해 소리친 용기 있는 사람들을 기억한다. 그들을 강의에 초청하고 영향력을 행사하게 하는 것이다. 나는 그렇게 심플하게 생각하기로 했다.

나는 "더 이상 작가의 꿈을 미루지 말고 도전해 보자!"라고 선언했다. 상황은 좋지 않았지만 하겠다고 마음먹으면 세상은 내 편이다. 더 급한 일들이 많았지만 잠시 접어 두기로 했다. 그러자 맨발로 빈손으로 익숙하던 길이 아닌 낯선 길을 걷는 기분이 들었다.

도전은 설렘과 두려움과 함께 왔다. 하지만 긍정적인 확신을 더 키워 가기로 결정했다. 도전할 때 부정적인 생각은 독을 삼키는 것과 같기 때문에 내 생각을 지배해야 했다. 내 책이 세상에 나온다는 생각만 해도 심장소리가 다 들릴 정도였다. 결심을 하고 나니 이제 쓸 일만 남았다. 당장 어제 일도 깜빡하는 건망증을 가지고 있는 내가 기억을 꺼낸다는 것은 어려운 일일 것이다. 하지만 나는 믿었다. 분명 나는 경험했고, 그 경험은 누군가에게 도움이 될 것이라는 사실을.

　글을 쓰다 보니 내가 무엇을 좋아했는지, 나의 장점이 무엇이었는지, 나는 어떤 사람인지, 내가 잘 모르던 나를 마주하기 시작했다. 하루에도 수십 번 거울을 보지만 정작 나의 마음을 비추지는 못했다. 립스틱 컬러가 예쁜지, 얼굴이 못나지는 않은지 매무새를 다듬을 생각만 했다. 나의 내면의 얼굴을 마주할 여유도, 시간도 없었던 것 같다. 글을 쓰고 정리하다 나의 내면과 이야기하는 시간을 갖게 되었다.

　거울에 비친 나는 조금 불안해 보였다. 스스로를 불신하고 있는 나를 발견했다. 나는 누군가에게 도움을 줄 때 행복함을 느끼는 사람이었다. 그런 내가 성공이라는 막연한 깃발을 보고 달려온 시간 동안 상처도 나 있고, 나를 보호하기 위해 마음에 철벽도 쌓고 있었다. 책 쓰기는 강제적으로 나와 마주할 시간을 주었다. 가장 솔직하게 있는 그대로 나를 표현하게 만들었다. '그래도 괜찮다. 누군가에게 너의 실패는 공감을 준다. 편하게 써 내려가라'라고 이야기하는 것만 같았다.

우리가 많이 접하는 동기부여 강의, 책, 동경하는 사람들을 자세히 바라보면 깨닫게 될 것이다. 우리도 비슷한 일들을 겪었기 때문에 그들의 이야기에 공감하는 것이다. 또는 대리 만족하는 것이다.

우리 머릿속에 둥둥 떠다니는 정리되지 않은 생각들을 정리해 주는 것이 강연이고 책이다. 때문에 나는 모두 할 수 있다고, 믿는다고 말하고 싶다. 처음부터 다 잘하는 게 아니라 나를 비추는 거울을 보면서 나를 알게 된다. 그렇게 나를 당당하게 표현하게 되면 더 나를 인정하는 인생을 살 수 있게 된다.

나는 누구나 책을 써 보기를 추천한다. 누구나 베스트셀러 작가가 되지 않을 수도 있다. 누구나 사업의 도구로 삼지 않아도 괜찮다. '내가 누구지?'라는 질문에 '남들의 평가들로 만들어져 있는 나'가 아니라, 스스로 쓴 책은 나를 비추는 최고의 거울이 되어 줄 거라 생각한다.

작가가 되어 보고 싶다고 했을 때 나는 또 다른 소중한 거울을 발견했다. 거울에는 나를 정말 사랑하는 사람들의 얼굴이 비쳤다. 그들은 현실의 상황보다 나의 꿈을 지지해 주었다. 나를 비추는 수많은 거울들 중에서 가장 나를 반짝이게 해 주고 싶어 했던 사람들. 나를 믿어 준 수범 씨와 진심으로 아껴 준 나의 벗들에게 정말 고맙다고 표현하고 싶다.

1년에 자기계발서 100권도 더 읽던 내가 그렇게 줄 그어 가며 읽었던 책들에서 발견하지 못했던 나 자신을 글을 쓰면서 발견하게 되다니. 참 큰 선물을 받은 기분이 든다. 앞으로 작가가 되면서 더 많은 것들이 바뀔 거라고 확신한다. 더 많은 시간을 아이와 보내고 타인을 도우며 행복하게 살고 있는 나를 상상하게 되었다.

　평범하다고 생각한 나의 경험이 책에 담겨 세상에 뿌려졌을 때, 나처럼 방황하던 20대 아가씨가 삶의 용기를 갖고 자신을 사랑할 수 있기를 진심으로 바란다.

24

책 쓰기로 인생의 변화
이끌어 내기

이 선 영어 교사, 청소년 교육 멘토, 혼자 하는 영어 공부 코치, 행복한 영어수업·행복한 영어공부 추구자, 자기계발 작가

한양대학교에서 영어교육학을 전공하고 용인 문정중학교에서 영어교사로 30년째 재직 중이다. 영어를 재밌게 공부하며 다양하게 즐기는 방법을 연구하고 있다. 영문법 패러디송을 만들고 직접 노래를 불러 유튜브에 공유해 전국 영어 교사들의 수업자료 및 학생들의 학습자료로 쓸 수 있도록 돕고 있다. 그 외에도 인성교육송, 학교폭력예방송 등을 불러 유튜브에 공유함으로써 학생을 다양한 시각으로 이해하기 위한 시도를 유도하고 있다. 교육자이자 작가로서 학교 현장에서 바쁘게 수업하면서도 청소년들과 학부모의 멘토로 상담 활동을 활발히 하고 있다. 저서로는 《버킷리스트16》이 있으며, 현재 혼자 하는 영어 공부를 주제로 개인저서를 집필 중이다.

• Blog blog.naver.com/mjsecondhand   • C·P 010.9178.8866

우리 학교 재단에서는 30년간 근무한 교사에게 학년 초에 학생들 앞에서 감사패와 황금열쇠를 선물해 준다. 내년에는 내 차례다. 올해 받은 선배 교사가 학생들에게 나이 많은 교사임을 광고하지 말고 조촐하게 교사들 앞에서 주면 좋겠다는 말씀을 하셨다. 하지만 나는 맞장구를 칠 수 없었다. 그 말에 여러 가지 생각들이 스쳐 갔기 때문이다.

사실 영어 교사인 나도 한 해 한 해 나이가 들 때마다 신경이 안 쓰이는 것은 아니다. 정년까지 꼭 버텨 후배 교사들의 롤 모델이 되

어 달라는 후배 교사의 말을 들으면 항상 두 가지 마음이 오버랩된다. '그래! 내 꿈인 교사가 되었으니 끝까지 가는 거야'라는 마음과 '과연 나이 많은 영어 교사를 학생과 학부모가 좋아할까?'라는 마음.

수업을 마치고 노트북 위에 책과 학습지들을 한 무더기 쌓아 안고 바삐 교무실로 향하는 나를 멀찍이서 소리쳐 부르기에 멈추어 섰다. 돌아보니 남학생들 대여섯 명이 저마다의 가슴에 두 손으로 하트를 그리며 웃고 있었다. 이런 모습을 볼 때는 충분히 할 수 있다는 자신감이 한가득 밀려온다. 그러다가 교사들이 학교폭력 사안들과 여러 가지 예기치 않은 일들로 고통 받다가 급기야 교직원법률보험까지 들며 위로를 찾으려 하는 현시대의 학교현장에 맞닥뜨리게 된다. 그러면 이런 상황에서 과연 끝까지 버틸 수 있을까 하는 생각이 들기도 한다.

30년이란 세월은 결코 짧지 않다. 그동안 모아 둔 교무수첩만 해도 한 박스가 넘는다. 자리를 많이 차지해 처치 곤란한 지경이다. 그렇다고 추억이 고스란히 담긴 교무수첩들을 버릴 수도 없다. 겨우 생각해 낸 방법이 스캔해 파일로 보관해 두는 것이었다. 하지만 한계가 있어서 하다가 포기했다.

교직생활 이야기를 비롯해 내 모든 이야기를 보관해 두는 방법은 없을까? 바쁜 일상 때문에 대화 대상과 시간도 매우 한정적이어서 늘 아쉬웠다. 나의 기쁘고 행복한 마음, 어렵고 고독한 마음, 남들이 몰라주는 나만의 억울함 등을 얘기할 대상이 필요했다. 물론 가족을 포함해 지인들과 소통한다. 하지만 내 형편과 마음을 온전히 아시는 하나님을 제외하고는 나의 단편적인 부분만 알 뿐 진정한 나를 모른다.

지금 나의 자녀들은 둘 다 대학생이다. 그들은 내가 갖지 않은 명함을 가지고 있다. 아들은 자신이 속한 동아리 이름과 맡은 직책이 적힌 명함을 갖고 있다. 이름만 들어도 알아주는 동아리라서 명함이 많은 도움이 될 것 같다. 딸은 잠시 학업을 중단하고 사회생활 경험을 위해 한 회사의 인턴으로 들어갔다. 딸은 그 회사에서 정직원과 똑같은 명함을 만들어 주었다며 내게 내밀었다. 거기에 인턴이란 말은 없고 맡은 업무와 이름만 들어 있어 그럴듯해 보였다.

요즘엔 마음만 먹으면 인터넷으로 쉽게 명함을 주문 제작할 수 있다. 하지만 나는 굳이 명함이 필요치 않아 만들지 않았다. 누군가 명함을 건네주며 자신을 소개할 때 나도 하나 만들걸 그랬나 하는 생각이 잠시 스쳐 가는 정도다. 그 작은 공간 속에 몇 가지 직함과 몇 줄의 묘사로 나를 대표하고 국한시키고 싶지 않았다. 그래서 어떤 이들은 명함 속에 자신의 블로그나 카페 주소를 적어 놓고 명함이 다 못 하는 이야기를 전달해 주려 애쓴다.

나는 내 이야기와 내가 하고 싶은 이야기를 책으로 쓰고 싶었다. 일일이 말로 하지 않아도 나를 알릴 수 있고 나의 추억과 역사를 정리해 둘 수 있는 그런 책. 내 가슴속의 열정을 누군가에게 전해 주는 그런 책. 힘과 용기와 위로가 필요한 이들에게 도움이 되고 어둠 속을 걷는 사람들에게 빛이 되어 주는 그런 책을 쓰고 싶었다.

사실 책 쓰기는 나의 오래된 버킷리스트였는데 어떻게 시작할지 막막해하고 있었다. 중학교 시절부터 써서 모아 둔 나만의 문집들과 시집들이 교무수첩처럼 상자 속에 쌓여 잠자고 있다. 컴퓨터 작업으로 정리할까 해서 가끔씩 상자를 열고 들여다보기도 한다. 그러다 어느새 옛 추억에 잠겨 시간만 보내다 다시 집어넣기를 여러 번. 어디서부터 손을 대야 할지 막막했었다. 마치 이것저것 넣어 두고 오랫동안 문을 닫아 놓은, 정리 안 된 창고와 같았다. 어떤 것부터 꺼내어 어떻게 정리해야 할지, 책을 쓰더라도 출판은 어찌해야 하는 건지, 내 책을 과연 누가 읽어 줄지 모든 것이 안갯속이었다.

이미 나는 올해를 버킷리스트 중 한 가지 이상을 이루는 해로 선포했다. 결심하면 곧바로 실행하는 성격의 나는 책 쓰기는 좀 오래 걸릴 것이라 생각했다. 그래서 뒤로 미루고 우선 '내 노래로 음반 제작하기'를 1월에 시도해 보았다. 쉽지 않았다. 방법을 몰라서 인터넷 검색, 전화, 카톡 등을 다 동원해 준비한 후 마침내 스튜디오에 가서 7곡을 녹음했다. 하지만 아쉬운 점이 너무 많았다. 진즉에 시도해 볼걸 하는 후회감이 들었다. 그러면서 이런 방면에 대해 잘 아는 사람이 나를 코치해 준다면 시행착오나 시간을 낭비하지 않고 빠르게 결과물을 낼 수 있을 텐데 하는 아쉬운 마음이 들었다.

그러던 중 〈한책협〉을 알게 되었다. 〈한책협〉의 대표 코치인 김태광 작가의 《성공해서 책을 쓰는 것이 아니라 책을 써야 성공한다》라는 책 제목을 읽는 순간 책 쓰기에 대한 나의 의식이 확 뒤집어졌다. 그때까지만 해도 나는 성공한 사람들만 책을 쓰는 것인 줄 알았다. 또한 그래야 한다고 생각했었다. 나는 당장에 〈한책협〉 주최 〈1일 특강〉을 신청했다. 참석 전에 읽고 오라는 필독서들을 주문해서 빠르게 읽어 나가기 시작했다. 뭐라고 하는지 매우 궁금했기 때문이다.

책을 읽음과 동시에 〈한책협〉의 네이버 카페를 둘러보며 정보를 수집했다. 책과 카페에 나와 있는 정보만으로도 나는 벌써 반쯤 작가가 되어 있었다. 아니, 이미 그들은 나를 작가라고 불러 주었다. 책 쓰기 비법을 전수해 주겠노라는, 대한민국 최고의 책 쓰기 대표 코치의 자신감 있는 태도와 온통 확신에 찬 글들은 나를 끌어당기기에 충분했다. 빠르게 변화하는 나의 의식과 자신감은 책을 읽고 책을 쓰느라 밤을 하얗게 지새우게 만들었다. 시작한 지 불과 두 달 정도 되었지만 《버킷리스트16》을 포함해 2권의 책이 집필 마무리 단계에 있다. 개인저서도 집필 중이다.

결과물이 아직 세상에 나오진 않았지만 책 쓰기를 시작한 이후 내게는 너무나 많은 변화들이 일어났다. 할 말이 너무 많지만 그 변화들 중 몇 가지만 간단하게 정리해 본다.

첫째, 나의 심장이 이전보다 더 강하게 뛰며 살아 있음을 느낀다. 둘째, 작가가 되려는 꿈에서 작가뿐만 아니라 코치, 강연가, 1인 창업가가 되는 것으로 꿈과 의식이 확장되었다. 셋째, 나의 은퇴의 시기를 내 마음대로 조절할 수 있다. 즐거운 마음으로 은퇴할 수 있겠다는 자신감이 생겼다. 직장에 다니면서 철저히 준비해서 즐거운 마음으로 직장을 떠날 수 있다고 생각하면 콧노래를 부르게 된다. 넷째, 작가가 되리라는 버킷리스트뿐만 아니라 다른 버킷리스트들까지 동시 다발적으로 이루어지고 있어서 매우 바빠졌다. 다섯째, 책 쓰기를 하면서 책 읽기가 너무나 자연스러워졌다. 또한 책을 대하는 태도와 관점이 달라졌다. 두 달 만에 10권의 책을 읽기는 내 생에 처음이다. 여섯째, 정리 안 된 창고와 같던 나의 과거가 책을 쓰면서 산뜻하게 정리된 서재처럼 변하고 있다. 일곱째, 꿈이 점점 또렷해지고 내가 진짜 무엇을 원하는지 점점 명확해지고 있다. 여덟째, 다른 사람에게 꿈을 가져야 하는 이유와 꿈을 이루는 방법에 대해 자꾸 알려 주려고 애쓴다. 그런 종류의 말을 할 때 내 말에는 다른 사람을 압도하는 강한 확신이 실려 있다. 아홉째, 얼굴에 미소가 끊이지 않는다. 모두가 아름다워 보인다. 마치 사랑에 빠진 사람 같다. 열째, 기대하는 마음이 점점 커진다. 하나님께서 나를 통해 도대체 어떤 일을 이루시려고 하는지 매우 궁금하고 기대가 된다.

25

엄마와의 약속 지키기

안선혜 | '리앤안파트너스' 대표, 부동산 코칭 전문가, 영종써니공인중개사 대표, 자기계발 작가, 동기부여가

현재 영종써니공인중개사 대표로 부동산을 운영 중이다. 부동산에 관련된 강연을 기획하고 있으며, 현재 불황에도 지지 않는 부동산에 관련한 개인저서를 집필 중이다.

• Blog blog.naver.com/yeongjong-sunny   • C·P 010.8267.7570

비가 왔나 보다. 남은 시간은 아주 길어야 5년이라는 의사의 말을 증명이라도 하듯 그렇게 횟수로 5년을 채우며 엄마가 우리의 곁을 떠난 그날은 추적추적 비가 왔다. 사십구재의 의미를 알리는 형식들을 갖추고 나와 동생은 그렇게 그날들을 치렀다.

"네 실력이면 시험만 치면 붙는단다. 평생 철밥통이다. 시험 한 번만 봐 볼래?"라는 엄마의 말에 나는 꿈쩍도 안 했다. '그건 내가 원하는 길이 아닌데 왜 평생 안 하던 부탁을 하시는 걸까?' 시간이 지나고 그렇게 의사의 말이 현실이 되고 나서야 미안했다고

잘못했다고 엄마에게 몇 번이고 용서를 구했다. 풀 한 포기 나지 않은 붉은 흙더미 위에 눈물을 쏟으며 "꼭 성공해서 엄마 앞에 올게요." 했다.

아빠는 공무원이었다. 시골이었고 요즘처럼 도서관 같은 곳은 꿈도 못 꿀 때였다. 그래도 우리 집에는 당시 유행하던 무슨 전집으로 된 양장본들이 있었다. 그래서 헤밍웨이, 톨스토이, 플라톤의 책과 《일리아드》 같은 책들을 접할 수 있었다. 그럴 수 있었던 건 대학물 먹은 아빠의 지적 요구와 공무원인 만큼 조금은 생활이 여유로울 수 있었던 탓이었으리라.

당시 외할아버지 댁은 땅 부자였는데 아들이 없었다. 그래서 아버지를 대학까지 마쳐 준다는 조건으로 데릴사위를 삼았다 했다. 어느 정도 지나고 외할아버지가 아버지를 머슴처럼 부려 먹었는지 어쨌는지는 모르겠다. 예전에는 집에 머슴 10여 명을 두고 엄마가 아들 노릇하며 농사짓고 집안일을 도맡아 했다고 한다. 그런데 공무원이라고 해서 예외는 없었는지 아버지는 불만에 차 할아버지가 돌아가시고 나서 술 먹고 집을 부수고 하는 일이 잦았다.

여하튼 여러 상황이 꼬여 아버지는 그렇게 막내 다섯 살, 내나이 여덟에 집을 나가셨다. 우물가에 앉아 있는 우리를 한참 지켜보다 막내를 한번 안아 주고선. 그 이후 20년이 넘도록 아버지를 못 뵈었다.

집에 책이 많았던 것은 아버지의 영향이었다. 난 방학 때마다 교과서에 나오는 인물들의 책을 보면서 이야기에 빠졌다. 책은 백 년이고 천년이고 과거로, 다른 곳으로 나를 여행시켜 주었다. 그 책들을 보면서 나도 꼭 작가가 되어야겠다는 막연한 꿈을 키웠다.

'책을 쓰고 유명해지면 엄마도 자랑스러워하실 거야.'

그러고는 누구나가 그렇듯 한때 갖는, 어린 시절의 흔한 꿈의 하나로 치부되어 꿈은 잊혀 갔다. 나는 엄마가 돌아가신 후 불규칙하게 생활하며 정신적인 방황으로 1년 넘게 외출도 하지 않았다. 거식증과 폭식증을 오가며 힘든 시간을 보냈다. 나는 30kg이나 몸무게가 늘어났다. 1년 이상 싸워 가며 그 몸무게를 정상 몸무게로 되돌렸다. 그 이후 나에게는 하루도 빠짐없이 몸무게를 재는 병이 생겼다.

이럭저럭 간신히 들어간 대학에서 나는 낭만도, 사회의 정의를 위해 나서야 하는 젊은 패기도 못 느꼈다. 어떻게든 살아 나가야 할 하루하루에 지나지 않았다. 방황하던 20대 끝에 선택한 나의 결혼은 무거운 현실을 끝내게 해 줄 수 있는 통로였다. 사랑하는 아이들을 출산하고 부모가 되면서 일상의 행복이 이런 거로구나! 했다.

돈을 버는 것이 성공이고 행복이라 생각했었다. 그런데 아이에게 젖을 먹이면서 순수한 아이의 눈으로 세상을 바라보게 되었다.

그 경험은 정말 이 세상 어느 것과도 비할 수 없는 만족을 주었다. 엄마도 이렇게 행복해하며 우리를 낳고 키우셨겠지. 그래서 그 흔한 회초리 한번 손에 안 들고 웃음으로 키우셨겠지.

그러나 평온한 일상을 여지없이 흔드는 건 바로 꿈이었다. "엄마, 엄마, 어쩌라고요? 내가 어떻게 하라고요?" 흰 소복 차림으로 머리맡에 앉아 "땅을 찾아라, 땅을 찾아." 표정 없이 되뇌는 말. 땅을 찾으라고? 같은 꿈을 여러 번 꾼다. 나보고 어쩌란 말인가? 너는 할 수 있을 거라는 눈빛으로 바라보다가 엄마는 이내 사라진다.

맞다. 내가 그랬다. 엄마에게 땅을 찾아 주겠노라고. 외할아버지는 주민등록이 없던 시대의 분이시다. 그때는 여자는 호적에 오를 수도 없었다. 호적에 아들이 없으면 재산을 남겨 줄 수도 없던 때였다. 갑자기 외할아버지가 돌아가시는 바람에 종중의 결정에 따라야 했다. 얼굴도 이름도 모르는 양자를 받아들여 전 재산의 반이나 나누어 줘야 했다. 그것도 모자라 양자는 남은 재산마저 가로채려 했다.

그 일을 당하며 엄마는 여자 혼자의 몸으로 법정싸움까지 불사하며 힘겹게 땅을 지키려 했다. 그러다 화병이 나셨다. 결국엔 이미 다 큰 자식 셋 아래로도 10대인 오빠와 나, 동생 이렇게 셋을 더 남기고 눈을 감으셨다. 그런 꿈이 가끔 꾸어져 약속을 기억하게 했다. 어찌 되었든 땅을 찾아야 한다는 편치 않은 마음을 한구석에 지니고 보냈다.

밖으로는 표가 나지 않았지만 20대에 겪었던 우울증 탓인지 나이가 들면서는 조울증 증세가 나타났다. 잠도 못 자며 미친 듯이 뭔가에 열중하면서 보내기를 몇 해. 어떻게 해도 채워지지 않는 갈증은 현재의 불만을 키워 갔다. 그리고 그런 불만을 현실에 그대로 보여 주었다.

그런 중에도 늘 힘이 되었던 책을 읽으며 지냈다. 그러던 어느 날 다시 다가온 《놓치고 싶지 않은 나의 꿈 나의 인생》. 신입생이나 졸업생에게 선물해 주던 그 책을 나는 읽었다고 생각했다. 그런데 다시 읽고 놀라지 않을 수 없었다.

나의 진정한 꿈은 무엇일까? 빡빡한 학원생활, 꽉 찬 시간, 주말도 없는 시험기간. 체력은 점점 고갈되어 갔다. 물론 아이들을 가르치는 것은 즐거웠다. 하지만 현실과 맞지 않는 교육에 창의는 고사하고 자존감마저 잃어 가는 아이들과 나의 아이. 그러한 교육과 타협해 온 나 자신이지만 더 이상은 버틸 힘이 없었다. 그리고 선언했다. 내키지 않는 일을 하면서 돈을 벌고 싶지 않다, 나의 시간과 돈을 바꾸는 일은 하지 않겠다고.

그리고 나는 그동안 관심을 가져 왔던 분야인 부동산을 공부했다. 수업을 마치고 집에 와서 인터넷을 통해 강의를 들었다. 그렇게 시작했지만 섣부른 자만 탓에 1년에 한 번밖에 없는 시험을 또다시 1년 준비해야 했다. 절치부심한 결과 다음 해에 합격했다. 그때 나이 들어 시작한 공부의 만만치 않음과 이제는 공부든 뭐든 내 마음껏 하는 것도 여의치 않은 현실에 서러움이 한꺼번에 밀려왔다. 그렇게 자격증을 취득하고 몇 달 뒤 아는 동생으로부터 부동산 개업을 도와 달라는 부탁을 받았다. 나는 기회다 싶어 선뜻 수락했다.

소형아파트 1,680세대의 아파트 상가였다. 처음인 데다 2개의 부동산 사무실과 경쟁까지 해야 하는 상황이었다. 하지만 우리는 친절을 앞세우고 깔끔하고 성의 있는 일처리로 짧은 시간 안에 손님을 확보할 수 있었다. 주변의 우려에도 적잖은 결과를 만들어 낸 것이었다. 거기에는 20대의 세일즈 경험이 큰 도움이 되었다. 그리고 학원을 운영하면서 터득한, 사람들과의 친근감 있는 대화 기술들도 기여했음은 두말할 나위가 없다.

나는 여기에 만족하지 않고 바로 분양시장에 뛰어들었다. 분양은 부동산의 꽃이라고 여러 번 강의에서 들어 왔던 터였다. 그런지라 주저 없이 당연히 가야 하는 코스로 여겼다. 굳이 힘든 분양 일까지 하느냐고 만류하는 주변 부동산 분들도 계셨다. 하지만 나에겐 지나야 할 하나의 관문에 지나지 않았다.

각오하고 뛰어든 시장은 그분들의 염려가 이해될 정도로 힘들었다. 정부의 부동산 규제 정책과 맞물려 전체 시장은 냉각기였다. 분양시장 자체의 룰과 여러 원칙들 때문에 고생은 고생대로 하고 누구 좋은 일만 시킨 경우도 여러 번 있었다.

거기에다 약은 소비자를 만나 억울한 일을 당하기도 했다. 정말 어딜 가나 얕은 수를 쓰고 잔돈을 벌려는 사람들은 있었다. 사람 잘 믿는 죄로 이 나이에 한순간 바보가 된 느낌을 받곤 몇 날 며칠을 끙끙 앓기도 했다. 몸이 아파서 일어나기도 힘든 시간을 보냈지만 그때도 내게 힘을 준 건 책이었다.

이런 일로 주저앉을 수는 없는 노릇이었다. 나는 분명 과정을 밟고 있는 거라고 스스로를 위로하면서 하루하루를 보냈다. 그리고 부동산 사무실을 오픈하게 되었다. 걸어가며 넘어지며 그렇게 하리라 마음먹고 제대로 된 나만의 사무실을 오픈했다. 한 가지만을 다루는 곳보다 여러 가지를 할 수 있는 위치에 오픈했다.

항상 무언가를 시작할 때 주위의 누군가는 부정적인 말로 성가시게 하지만 나는 개의치 않는다. 나의 의지대로 해 나간다. 길진 않지만 지금까지의 경험으로 미루어 일의 성패는 주위의 시선과 시장 상황에 달려 있는 것이 아니라는 것을 안다. 나의 마음가짐에 달려 있다는 것도. 기회를 만드는 것 또한 나에게 달렸음을 알기 때문에 주저하지 않고 일을 시작했다.

지금은 전월세는 물론이고 아파트, 오피스텔, 상가 분양, 토지를 함께 중개한다. 일의 결과는 시간이 문제가 아니라 경험의 정도에 달려 있다. 부동산 일은 무엇을 많이 알고 과대한 비전을 제시하며 영업해야 하는 일이라고 여겨졌었다. 하지만 결국 정확한 수익률과 투명한 거래, 사람을 대하는 진정성 있는 태도가 필요한 일이었다.

내 성격상 누구에게 과장된 이야기를 하지 못한다. 그러다 보니 사실대로 이야기하는 바람에 놓친 손님도 여러 번 있었다. 하지만 확신이 서지 않는 투자는 절대 시킬 수 없는 노릇이다. 그래서 하나씩 원칙을 세우고 나만의 열정과 노하우로 서두르지 않고 제대로 사업을 해 나가리라 다짐했다. 지금도 부동산을 하며 손님들을 대할 때 여러 가지 기쁜 일도 있고 때로는 마음이 힘들 때도 있다. 그럴 때마다 힘이 되어 주는 가족들과 친구들은 내 에너지의 원천이다.

특히 책과 세미나는 엄청난 힘이 되어 준다. 이번에 내게 운명처럼 다가온 《성공해서 책을 쓰는 게 아니라 책을 써야 성공한다》의 김태광 작가는 또 다른 전환점이다. 한동안 〈한책협〉 카페에 가입해 놓고 눈팅만 했다. 그러다 안서현 작가의 이야기에 세미나에 올 수 있었다. 그리고 세미나를 통해 만난 여러 작가들은 나도 할 수 있다는 자신감과 용기를 주었다.

지금은 원하던 책을 실컷 읽고 세미나에도 간다. 온전히는 아니지만 원하는 시간을 어느 정도 조율해서 쓸 수 있다는 것에 감사한다. 하지만 내가 정말 원하는 것은 내가 사랑하는 이들과 돈과 시간에 구애받지 않는 여행하기, 맛있는 것 실컷 먹고 돈 걱정 없이 사는 삶이다. 이렇게 소소하지만 진정한 나의 행복은 나의 책을 쓰고, 힘들었지만 값진 나의 과거와 성장해 가는 지금의 이야기가 누군가에게 희망이 되는 일을 하는 것이다.

사무실 한쪽에는 동구 밖 기다란 미루나무가 빽빽이 자라나 있고 꼭대기엔 참새 집, 제비집이 지어진 그곳을 따라 소를 몰고 집으로 가는 그림이 걸려 있다. 저 너머 논에 누렇게 익은 벼들이 저녁 노을빛을 받은 듯 한껏 출렁이는 그곳에 나와 어머니가 있다. "저기 보이는 곳에서 저기까지가 우리 땅이고 저어기부터 저어기까지가 예전에 우리 땅이었단다. 너무 이쁘지? 정말 이쁘다." 황금빛으로 출렁이는 가을 논을 흐뭇하게 바라보던 어머니의 얼굴이 지금도 눈에 선하다. 그리고 잊지 않으려 한다. 엄마에게 했던 그 약속을.

26

책 쓰기를 통해
인생을 송두리째 바꾸기

서동범 '학원강사스킬연구소(ETS)' 소장, 학원 강사 코치, 일산 수리학당 대표강사, 동기부여 강연가, 억대 연봉 학원 강사, 강동구 선거사무소 SNS 팀장, 학생 드림 컨설턴트, 오르비 클래스 온라인 강사

고려대 생명과학과를 졸업한 후, 의대에 가라는 주변의 강권에도 학원 강사의 길로 뛰어들었다. 학원 강사 생활을 시작한 지 5년, 젊은 나이에 억대 연봉을 기록하며 지금은 강사들을 대상으로 어떻게 하면 빠르게 억대 연봉 강사가 될 수 있는지 컨설팅을 진행하고 있다. 얼마 전 '오르비옵티무스'와 온라인강사 계약을 체결하고 오르비 클래스의 인터넷 강사로서 활동하고 있다. 저서로는 《또라이들의 전성시대3》, 《버킷리스트15》 등이 있으며, 학원 강사의 강의 스킬과 성공학을 주제로 한 개인저서 출간을 앞두고 있다.

• Blog blog.naver.com/tjehdqja88
• Instagram s.dongbeom
• Facebook etskill
• C·P 010.6201.4711

　　책 쓰기는 나에게 있어서 무엇일까? 이러한 물음을 누군가 나에게 해 왔을 때 나는 당당하게 이렇게 말할 수 있을 것 같다.

　　"책 쓰기는 저에게 있어서 '희망'입니다."

　　그만큼 책을 쓰기 전 나의 상황은 희망이 없었다. 대학교를 졸업한 후 남들이 다 가는 길로 가지 않고 나만의 길을 가겠다며 학원 강사의 길에 나섰다. 하지만 현실은 생각보다 녹록지 않았다. 먼저 부모님의 반대가 심했다. 그리고 무엇보다 학생들이 줄어들고 있어서 '사양시장'이라는 말이 돌았었다. 하지만 나는 무엇보

다 학생들을 가르치는 일이 좋았다. 무언가 내가 아는 것을 남들에게 전달해 주는 이 직업이 좋았다. 내가 하고 싶었던 것은 나의 지식을 남들에게 전달해 주는 강사라는 직업이었던 것이다.

하지만 이러한 것들을 남들에게 설명해서 설득시키기는 매우 힘들었다. 딱 봐도 상황이 어려워 보이는 직업으로 가려 하니 주변 사람들이 말리는 것도 어찌 본다면 당연한 일이었다. 내가 강사가 되겠다고 마음먹었을 때 아버지께서는 총 '다섯 번' 거부하셨다. 평소 아버지는 네가 하고 싶은 일을 하라는 주의셨다. 하지만 '생명과학'이라는 전공에서 벗어나 갑자기 수학학원의 강사를 하고 싶다는 큰아들의 말이 아무래도 마음에 들지 않으신 듯했다. 기껏 대학교에 보내 놓은 아들이 학원 강사를 하겠다고 하니 기가 차신 모양이었다. 그럼에도 불구하고 나는 끝까지 나의 의지를 관철했다.

"아버지. 제가 아버지의 의향에 따라 길을 결정할 수도 있습니다. 하지만 그럼으로 인해 제가 평생 하고 싶은 일을 못한 것에 대해 아버지를 원망한다면 그것을 감당하실 수 있으신가요? 전 이 일이 너무나도 좋습니다. 여기에서 꼭 성공하고 싶습니다."

이렇게까지 이야기하자 부모님은 나의 뜻을 이해해 주시고 믿어 주셨다. 참으로 감사한 일이다. 그 후로도 나는 학원 강사로서 성공하기 위해 최선의 노력을 다했다.

하지만 현실은 쉽지 않았다. 처음 일했던 학원은 생각보다 나

뺀 학원이 아니었다. 그럼에도 불구하고 내가 원하는 목표를 달성하기는 어려운 곳이라 직감했다. 나는 좀 더 많은 사람들 앞에서 강의를 하고 싶었다. 그들에게 나의 이야기를 들려주고 싶었다. 하지만 학원은 아이들에게 꿈을 심어 줄 수 있을지언정 내가 원하던 대로 큰 무대에서 그들의 마음을 감동시키는 수업을 하는 것은 사실상 불가능했다. 또한 학원 강사시장은 생각보다 치열했다. 원하는 목적지에 도달하려 하는 것이 얼마나 힘든 일인지 직접적으로 깨닫게 되었다.

그때였을까? 나의 생각은 그 이후 점차적으로 부정적으로 바뀌어 갔다. 이는 만났던 여자 친구의 영향도 컸던 것 같다. 그녀는 나에게 항상 부정적인 이미지를 심어 주었다. 처음에는 항상 할 수 있다는 자신감을 가지고 있던 내가 시간이 지남에 따라 부정적으로 바뀌어 가는 모습이 눈에 띄게 늘었다. 술을 마시며 하루하루를 마무리하면서 지금의 현실을 한탄했다. 그곳엔 꿈도 미래도 없어 보였다.

그렇게 절망적인 상황에서 나에게 한 줄기의 희망을 준 사람이 있다. 바로 김홍석 작가다. 그는 일찌감치 학원 강사에 관련된 책인 《나는 삼성맨에서 억대 연봉 수학 강사가 되었다》에서 자신의 스토리를 진실하게 썼다. 그 책은 나의 마음을 바꾸어 놓는 데 큰 역할을 했다. 그리고 또 하나 알게 된 사실이 있었다. 그 책의 저자인 김홍석 강사 또한 책을 쓰기 전에는 나와 같이 힘든 상황이었다는 사실이었다. 그러다 책을 쓴 후 차를 바꾸고 집도 좋은 곳으로 옮기고 다른 강사들을 코칭하는 자리에까지 올랐다. 이 이야기를 듣고 '나도 책을 써 보고 싶다'라는 강한 욕망이 생기게 되었다.

그렇게 나의 작가생활은 2018년 1월부터 시작되었다. 1월은 사실 강사에게 있어서 가장 바쁜 시기다. 하지만 그러한 바쁨도 나의 열정을 막을 수 없었다. 밤을 지새우고 내가 이루고자 하는 목표를 위해 달렸다. 나에게 2018년 1월은 '빅뱅'과 같은 달이라 확신한다. 그달에 내 안의 모든 감정들, 노력을 쏟아부었고 단 하나의 의심도 없이 달려가기 시작했다. 정말로 신기한 것은 이렇게나 바쁘고 힘든데도 내가 목표했던 바가 하나둘씩 갖추어지기 시작한 것이다.

또한 원래 하고 있었던 일 또한 더 잘되고 있다는 것이 느껴지기 시작했다. 학생 수가 20명 남짓이었는데 어느새 30명을 훌쩍 넘기고 40명을 바라보고 있었다. 억대 연봉의 강사로 훌쩍 업그레이드되고 있음을 느끼고 있었던 것이다.

이러한 변화는 책을 씀으로써 나에게 일어났다. 책 쓰기를 하며 나의 의식에 크나큰 변화가 있었다. 내가 전문가라는 의식은 물론, 이렇게 바쁜데도 다 해낼 수 있다는 자신감도 크게 얻게 되었다. 거기에 나를 항상 응원해 주는 여자 친구의 역할도 대단히 컸다. 무엇보다 처음으로 책을 쓰는 과정 속에서 끝까지 나에 대한 확신과 믿음을 유지시켜 준 분이 있다. 〈한책협〉의 수장인 김태광 대표 코치다. 그가 있었기 때문에 나의 책은 완성될 수 있었다.

책이 완성된 후 나의 일상은 백팔십도로 달라졌다. 내가 원하는 인생을 살기 위한 초석인 책이 세상에 나오자 많은 강연 요청이 쏟아지기 시작했다. 그 강연들을 통해 나는 많은 사람들에게 나의 이야기를 전해 줄 수 있는 '강사'로서의 삶을 살 수 있게 되었다. 그뿐인가? 내가 운영하는 〈학원강사스킬연구소〉를 통해 많은 학원 강사들과 소통하며 그들에게 성공적인 강사가 되는 방법을 코칭하고 도움을 주고 있다.

이제는 학생을 가르치는 것부터 나의 도움을 필요로 하는 많은 사람들에게 나의 지식을 전달한다는 사명을 다하고 있다. 하루하루가 정말 기대되고 즐거워지기 시작했다. 아침이면 그날 무엇을 해야 할지 기대하며 눈이 번쩍 뜨인다. 그전까지 아침잠이 많아 일어나지 못했던 것과 상반된다. 또한 밤에는 다음 날의 계획을 세우며 오늘의 나를 되돌아보고 감사일기를 쓴다. 하루 동안 얼마나 감사한 일이 많았는지, 그리고 앞으로 어떠한 감사한 일이 일어날지 생각하면서 말이다. 이조차 얼마나 감사한 일인지 모르겠다.

태어나기 전 우리가 두 가지 선택지를 받았다고 생각해 보자.

내가 하고 싶은 일을 하면서 100만 원을 벌지, 내가 하기 싫은 일을 하면서 1,000만 원을 벌지 선택하라고 말이다. 하지만 나는 둘 다 선택하고 싶지 않다. 어떻게든 나는 내가 하고 싶은 일을 하며 1,000만 원을 버는 길을 나 스스로 개척하겠다.

이는 내가 나의 책을 쓰고 여러 사람들에게 나의 꿈을 전달해 주는 동기부여가이자 소통 전달가가 되었기 때문에 가능한 일이다. 나는 단순한 학원 강사에서 책을 쓰고 여러 사람들에게 나의 꿈과 희망을 전달해 주는 강사로 탈바꿈하게 되었다. 나의 이야기를 남들에게 전달해 주고 그들에게 도움을 주는 것만으로 돈을 번다. 또한 내가 쉬고 싶은 날을 내가 결정할 수 있는 자유가 있다.

젊은 나이에 책을 쓰면서 나는 나의 길을 찾았다. 그리고 그 길을 개척하기 위해 오늘 이 순간에도 노력하고 도전하고 있다. 한 번밖에 없는 인생, 여러분은 틀에 박힌 굴레 안에서 쳇바퀴를 돌리고 있지는 않은가? 회사생활에 지쳐 언제 퇴사할지만 생각하고 있지는 않은가? 그러한 생각의 틀을 이제 그만 깨뜨리길 바란다.

책 쓰기를 통해 여러분의 인생을 송두리째 바꿀 수 있다고 자신한다. 그리고 나 자신의 인생을 새로이 개척해야 한다. 누군가 만들어 놓은 인생 안으로 걸어 들어가는 것은 바보 같은 짓이다. 이제 바로 도전해라. 다음은 당신의 인생이 바뀔 차례다.

작가로서 엄마로서
당당하게 서기

김성희 '작은동물원' 원장, 진로 코치, 자녀교육가, 어린이집·유치원 동물 교육사

3명의 아이들을 키우며 부산에서 동물원을 운영하고 있다. 아이들과 동물이 서로 교감할 수 있도록 돕고 있다. 또한 진로 코치로서 초·중·고등학교 학생들을 대상으로 활발한 상담 활동을 하고 있다. 나아가 꿈을 이룬 엄마로서, 이 세상의 엄마들에게 '엄마도 얼마든지 꿈을 이룰 수 있다'는 것을 알려 주고자 한다. 현재 '행복한 자녀 교육'을 주제로 개인저서를 집필 중이다.

누구에게나 한 번쯤 인생의 터닝 포인트가 있는 것일까? 나에게는 셋째 아이가 인생의 터닝 포인트다. 셋째를 낳기 전까지는 인생이 힘들고 고단했다. 육아도 힘들고 일하는 것도 힘들었다. 하지만 지금은 셋째까지 낳아 보니 아이가 축복이라는 말이 실감난다. 실감이 나다 못해 세상 모든 것이 긍정적으로 보인다.

나는 아이 셋을 키우기 위해 무엇이든 해야 된다는 마음이 생겼다. 그래서 더욱더 잘 살아야겠다고 생각한다. 부끄럽지 않고 당당한 엄마로 살 수 있는 길이 무엇일까? 생각했다. 나는 무엇을

하며 살아야 할까? 지금의 작은 동물원을 운영하면서 할 수 있는 일이 뭘까? 내가 더 발전할 수 있는 일은 없을까? 고민의 연속이었다.

나의 꿈을 찾으러 나서기까지 마음고생이 심했다. 나에게 제일 큰 힘을 주는 것과 동시에 걱정을 주는 것이 아이들이었다. 아이가 하나면 나는 꿈을 꾸지도 찾지도 않았을 것이다. 나의 성격이 워낙 천하태평이라서 지금의 생활만으로도 만족스럽다. 하지만 아이가 셋이 되면서 천하태평인 성격도 조금은 바뀌었다.

나는 경험이 없어서 첫아이를 키우는 데 고생했다. 둘째는 그나마 첫째의 경험이 있어 수월했다. 지금 우리 예쁜 막내는 힘을 하나도 안 들이며 키운다. 그 이유는 아빠가 전적으로 봐 주고 아이들도 막내를 잘 돌봐 주기 때문이다. 나 역시도 마음을 단단히 먹고 아이를 낳았기 때문이다. 막내는 신랑과 나의 사이가 아주 안 좋았다가 좋아지면서 덜컥 생겼다.

아마 막내가 안 생겼으면 우리 부부는 이혼했을 수도 있다. 그만큼 막내의 탄생은 내 인생에 큰 역할을 했다. 막내를 낳을 결심을 하니 세상 무서울 것이 없었다. '더 이상 내가 나약해지면 안 되겠다'라는 생각을 했다. 그래서 나는 열심히 육아와 일을 병행했다. 그 시간은 상상 이상으로 힘들었다.

그러나 우리의 인생에는 슬프고 힘든 날만 있는 것은 아니다. 힘들어서 죽을 것 같은데 그 시간도 언젠가는 지나간다. 트로트

중에 '쨍하고 해 뜰 날'이라는 가수 송대관의 노래가 있다.

"쨍하고 해 뜰 날 돌아온단다. 꿈을 안고 왔단다. 내가 왔단다. 슬픔도 괴로움도 모두 모두 비켜라. 안 되는 일 없단다 노력하면은 쨍하고 해 뜰 날 돌아온단다."

노래의 가사처럼 힘든 날도 참고 이겨 내면 반드시 좋은 날이 오는 것이다. 이것이 세상 사는 이치다. 나를 보라. 어릴 때는 힘들게 자랐지만 이제는 내가 좋아하는 직업이 있고, 사랑하는 가족이 있다. 그리고 꿈을 위해서 도전한다. 만약 힘든 시기에 내 삶을 포기했다면 나는 지금처럼 행복하지 못할 것이다. 힘든 것도 참고 이겨 냈으니 현재도 있는 것이다.

이제 나는 새로운 도전의 길에 서 있다. 나의 도전은 글을 쓰는 작가가 되는 것이다. 작가가 되고 싶은 꿈은 고등학교 때부터 있었다. 책이 좋아서 문예부 동아리에 가입해 나는 시를 썼다. 학교 축제 때 우리 동아리는 시화전도 열었는데 그날 처음으로 글쓰는 작가가 되고 싶다고 생각했다.

하지만 인생살이가 마음먹은 것처럼 되지는 않았다. 나는 현실에 매여서 꿈을 잊어버렸다. 꿈을 잊어버리고 살아온 시간은 20년이다. 참으로 긴 시간이다. 하지만 셋째를 낳고 나는 꿈을 다시 찾왔다. 나의 아이들을 위해 꿈을 기억해 낸 것이다. 나는 작가가 되기 위해 도전한다. 그리고 그 꿈을 향해 달려간다.

나의 꿈을 이룰 수 있게 도와준 곳은 〈한책협〉이라는 곳이다. 〈한책협〉을 운영하는 김태광 대표 코치님께서 작가의 꿈을 이룰 수 있게 나에게 책 쓰는 법을 가르쳐 주셨다. 나는 이곳에서 하나부터 열까지 배웠고 지금은 글을 쓰는 작가가 되었다. 나의 꿈이 이루어진 것이다. 글을 쓰니 정말 좋다.

나의 비전에 대해 적을 수도 있다. 머릿속에만 있던 막연한 생각들을 글로 적게 된다. 글로 쓰고 나서 나는 생각한다. 저 꿈을 또 이루어야지 하고 말이다. 나의 첫 책은 자녀 교육서다. 자녀 교육을 글로 풀어내면서 나는 생각이 변했다. 처음에는 '아이 셋을 자연분만으로 낳은 거 말고는 자랑할 것이 없는데? 내가 자녀 교육서를 써? 도대체 무엇을 적지?'라고 생각했다. 그런데 글을 쓰면서 그런 생각이 싹 없어졌다. 나만의 자녀 교육에 대한 자신감이 생겼다.

자신감이 생기고 글로 적다 보니 조금씩 나의 자녀 교육 철학과 사례가 생각났다. 나는 사례를 통해 내 아이에게 전문적인 방법을 적용하게 되었다. 예전 같으면 아이 때문에 문제가 생길 경우 속상하거나 화가 났을 것이다. 어떻게 할지 몰라서 고민했을 것이다. 하지만 이제는 자녀 교육 때문에 머리를 싸매지 않는다.

아이 문제로 속상해하지 않는다. 기본 방법을 알게 되었으니 상황에 맞게 실천하는 것이다.

방법에 맞는 실천을 하게 되니 아이와의 관계가 아주 좋아졌다. 어떤 것이 좋아졌나 하면 아이들과 사랑을 주고받는다. 제일 간단하지만 제일 어려운 것이 부모 자식 간에 사랑을 주고받는 것이다. 부모의 자식 사랑을 말해 뭐 하겠냐마는 마음만 있고 표현을 못하는 부모가 많다. 아이들은 사랑을 표현해 주지 않으면 자신들이 사랑받고 있는지 모른다.

왜 그런가 하니, 표현도 아이에게 맞게 잘해 줘야 하기 때문이다. 아기 때야 가만히 있어도 예쁘고 눈만 마주쳐도 예뻤다. 하지만 아이가 커 가면 커 갈수록 예쁜 구석은 어디로 가고 못난 구석만 보인다. 그래서 부모들은 자기 아이의 못난 구석만 이야기한다. 그러다 보면 아이들이 부모를 오해하고 삐뚤어지게 되는 것이다.

나 역시도 우리 집 큰아이 때문에 힘들었다. 어린이집 때부터 얼마 전까지 매년 선생님과 상담해야 했다. 아이 친구 엄마들에게 여러 번 사과 전화도 해야 했다. 그런 날은 집에서 아이를 혼내고 매를 들었다. 하지만 지금은 제대로 사랑을 주고받는다. 그러자 아이가 변했다. 물론 지금도 힘든 것이 있다. 하지만 이제는 방법을 아니까 빠른 대처로 큰 문제를 만들지 않게 되었다.

이것이 책 쓰기를 하면서 얻은 제일 큰 성과다. 나는 자신감이 생기고 내 아이와 사랑을 주고받게 된 것이 제일 좋다. 예전에는 아이 때문에 죽을 만큼 힘들었는데 책을 쓰고 난 후는 아이 때문에 산다. 세상의 무엇과도 바꿀 수 없는 아이들 때문에 사는 것이다. 나는 아이들을 바르게 잘 키우고 싶다.

공부를 잘하고 못하고를 떠나서 이 세상에 쓰임이 되는 자녀로 키우고 싶다. 또한 나 역시도 작가로서 엄마로서 당당하게 서고 싶다. 누가 감히 내가 작가가 되는 것을 상상했겠는가! 최고의 엄마가 되는 것을 상상했겠는가! 바로 내가 상상한 것이다! 나는 책 쓰기로 이 모든 자신감을 얻었다.

분명 나는 성공한다. 성공할 수밖에 없다. 김태광 대표 코치님이 있는데 무엇이 걱정이겠는가! 나는 지금의 자신감으로 앞으로의 인생을 살아갈 것이다. 혹여나 큰 시련이 온다 해도 나는 사랑하는 아이들을 끝까지 지킬 것이다. 그리고 그 힘을 만들 것이다. 나만의 태평천하를 만들어서 그곳에서 천년만년 행복하게 살 것이다.

"쨍! 하고 해 뜰 날 돌아왔단다. 쨍하고 해 뜰 날 돌아왔단다."

책을 써 나를 브랜딩하기

김서진 **한국경매투자협회 대표, (주)W 인베스트 대표이사, 부동산 투자그룹 서진 회장, 한서대학교 외래교수**

부동산 투자분석 실무전문가이자 공·경매투자가다. 공매와 경매를 통한 투자를 시작으로 부동산 임대사업과 기업 강연에 이르기까지 다양하게 활동 중이다. 투자 경험을 바탕으로 20~30대 젊은 직장인들에게 실전 투자 노하우를 체계적으로 가르치고 있다. 특히 공공기관 특화교육과 국내외 대기업 퇴직자를 대상으로 노후를 위한 부동산 투자운용에 대한 컨설팅을 진행 중이다. 네이버 카페 '한국경매투자협회'에서 미래가 불확실한 직장인들에게 구체적인 방향을 제시해 주고 부동산 경매로 자동화 시스템을 만드는 노하우를 전수하고 있다. 저서로는 《돈이 없을수록 부동산 경매를 하라》 등이 있다.

• E-mail hkuniv@naver.com
• Cafe hkuniv.co.kr
• Blog hkuniv.kr
• C·P 010.6637.2358

"김서진 선생님처럼 강의를 잘하고 싶어요."

"어떻게 하면 김서진 강사님처럼 많은 사람 앞에서 말을 할 수 있을까요?"

"100명 이상으로 가득 찬 객석, 다양한 직업을 가진 사람들… 저 같으면 무대 위에 설 힘조차 없을 것 같아요."

"김서진 선생님은 어렸을 때부터 그렇게 자신감이 있었나요?"

내가 대학에서 강의하거나 대기업과 공공기관에 종사하는 사람들을 상대로 강연할 때면 꼭 듣게 되는 질문들이다. 그들의 눈에는 많은 사람들 앞에서 당당하게 말하는 나의 모습이 그렇게 보였던 것 같다. 내가 아는 사람들은 어렸을 적의 나를 나서기를 매우 싫어하고 말수가 거의 없었던 아이로 기억한다. 사람들에게 어릴 적 나의 모습을 이야기하면 모두들 놀란 표정을 지으며 신기해한다.

실제로 나는 남들 앞에 서야 할 기회가 주어지면 무조건 피하기 일쑤였다. 사람들과 교류해야 하는 모임에는 가급적 가지 않았다. 사람들과 마주하는 것도 그렇고 무슨 대화를 나누어야 할지 막막하기만 하고 부담스러웠다. 사회생활을 시작하면서 그런 성격이 많이 사라졌다. 하지만 솔직히 프레젠테이션을 하거나 컨설팅을 할 때면 두렵고 떨렸던 적이 많았다.

나는 경기도 안산의 건축현장에서 건축기사로 일했다. 인근의 한 고시원에서 숙식을 해결하며 지냈다. 건축기사는 아침 일찍 출근해 현장을 돌아야 하는, 육체적으로 에너지 소모가 많은 직업이다. 그럼에도 불구하고 배운다는 생각으로 마냥 열심히만 한 것 같다. 당시 월급이 100여만 원 정도여서 내 지갑은 늘 홀쭉했다. 하지만 그보다 더 못마땅했던 것은 비전이 보이지 않는다는 것이었다. 결국 건축공사가 마무리되고 직장을 그만두게 되었다.

그러곤 서울에 있는 인테리어 회사에서 디자이너로 일을 시작하게 되었다. 차츰 목표도 생기기 시작했다. 월급은 적었지만 육체적 노동이 지극히 줄어든 것으로 만족해야 했다. 원하는 일을 해도 경제적으로 여유롭지 못한 사람들이 많다. 나 또한 그러했다. 월급의 대부분은 생활비로 나가고 저축할 수 있는 돈은 거의 남지 않았다. 방법을 찾아야 했다. 오랜 세월이 지나 결국 부동산이 답이라는 것을 뒤늦게 깨닫게 되었다.

머뭇거릴 여유도 없이 틈만 나면 돈이 없어도 부동산 투자를 시작할 수 있는 방법을 찾기 시작했다. 일반 분양시장을 기웃거리기에는 가진 돈이 없어 어림도 없었다. '구하면 얻으리라'라는 진리처럼 부동산 경매투자에서 해답을 찾았다. 돈이 없어서 부동산에 관심조차 갖지 않았다면 지금의 나는 없었을 것이다. 현재 나는 과거의 나처럼 월급만으로 살아가는 직장인들을 위해 '부동산 경매투자 코치'로 활동하고 있다. 네이버 카페 〈한국경매투자협회(이하 한경협)〉를 개설해 단 몇 주 만에 부동산 주인이 될 수 있도록 돕고 있다. 〈한경협〉을 만난 후 본인의 명의로 된 부동산을 갖게 된 사람들이 많다. 월급 받는 직장인에서 월세 받는 직장인이 되어 자산을 불려 가는 사람들이 헤아릴 수 없다. 나는 그들을 돕는 일이 너무나 즐겁다.

부동산 경매투자를 통해 내가 얻은 노하우를 가르치는 일은 돈이 오가는 일종의 비즈니스다. 내가 가진 전문 지식과 경험 등을 전수하고 그 대가로 돈을 버는 것이다. 하지만 아무리 지식과 경험이 뛰어나다 해도 나를 다른 사람들에게 알리지 않으면 그 비즈니스는 실패한다. 팟캐스트에서 잠시 방송할 때 찾아 주는 사람들에게 달려가 상담도 하고 조언도 해 주었지만 단지 그뿐이었다. 잘 알려지지도 않은 평범한 사람에게 돈을 주고 배우기란 쉽지 않은 일이기 때문이다. 사업은 냉혹한 비즈니스의 세계다. 내가 가진 상품이 아무리 가치가 있어도 알려지지 않는다면 아무런 소용이 없는 것이다.

나는 또 방법을 찾기 시작했다. 돈이 없을수록 부동산에 투자해야 하는 것처럼, 책을 써야 나를 알릴 수 있다는 생각에 이르렀다. 책 쓰기를 제대로 배워 내가 알고 있는 경험과 노하우를 잘 표현하고 싶었다.

단 몇 개월 만에 책을 쓸 수 있도록 돕고 있는 〈한책협〉의 천재작가 김태광 대표 코치를 만난 것은 이때다. 단순히 작가의 길을 넘어 사업적인 영역까지 코칭이 이어지기에 주저 없이 그의 도움을 받아 책을 썼다.

책을 쓰기 전에는 무명의 강사였으나 책을 쓰고 나서부터는 "작가님!", "선생님!"으로 불린다. 사람들에게 전문가로서 당당히 인정받는 것이다. 직장에 다니는 사람들은 지금 자신의 이름으로 된 책을 펴내 미래를 준비해야 한다. 많은 이들이 자신이 다니고 있는 직장에 회의감을 느끼고 있다. 경제적인 여유도 없을뿐더러 시간 노예로 살아가기 때문이다.

　나는 무명으로 투자와 교육을 시작하다 뒤늦게 책을 썼지만 그래선 안 된다. 먼저 책을 써서 자신을 브랜딩 하고 1인 창업을 준비해야 미래가 보장된다고 조언하고 싶다. 책을 쓰면서 그동안 살아오며 알지 못했던 자신만의 가치를 찾아낼 수 있다. 무엇보다 그동안 자신이 경험하고 느껴 왔던 것들을 체계적으로 정리할 수 있다.

　우리는 자신이 생각하는 대로 인생을 살아야 한다. 그래야 현재를 누릴 수 있고 후회하지 않는 삶을 살 수 있기 때문이다. 내가 쓴 책을 읽은 전국의 많은 독자들로부터 연락이 온다. 세를 들어 살고 있는 집이 경매로 넘어갔는데 보증금을 어떻게 되찾을 수 있는지 묻는 사람도 있다. 책의 내용에 공감해 교육을 받고 싶어 하는 사람도 있다. 책은 나 대신 나를 홍보해 주는 역할을 하는 나의 분신이다.

　부동산을 사 두면 내가 일하지 않아도 돈을 벌게 된다. 그것처럼 책을 쓰면 내 책을 읽고 공감하는 독자들이 교육을 들으러 오게 된다. 내가 쓴 저서 《돈이 없을수록 부동산 경매를 하라》에는 실제 내가 돈이 없을 때 부동산 투자를 시작했던 방법이 나와 있다. 딱딱한 법률 지식은 가급적 배제하고 이해하기 쉽게 풀어 쓴 것이 공감을 얻고 있다.

　투자를 단지 '돈'으로 보느냐 아니면 '목표'를 이루는 '수단'으로 보느냐에 따라 사고와 행동이 달라진다. 투자는 결국 기술이 아닌 사고와 행동의 조합에 따라 승패가 좌우되는 세계임을 책에서 체계적으로 정리했다. 책을 쓰면서 얻게 된 것은 굉장히 많다. 그중 사업의 방향이 또렷해지고 도전할 수 있는 영역 또한 넓어졌다. 거기에다 한계를 부수고 멀리 갈 수 있는 지혜까지 선사받았다.

책 쓰기는 퍼스널 브랜딩을 이끄는 가장 강력한 방법이다. 나의 지식과 경험 등을 글을 통해 많은 사람들과 소통할 수 있는 방법이다. 나는 책을 써서 살아가는 힘을 얻었다. 세상에 내 진짜 모습을 드러내어 더욱 과감하게 나를 어필하고 있다. 드러내야 알려지고 알려져야 홍보가 된다. 홍보가 되어야 나의 가치를 어필할 기회를 갖게 되는 것이다. 또한 책은 어려운 시기에 나를 일으켜 세워 주기도 한다.

이제 평생직장이라는 개념이 사라지는 시대에 책 쓰기는 필수가 되고 있다. 앞으로 지속적으로 책을 펴내 매일매일 기대되는 사람으로 성장할 것이다. 나의 분신인 '저서'를 통해 영향력을 키워 나가고 나 대신 일하는 시스템을 더욱 확고히 할 것이다. 인생은 어떤 노력을 하느냐에 따라 백팔십도로 달라진다. 단순히 열심히 한다고 해서 되는 시대가 아니다. 먼저 해야 할 일이 있고 나중에 해야 할 일이 있다. 노력의 질을 따져 보고 과감하게 집중하는 태도가 나머지 인생을 이끌 것이다. 그 노력의 출발은 책을 쓰는 것이다.

진심을 다해 쓴 책을 통해 미래로 당당하게 나아가기

김빛추 '파초 Radiance Light House' 대표, 치유 예술가, 치유 영어 코치, 치유 강연가

치유의 힘으로 개개인이 성장하고 행복할 수 있도록 돕는 1인 치유 예술 기업 '파초 Radiance Light House'를 운영하고 있다. 명상과 치유를 통해 우리 모두 아름답고 강한 영혼이라는 것을 깨닫게 한다. 저서로는 《버킷리스트14》, 《또라이들의 전성시대3》이 있으며, 현재 '모든 답은 내 안에 있다'라는 주제로 개인저서를 집필 중이다.

• E-mail amazoness66@naver.com   • C·P 010.2393.2171

책을 쓴다는 것은 무슨 의미일까? 우리는 심심치 않게 나이가 좀 드신 어르신들에게서 듣게 되는 말이 있다. "내가 살아온 삶을 적으면 구루마 하나 정도의 책이 나올 것이다." 책이 일종의 자서전임을 의미하는 말일 것이다.

자신이 살아온 삶을 회고해 보는 것도 의미 있는 일이 될 것이다. 우리는 모두 하루하루를 살아 내며 또는 견뎌 내며 한 권의 장편 서사시인 인생을 쓰는 오디세우스일 것이다. 그 많은 인생 중 내 인생만이 특별하다고 책으로 남긴다? 그것이 세상의 별 의

미 없는 책들 위에 하나의 덤을 얹는 듯해 무슨 의미가 있나 생각해 본 적도 있다.

그런데 세상에 별 의미 없는 책들도 있을까? 이는 남의 인생을 함부로 매도하는 행위일 수도 있다. 그냥 자신의 세계관이나 가치관과 맞지 않아 자신에게 별 의미 없이 다가오니 "나에게 의미 있는 책은 아닌 것 같다."라고 말하는 편이 진실에 더 가깝겠다.

책은 혹은 글은 자신의 진실 된 마음에서 우러나온 무언가를 표현해야 한다. 그래야 그것의 원래 목적에 부합한다고 생각했던 20대가 있다. 그런 생각이 강했기 때문에 주위의 시인이나 작가라는 사람들의 "마음에서 우러나오지 않아도 글을 쓸 수도 있다."라는 말에 씁쓸해한 적이 있다. 그래서 작가라는 직업(?)의 허상에 그리 마음을 두지 않았다. 그러곤 '꼭 책을 써야 하는 것은 아닌 것 같다'라고 생각한 적이 있다.

그래서 나는 나답게, 내 몸이 연필이 되기로 했다. 책 대신 세상에서, 연필 대신 내 몸으로. 진실 없이 남겨진 한 권의 책보다는 가슴에 진실을 안고 사라지더라도 사라지는 편을 택하는, 한 편의 춤이 되기로 했다. 사라지는 서사시가 되기로 했다.

나는 '책 쓰기' 대신 '몸 쓰기'를 택했다. 그러고 보니 책은 쓰지 않았지만, 몸을 쓰면서 터져 나오는 시 나부랭이는 적었던 것 같다. 아니 그냥 쓰였다. 무언가를 내뱉지 않고는 나아갈 수 없는 상태에서의 배설처럼…. 배설 후의 가벼움으로 그다음을 향해 나아가는 하나의 배설 행위로서…. 1986~1992년, 그 당시의 이런 마음이 '시(詩)'라는 제목으로 남아 있다.

"바보가 되는 길 이외엔 / 사라지는 길 이외엔 / 보이지 않을 때
비로소 드러나는 / 너의 샛길
어둠의 마알간 새끼들
말로써 표현치 않는 / 그 은밀한 혁명 / 그리고 전복."

호주에서 유학하면서 문인들과 교류한 적이 있다. 호주에 있으면서도 5월이 되면 회색빛 배경에서 길 잃은 미아의 꿈을 꾸었다. 꿈에서 깨어 한동안 멍하니 '그게 무엇일까?' 하고 들여다보니 나에게 남아 있는 5월의 아픔이었다. 그것을 털어 내기로 했다.

그래서 호주 교민신문의 신춘문예에 그동안 써 왔던 시를 정리해 몇 편 투고했다. 무슨 상으로 뽑히기는 했는데 대상까지 가지는 못했다. 시평은 다 기억나지는 않지만, '너무 혁명적이다. 그래서 대중적이지 못하다' 이런 내용이었던 것 같다.

상을 노려 투고한 것은 아니었다. 그저 고국에서 끌고 온 무거운 짐을 먼 이국땅에 던지듯 투하했다. 내려놓아야 그다음을 갈 수 있을 것 같기에 그리했다. 상이란 것에 연연하지 않아 아쉬움은 없었다. 그 후 몇몇 문인들과 교류하게 되었다. 거기서 우스개

로 나오는 말이 있었다.

"호주에는 시인이 없다."

나는 그 말을 듣자마자 내 식으로 이해할 수 있었다. 한국에서의 시란, 아니, 나에게 시란, 막다른 골목까지 내몰려, 또는 스스로 나를 내몰아 더 이상 물러설 수 없는 자리에서 터져 나오는 옹알이 신음 같은 것이었다. 그 신음이라도 한번 내뱉고 나면 그다음을 살아갈 수 있는….

그런데 호주에서의 일상은 하루하루가 산뜻하게 사뿐했다. 완전 연소의 삶이었다. 그러니 찌꺼기가 남을 수 없는 것이었다. 그러다 보니 삶의 찌꺼기인 신음이 호주에서는 나오지 않아 더 이상 신음의 시는 쓰이지 않았던 것이다. 그 개념으로 보면 호주에는 시인이 없다, 라는 말이 나올 법했다.

한국의 1980년대는 명상이란 단어가 사람들에게 의심받던 시대였다. 그런데 나는 삶의 답이 되는 실마리를 명상에서 찾을 수 있을 것 같아 그 언저리를 맴돌았다. 그때 내가 좋아했던 인도 명상가는 크리슈나무르티였다. 나에게는 오쇼 라즈니쉬보다 크리슈나무르티의 명상의 말과 삶이 더 다가왔다. 무소의 뿔처럼 혼자서 가며 '내 안의 독재자'를 관찰하는 그가 나에게는 더 다가왔다. 그가 《삶의 힘의 한 부분에서》에서 했던 말이 있다.

"진리를 찾는 데는 큰 힘이 요구된다. 이 힘은 특별한 것을 자유롭게 한다는 기초적인 목적에 대한 이해 없이, 또는 진리와 신을 찾겠다는 기초적인 목적에 대한 이해가 없다면 이 힘은 파괴적이 된다."

나는 이 말을 이해할 수 있었다. 내가 1980년대 한국에서 파괴적인 삶을 살았기 때문이다. 나를 나답게 가지 못하게 하는 현실들, 나를 가로막는 굴레들을 파괴해 새로운 창조를 해야만 했기에. 나는 나의 모든 것을 걸었다.

크리슈나무르티의 이 말을 다시 한 번 뒤돌아보게 되는 계기가 왔다. 서른셋, 호주에서의 명상생활을 통해 새롭게 다시 해석이 되었다. 그때 적어 놓은 나의 글이 있다.

"오고 가는 것들을 흘려보냄으로써 '진리를 찾는 데 요구되는 큰 힘'을 한곳으로 응집할 수 있게 된다. 나에게 있어서 전제는 신을 아는 것이 아니다. 나 자신을 아는 것이다. 나 자신을 아는데 필요한 에너지가, 왜 특별한 무언가를 자유롭게 해야 하는지 또는 왜 진리와 신을 찾는지에 대한 이유가 없다면 이 힘은 파괴적이 된다."

오고 가는 것들을 어찌 자연스럽게 흘려보낼 수 있을까? 그래야만 한곳으로 에너지가 집중되어 자신이 원하는 삶을 창조하게 된다. 이 답을 호주에서 찾을 수 있었다. 이 답을 찾은 환희를 알리고 싶었다. 그래서 17년 전, 한국으로 돌아와 책을 내려고 했다. 그러나 모든 것에는 적절한 시기와 장소가 있는 법. 그 바람이 지금에서야 이루어지고 있다.

몸을 쓰나 책을 쓰나 중요한 것은 진심을 다해 쓰면 되는 것이다. 그렇기 때문에 이제는 책을 쓸 때가 되어 책을 쓰게 되는 것일 것이다. 진심을 다하는 순간에는 시간을 잊는다. 시간이 금보다 귀하다 한다. 그렇지만 그 시간보다 귀한 것은 시간을 잊는 것이다. 이는 순간에 몰입해 본 사람들은 알 것이다.

그 몰입엔 시간이 없다. 공간이 없다. 그렇기 때문에 서두르지 않고 자신이 되어 자신의 길을 간다. 그 답을 알고도 17년간의 궤적이 그리 쉬웠던 것은 아니다. 그러나 나의 몸에 남아 있는 답을 알기 때문에 다시 나를 추스를 수 있었다.

책을 탈고하는 중, 우연히 〈고등래퍼〉의 파이널을 보게 되었다. 여기에서의 주인공들은 나의 10대, 20대, 30대, 40대, 이제 다시 새로 시작되는 20대인 나의 50대를 너무나 잘 보여 주었다. 한국의 10대들에 대한 희망이 살아났다. 명상으로 나를 치유했듯이, 그들의 노래로 다시 치유가 되는 듯했다. 각자의 색깔과 향기를 뿜어내는 그들을 보았다. 아직은 10대인지라 앞으로 좀 비틀거릴 때도 있겠지만 결국 힘차게 함께 걸어가는 뒷모습이 보였다.

자신다운 책을 쓴다는 것은 이런 치유의 과정인 것이다. 세상의 시스템에 끼어 있는 듯한 자신의 모습. 자신의 정체성에 대한 고뇌. 그렇지만 함께 잘 어울려 한 판의 축제를 벌임으로써 빛으로 다 화해 버리는 10대들. 그들의 어두움도, 자해도, 한숨도 투명하기 때문에 결국 빛으로 화해 버릴 수 있는 것이다. 치유라는 빛으로 하나가 되면 그다음, 성장과 행복은 저절로 온다. 자신의 몸과 마음과 영혼을 바쳐 적어 내려가는 책은 혹은 글은 미래를 향한 설렘을 안고 당당히 걸어갈 수 있는 계단이 된다.

책을 써 세상에 나를 드러내기

양은정 '양은정부동산컨설팅그룹' 대표, 금융자산관리사, 국내재무설계사, 공인중개사, 매경부동산 자산관리사

우연한 기회에 부동산 관련 서적을 접하고 부동산 세계에 뛰어들었다. 부단히 노력해 온 결과 현재는 금융과 경제를 아우르는 부동산 전문가로 당당히 자리매김했다. '평범한 사람도 부자가 될 수 있다'를 모토로 다양한 강의 활동을 이어 나가고 있으며 사람들에게 부와 경제적 자유를 전파하는 리치 멘토로서 활약 중이다. 현재 부동산 투자 관련 개인저서를 집필 중이다.

• E-mail goodjob7744@gmail.com   • Facebook yejrealtyconsulting
• Instagram yang_eunjung

나는 이것저것 재주가 많다. 그래서 아주 어린 시절, 나는 모든 게 어렵지 않았던 것 같다. 서예도 잘했고 일찍 천자문도 떼었고 주산도 잘했고 시도 잘 썼다. 그림 그리기도 곧잘 했고 체육도 못하지 않았다. 악기도 잘 다뤘다. 무용도 했었다. 대회에 나가 상도 탔다. 20대의 나는 '천상천하 유아독존'이었다. 단지 내가 도전하지 않았을 뿐, 무엇이든 할 수 있을 것 같았다. 내 자신감은 하늘을 찌르고 있었다. 지금 생각해 보면 그건 내가 아닌 다른 인격체였던 것 같기도 하다. 어쩌다 이렇게 다른 사람이 되어 버렸을

까. 정말 모를 일이다.

한동안 근거 없는 자신감으로 살아 내던 나는 20대 이후 침몰하는 듯했다. 현실의 벽에 부닥쳐 시도하는 것마다 별 결실이 없었다. 끝맺음이 나지 않아 점점 마음은 침체되고 나약해지기 시작했다. 그렇게 나락으로 추락하니 사람도 어두워져 갔다.

한편 억울하기도 했다. 무엇을 시작해도 남보다, 평균보다 나았던 것 같은데 지금은 왜 이렇게 살까? 늘 이곳이 바닥인가 생각했다. 하지만 항상 더 깊은 바닥이 있었다. 무엇이 잘못된 것일까? 답을 찾는 것조차 포기했다. 열심히 살았는데 왜 내 인생은 항상 이 모양인가? 때론 분노하다가 때론 체념하다가 결국 무력감에 빠져 몇 달을 무기력하게 살기도 했다.

유재석이 이적과 '말하는 대로'라는 노래의 가사를 만들 때의 이야기다. 20대의 유재석은 '내일 뭐 하지'라고 생각했단다. 내일은 항상 불안했다. 내일 아무도 자신을 불러 주지 않으면 그는 생계조차 걱정해야 하는 삶을 살아야 했기에. 오랜 무명생활이 도대체 언제 끝날지 알 수 없었던 시절, 갑자기 이런 생각이 들었다고 했다. '나는 한 번이라도 이 일에 미친 듯이 빠져 본 적이 있는가?' 그러자 답이 나왔다고 했다. '나는 지금까지 그렇게 열심히 살아 내지 않았구나'라고.

나의 답도 결국 거기에 있었던 것은 아닐까? 부동산 투자에 대한 책을 쓰면서 내 안의 경험이 다시 정리되고 정확해지고 분명해지기 시작했다. 한 권의 책을 써내는 동안 내가 독서만 했으면 알 수 없었을 놀라운 경험들을 하게 되었다. 지식 소비자에서 지식 생산자로 위치가 바뀌는 순간이었다. 나는 항상 남의 지식과 경험을 흡수만 하다가 밖으로 무엇인가 끄집어내는 행위에 도전했다. 그것은 어려운 일이었고 나에게 익숙하지 않은 일이었다.

어느 모임의 자기소개 시간이었다. 거기에서 "나는 늘 인생역전을 꿈꾸었다. 그래서 부동산을 알게 되었고 중개사 자격증을 취득했다. 1층 중개사무실부터 각종 분양 사업, 빌딩, 개발 부지까지 경험했다. 그런데 나에게는 아직 부동산이 만만하지 않다."라고 말한 적이 있었다. 듣고 있던 교수님이 "끝까지 해 본 적이 없는 것 아니냐?"라고 되물었다.

그 후 나는 우연한 기회에 부동산에 관한 책을 쓰게 되었다. 책을 쓰면서 내가 말하고 싶은 것도, 경험했던 것들도, 공부해야 하는 것들이 좀 더 정교해지고 정확해지고 분명해진 느낌을 받았다. 누군가 책을 쓴다는 것은 사람을 정확하게 만드는 것이라고 했다. 그것을 깨닫게 된 순간이다. 내가 모르는 것이 무엇이고, 알고 있는 것이 무엇인지, 그곳이 모든 것의 출발점임을 말이다.

불광불급(不狂不及). '미치지 않으면 이룰 수 없다'라는 말이다. 분양시절 만난 젊은 팀장이 있다. 그는 분양을 하면서 억대 연봉을 쉽게 벌었고 언제나 자신감이 넘쳤다. 그의 카카오톡 프로필은 항상 '불광불급'이었다. 나는 내 프로필이 지루할 때쯤 한 번씩 바꿔 주기도 했는데 그는 한결같이 그 단어만 사용했다.

그는 부모님이 모두 아프고 형제들의 삶도 곤궁했다. 다들 자기 앞가림하기 바빴고 그 와중에 그는 부모님 병원비도 벌어야 했다. 배움도 짧았다. 그가 가진 것은 오직 젊음뿐이었다. 어쩌다 분양판에 뛰어들었는데 이곳에서 무언가 승부수를 던지고 싶었다. 그래서 열심히 했고 가진 재산도 올인했지만, 역시 만만치 않았다. 분양이란 '모 아니면 도'의 게임이라 계약이 되지 않으면 벌이가 없다. 긴 시간 손가락만 빨고 라면으로 연명하는 시간을 보내야만 했다. 6개월여를 그렇게 살다가 더 이상은 못 하겠다 손을 들었다. '정말 여기까지인가'라는 생각이 들었다. 본인의 신세를 한탄하면서 소주를 마시며 괴로워했다. 내일부턴 다른 일을 찾아봐야겠다고 생각했다.

그런데 다음 날부터 일이 술술 풀리기 시작했다. 분양 물건에 대해 물어보는 전화를 받게 되었고 모델하우스에 사람이 왔고 첫 계약이 이루어졌다. 정말 길고긴 인고의 시간이었다. 그때부터가 시작이었다. 그다음부턴 계약이 물 흐르듯이 잘되었고, 모든 게 너무 쉬워졌다. 영업도 계약도 너무 잘되어서 그해 그의 수입은 1억 원을 넘어섰고, 팀장도 되었다. 그다음부턴 돈을 어려워하지 않는 삶을 살게 되었다. 그는 그때 임계점을 넘었었던 것일까? 물이 아무리 뜨거워도 그것은 뜨거운 거지, 끓는 게 아니니까 말이다. 단

1도가 부족해도 말이다.

나는 배움을 좋아한다. 책도 좋아해서 즐겨 읽었다. 하지만 배울 것은 끝이 나지 않는다. 계속해서 배워야 할 것은 보였다. 나는 따야 할 자격증, 갖춰야 할 수많은 것들에 계속 돈과 시간을 썼다. 물론 이것은 지나고 보면 사소한 것일 수 있지만, 내가 찾던 인생의 방향은 아니었다.

그날도 나는 또 무언가를 배우러 갔다가 나를 소개하는 시간을 갖게 되었다. 나는 내가 가진 자격증들에 대해 늘어놓았다. 내가 어떤 과정을 경험하며 달려왔고 이곳에 왜 있는지 말해 주었다. 수업이 끝나고 밥과 술을 먹으며 뒤풀이를 하는데 맞은편에 앉아 있던 사람이 나에게 말했다. "당신은 이미 똑똑하다. 그러니 자격증을 더 따지 않아도 돼요."라고. 나는 나도 몰랐던 내 마음을 들켜 버린 기분이었다. 나는 그동안 '나의 똑똑함을 증명하려고 그렇게 살았나'라는 생각에 참담한 기분이 들었다.

어느 날 책을 쓰고 싶어졌다. 작가는 어느 위대한 사람만 하는 것이라 생각하며 살았는데 말이다. 현실과 이상 사이의 갈등이 극에 달하고 의지하고 싶은데 그럴 수 없는 주변 사람들 때문에 내 마음은 바싹바싹 가물어 가고 있었다. 그러다 어느 순간 나는 글을 쓰기 시작했다. 그 순간 나는 집중되기 시작했다. 계속 빠져

들고 싶었다. 글쓰기에 매료되었다. 내가 원하는 수많은 형태의 위로가 글쓰기 하나로 채워지는 느낌이었다. 나를 꺼내고 내 마음을 꺼내고 나에게 묻는 이 모든 과정들이, 정말 좋았다.

'나이 마흔이 넘어 무엇을 할 수 있을까?' 했었다. 하지만 글을 쓰면서부터 이제 진짜 인생이 시작되는구나. 그동안은 내 인생 후반부를 위한 준비과정이었구나 하는 안도감이 들었다. 앞으로 글을 쓰는 인생을 살아야겠다고 생각했다. 글쓰기는 나이가 들수록 좋고, 나이가 들수록 내 글은 더 좋아질 것을 알기 때문이다. 내가 어디에 있든, 무엇을 하든 할 수 있는 좋을 직업. 나는 그렇게 글쓰기를 만난 것에 감동했다.

나의 첫 번째 책, 《보물지도12》를 마주했다. 부끄러웠다. 두려웠다. 그것은 한편으로 나의 다른 방식의 발전이라 믿는다. '책을 쓸 수 있다'라는 사실을 만나고 나는 또 다른 인생역전에 흥분했다. 나는 불광불급의 경지에 오르고 반평생 꺼내지 못했던 나를 깨뜨리며 세상에 나를 드러낼 작업을 하고 있다. 책을 쓴다는 것은 내가 위로받고 남을 위로하고 나를 발전시키는 일이다. 세상은 오늘도 이분법이다. 세상엔 두 종류의 사람이 있다. 책을 쓰는 맛을 아는 자와 그렇지 못한 자 말이다.

· 31~40 ·

김영숙	김안나
안로담	이승희
안세영	설미리
안종오	이경진
장희윤	박정진

책 쓰기로 나답게 살아가는 법 배우기

김영숙　교육행정공무원, '덧셈육아연구소' 대표, 워킹맘 육아 멘토, 직장인 글쓰기 전문가, 자기계발독서 전문가, 자기계발 작가, 동기부여가

엄마 경력 9년 차로 두 아이를 키우는 평범한 워킹맘이다. 현재 아이들과 공감대를 형성하고 아이들의 롤 모델이 되기 위해 노력하고 있다. 육아를 통해서 꿈꾸는 엄마, 성장하는 엄마로 진화하고 있다. 저서로는 《내가 두 아이를 키우면서 배운 것들》과 공저 《미래일기》, 《꼭 이루고 싶은 나의 꿈 나의 인생1,2》, 《나를 세우는 책쓰기의 힘》 등이 있으며, 현재 '내 아이 감정 들여다보기'라는 주제로 책을 쓰고 있다.

- E-mail iamgod100_@naver.com
- Blog blog.naver.com/iamgod100_
- Cafe cafe.naver.com/cubeadvice
- Instagram gmlakd2678

나에게 2017년은 정말 대단한 한 해였다. 평범한 직장인이었던 내가 책을 써낸 것이다. 2017년에 나의 첫 책 《내가 두 아이를 키우면서 배운 것들》이 출간되었다. 책이 출간됨과 동시에 작가, 강연가, 코치, 컨설턴트로서의 삶이 시작되었다. 나는 내가 작가가 되리라고는 상상도 하지 못했다. 주변 사람들도 놀라기는 마찬가지였다. 나처럼 소극적이고 자신감 없는 사람이 책을 쓰자 사람들이 나를 다르게 보았다.

내가 책 한 권을 써내는 과정은 정말 험난했다. 워킹맘으로 살

아가면서 회사일, 집안일, 육아로 지칠 대로 지쳐 있었다. 책을 쓰는 시간을 확보하기는 정말 어려웠다. 내가 책을 쓴다는 이유로 아이들에게 피해를 주지 않기 위해서 노력했다. 아이들이 잠든 후에 책 쓰기를 하려다가 매번 아이들과 함께 잠든 날도 많았다. 집 안일, 육아 다 완벽한 것이 하나도 없었다. 워킹맘으로 살면서 정 신적·육체적으로 힘들어 다 포기하고 싶을 때가 한두 번이 아니었다.

이렇게 꿈에 대한 열정이 식었을 때는 꾸준한 행동을 해 나가기가 매우 어렵다. 그럴 때마다 나는 김태광 대표 코치의 성공학 강의를 들으며 동기부여를 받았다. 나는 매주 금요일에 있는 성공학 강의를 수강하면서 꿈에 대한 열정을 더했다. 매주 금요일 성공학 강의 참석을 우선순위로 정해서 에너지를 충전하는 시간을 보낸다.

성공학 강의를 통해 지속적으로 동기부여를 받으면서 나는 꿈과 목표를 향해 나아가기 시작했다. 소극적이고 변화를 싫어하는 내가 꾸준히 행동할 수 있었던 것은 멘토의 힘 때문이었다. 멘토는 내가 두려워하고 좌절할 때 용기를 주었다. 인생에서 믿을 만한 멘토가 있다는 것은 정말 행운이다. 멘토는 행동하지 않는 나에게 동기부여해 주고 확신을 가지고 나아가게 해 주셨다. 나의 멘토는 가장 능력 있는 책 쓰기 코치, 김태광 대표 코치다. 이분은 사람들 안에 잠들어 있는 위대한 거인을 깨워 주는 분이시다. 이런 위대한 사람에게 배웠으니 나는 당연히 최고의 베스트셀러 작가가 되었다.

나는 평소에 자존감이 낮고 매사에 자신감이 부족했다. 다른 사람들 앞에서 말을 하려고 하면 더럭 겁이 나곤 했다. 그래서 머릿속이 하얘지곤 했다. 그리고 특별하게 할 줄 아는 것도 없었다. 나는 소극적이고, 움직이기 싫어하는 성격이다. 그런 내가 내 인생의 책을 한 권 써야겠다고 생각하고 〈책 쓰기 과정〉을 알아봤다. 그러곤 수강하기로 결정했다.

〈책 쓰기 과정〉을 수강하려고 하니 매주 분당까지 가야 했다. 나는 운전도 잘 못하지만 주차는 더욱더 못한다. 그래서 평소에는 거의 다른 곳에 가지 않았다. 그런데 차를 가지고 가면 한 시간이면 되는데 대중교통을 이용하면 2시간 정도 걸렸다. 나는 대중교통을 이용할까 자가용으로 다닐까 고민했다. 그러다 자가운전으로 다니기로 결정했다. 책 쓰기를 배우기 위해서 정말 큰 결심을 한 것이었다. 내 인생의 책을 꼭 한 권 써야 한다는 절박함으로 덜덜 떨면서 분당까지 차를 끌고 갔던 기억이 난다. 지금은 그 길을 몇 년째 아주 자연스럽게 다니고 있다.

사람은 무엇인가 절박함을 느낄 때 드디어 행동하기 시작한다. 나도 절박함을 이용하는 방법으로 책 쓰기를 했다. 나는 데드

라인이 가까워져야 마음이 동해서 행동하게 되는 것 같다. 꼭 해야 하는 것도 마음에서 우러나지 않으면 잘되지 않는다. 먼저 마음을 움직일 수 있게 나 자신을 설득하는 것이 중요한 것 같다. 책을 쓰면서 진정한 나 자신을 알게 되었다. 책 쓰기는 나 자신을 알아 가는 과정이다. 나에게는 내가 생각하지 못한 것들을 이루어 낼 수 있는 힘이 잠재해 있었던 것이다. 나는 평소에 그냥 무엇이든지 못한다고만 생각했다. 그래서 시도조차 하지 않았던 일들이 너무나 많았다. 그런데 책 쓰기라는 목표를 세우고 책 쓰기에 집중했다. 그리고 시간과 열정을 투입했더니 책이라는 결과물이 나왔다.

평소대로 걱정만 하고 행동하지 않았다면 책은 나오지 않았을 것이다. 책을 쓰면서 내가 행동만 하면 무엇이든지 이루어 낼 수 있다는 것을 깨달았다. 내가 생각하고 행동만 하면 무엇이든지 할 수 있고 될 수 있다. 그런데도 그동안 안 된다는 생각으로 시도조차 하지 않았던 나 자신이 부끄러웠다. 행동하기만 하면 무조건 결과가 나타나는데 걱정만 하는 나의 태도가 문제였다. 나는 나의 껍질을 깨고 나와야 한다는 것을 깨달았다. 나는 결국 나를 내려놓는 방법을 터득했다. 그래서 진정한 내 인생의 주인공으로 살아가게 되었다.

나는 내 인생의 주인공이고 내 주변 사람들은 다 나를 위한 배경에 불과하다. 내가 존재하니까 문제가 생긴다. 하지만 나는 그 문제보다 큰 존재이기 때문에 결국에는 다 해결된다. 정말 모든 것이 내가 생각하고 의도한 대로 이루어졌다. 나는 최고의 삶을 영위하고 있다. 나는 유명한 베스트셀러 작가, 코치, 컨설턴트다. 정말 행복하다. 나에게는 이런 행복을 만끽할 충분한 자격이 있다.

책을 쓰니 사람들은 나를 육아전문가로 인정해 주었다. 또한 나는 덧셈육아 코치로서 엄마들의 롤 모델이 되었다. 나는 시간당 강사료를 1,000만 원 받는다. 나는 워낙 유명하니까 1,000만 원 이하는 당연히 거절이다. 나는 그만큼 유명해졌고 나를 섭외하기란 하늘의 별 따기처럼 어렵다. 나는 아이를 잘 키운 엄마로서 세상 사람들의 롤 모델이 되어 각종 방송에서 두각을 나타내고 있다. 그리고 나의 육아방송 프로그램에서 진행을 맡고 있다. 나는 정말 행복하다. 다른 사람들을 도와주고 소통하는 메신저로서의 소명을 이뤄 낸 나의 노력에 박수를 보낸다.

내가 행동만 한다면 무엇이든지 가능했고 될 수 있었다. 나는 네이버 카페의 주인이 되었다. 또한 블로그와 SNS로 나를 브랜딩했다. 어떻게 하면 '김영숙'이라는 상품을 다른 사람에게 고가에 팔 수 있을까 고민했다. 결국 나는 나만의 지식과 경험을 바탕으로 고가의 과정을 만들었다. 1일 특강, 4주 과정, 1:1 컨설팅, 시간당 수백만 원대 강연료라는 시스템으로 나는 월 5,000만 원을 벌게 되었다. 작가로서, 코치로서 현재 나의 조건은 완벽하다. 건물주로서 월세도 받게 되었고 내가 일하지 않아도 수입이 들어오는 시스템을 마련하게 되었다. 그래서 나는 시간적, 경제적으로 여유롭게 되었다.

내가 이렇게 되기까지는 3년도 걸리지 않았다. 무조건 할 수 있다는 믿음으로 나아가다 보니 이렇게 결과가 내가 원하는 대로 되었다. 과정 중에 힘든 일이 일어나기도 한다. 하지만 이것이 성공의 디딤돌이라고 생각하고 정면으로 부닥쳐 이겨 내면 성공의 밑바탕이 된다. 과정이 어떻게 흘러가든 결국 결과는 내가 원하는 대로 이루어진다. 그러니 소신대로 나아가야 한다.

나는 책 쓰기로 나답게 살아가는 법을 배웠다. 나에게 책 쓰기는 나를 알아 가는 과정이었다. 책을 쓰면서 내가 얼마나 소중한 존재인지 깨닫게 되었다. 그리고 나 자신은 무조건 사랑해야 하는 존재라는 것도 알게 되었다. 나 자신을 다른 사람과 비교하면서 하찮은 존재라고 생각하곤 했다. 그러나 나는 나의 존재만으로도 사랑받아 마땅하다는 것을 알게 되었다. 앞으로도 나는 평생 책을 쓰면서 나를 알아 가는 시간을 가질 것이다. 그리고 나답게 살아가는 법을 다른 사람들에게 알려 줄 것이다.

32

아내, 엄마가 아닌
나로서 도전하며 성장하기

김안나 사회복지사, 아동 미술심리 상담사, 육아맘 멘토, 블로그 디자이너, 자기계발 작가, 동기부여가

8세, 5세 딸 둘의 엄마이지만 아직 20대인 여자. 한창 놀 나이에 사랑하는 사람을 만나 일찍 결혼하길 잘했다고 생각한다. 아직까지 남편이 잘생겨 보이는 신혼의 달콤함에 빠져 있다. 아이들과 다니면 이모인 줄 아는 많은 사람들의 눈빛을 받으며 두 딸의 엄마로서 폭풍 성장 중이다. 어느 한순간도 배우지 않는 시간은 없다며 항상 배움의 자세로 나아가고 있다. 열정에 살고 열정에 죽는 여자로, 그리고 도전을 즐기는 엄마로서 아이들에게, 더 나아가 모든 엄마들에게 할 수 있다는 희망을 주고 싶다. 현재 블로그 디자이너로 활동 중이다.

• Blog blog.naver.com/god8814344
• Instagram gim.anna
• C·P 010.9936.4340

나는 일하는 엄마다. 현재 초등학교 1학년과 다섯 살 딸아이를 키우는 워킹맘이다. 아이가 어릴 때까지만 해도 일할 생각조차 못했다. 하고는 싶었지만 이 핏덩어리를 놔두고 일할 용기가 나지 않았다. 그리고 사업하는 남편을 뒀으니 집에서 엄마로서 아내로서 최선을 다하면 나의 의무는 다하는 줄 알았다.

하지만 나의 생활 속에 정작 나, 김안나는 없었다. 하루가 어떻게 가는지도 모르게 나의 20대가 지나가고 있었다. 이렇게 사는 게 당연하다고 생각했다. 우리 엄마가 그러했고 대한민국에서 엄

마라는 이름의 여자들이 사는 대부분의 삶이기에….

하지만 하루하루 늘어가는 공허함은 남편의 사랑으로도 두 딸아이의 미소로도 채워지지 않았다. 언젠가부터 이렇게 살다가 내 생은 끝나는 건가? 그렇다면 조금 억울하지 않은가? 라는 회의가 밀려왔다.

나도 내 일이 하고 싶고 내 삶을 찾고 싶었다. 하지만 나는 방법이라는 걸 몰랐다. 주변의 지인들과 친구들도 결혼하고 아이를 갖게 되면 직장을 그만두고 육아의 길로 접어들었다. 하지만 항상 예외라는 것이 존재하는 법. 내 주변에 단 한 사람, 내가 원하는 삶을 살아가고 있는 사람이 존재했다.

그녀를 안 지 벌써 8년. 언니와 나는 뭐랄까…. 주기적으로 연락하며 서로의 안 보이는 손이 되었다고나 할까? 언니는 내가 필요로 하는 것에 지속적으로 도움을 주고 있었고 나 또한 언니가 필요로 하는 걸 도와주었다. 생김새는 다른 도움이었지만 받은 건 아마 비슷했을 것이다.

그녀는 주기적으로 나에게 꿈을 심어 주었다. 그리고 그녀는 내가 본인의 변화를 지켜보도록 노력했다. 그리고 그녀는 지금 책을 쓰고 유명한 SNS 마케팅 강사가 되었다. 그리고 나는 8년 동안 변했던 나의 모습을 직면할 수 있었다.

나는 아르바이트를 하다 남편을 만났고 대학을 휴학하고 남편과 결혼했다. 내 나이 스물한 살 때였다. 나의 첫사랑 첫째가 우리 부부를 찾아왔기 때문이었다. 첫째는 정말 엄마의 첫사랑이 맞나 보다. 첫째만 생각하면 가슴이 뭉클하고 아련하기까지 하다. 물론 나의 말을 들어주지 않을 땐 세상 밉기도 하지만. 첫째가 세 살이 되던 해, 말괄량이 둘째가 찾아왔다. 그 후 나의 육아는 본격적으로 시작되었다. 아이를 한 명 키울 때와 둘을 키울 땐 차원이 달랐다.

남편은 사업 때문에 육아에 신경 써 줄 겨를이 없었다. 나는 요즘 흔히 말하는 독박육아를 했다. 혼자만의 시간을 갖고 싶을 땐 가끔 남편에게 아이들을 맡기고 카페에서 내가 좋아하는 커피를 마셨다. 처음엔 혼자 있는 시간 자체가 너무 감사했다. 아무것도 신경 쓰지 않고 오직 커피를 마시면서 나의 기분만 생각하며 보낼 수 있으니까.

하지만 이 기분도 잠시. 나는 무언가 공허한 느낌이 들었다. 결국 이 금쪽같은 시간이 나에겐 또다시 무의미해지기 시작했다. 그리고 생각했다. 왜 이런 감정이 들까.

대학에 다닐 때 난 사람들과 이야기하며 만나는 것을 좋아했다. 나는 자연스레 과의 대표를 했었다. 과대표를 하면서는 교수님과 학생들의 손과 발이 되는 데 많은 시간을 할애했다. 그리고 그에 걸맞게 교수님과 학생들은 나의 성실함을 인정해 주기 시작했다. 남들이 보기엔 별거 아닌 직책일 수 있지만 나에겐 엄청난 도전이었다. 이 도전 자체를 좋아했던 나는 그야말로 물 만난 듯

아주 신나게 과대표를 했다.

　매일이 행복했던 나는 항상 사람들의 중심에 있었다. 그러곤 내가 가입했던 동아리의 회장으로 추천까지 받게 되었다. 또 다른 도전을 시작할 수 있게 되었던 것이다. 회장의 첫 번째 일은 바로 신입생을 유치하는 것이었다. 우리 동아리에는 나와는 다르게 내성적인 사람들이 많았다.

　그래서 나는 무조건 신입생을 많이 면접 봐서 동아리가 좀 더 활기를 띨 수 있게 해야겠다는 목표를 세웠다. 신입생을 유치하는 기간엔 밥을 어찌 먹었는지 기억도 나지 않는다. 자취를 해서 집과 학교가 가까웠다. 그래서 거의 동아리 방에서 모든 걸 해결했다고 해도 과언이 아닐 만큼 신입생 유치에 많은 정성을 쏟았다. 많은 노력을 들인 만큼 나의 목표는 성공적이었다.

　동아리 정기모임이 있는 날이면 자리가 부족해 복도에까지 앉아서 회의를 하는 건 부지기수였다. 이렇게 활성화되다 보니 다른 동아리와 소통이 되기 시작했다. 그 결과 우리 동아리의 입지는 점점 커지게 되었다. 있는 듯 없는 듯했던 동아리에서 인지도가 높은 동아리로 급부상한 것이다. 그러다 보니 동아리 선배들의 인정과 칭찬이 쏟아지기 시작했다. 이때의 쾌감은 말로는 다 할 수 없다. 확실한 건 내가 지금껏 살아오며 정말 많은 성장을 한 계기가 되었다는 것이다. 하지만 출산 후 이런 나의 생활이 없어졌다는 생각에 나의 자존감은 점점 낮아졌다. 그러다 보니 공허한 감정이 드는 건 어쩌면 당연했다.

더 이상 나의 자존감이 떨어지는 걸 지켜보기 힘들어 난 첫째를 18개월에 어린이집에 보내기 시작했다. 솔직히 나의 육아 신념과는 맞지 않았다. 아이가 네 살이 될 때까지는 엄마와의 애착을 위해 모든 활동을 같이해야 한다고 생각했기 때문이다. 그런데 막상 내가 엄마가 되니 육아보다는 내 안의 내가 없어질까 봐 마음이 조급했다.

애석하게도 첫째는 내 마음과 달리 아침에 어린이집에 갈 때마다 울었다. 나와 떨어지지 않으려 매달리고 바닥에 드러눕고 아침마다 진을 빼기 일쑤였다. 아이가 어린이집에 다녀오면 나는 왠지 모를 죄책감에 엄마로서 더욱 최선을 다했다. 내 마음을 알아준 건지 아이는 딱 두 달이 지나자 어린이집에 완벽 적응했다. 울지 않는 아이의 모습을 보고 나의 걱정은 정말 바람처럼 가볍게 사라졌다.

그 후 나는 좀 더 여유롭게 언니의 성장을 지켜볼 수 있었다. 열심히 그리고 진정성 있게 SNS 활동을 하며 세일즈를 하는 언니의 모습을 보니 부럽기도 하고 신기하기도 했다. 그 당시엔 지금처럼 휴대전화로 모든 활동을 한다는 것은 말도 안 되는 일이었다. 포털 사이트 자체도 불안정해 보였고 사람들의 소통이 SNS에서보다는 실제 만남에서 이루어지던 시대였기 때문이다. 하지만 언니는 지금처럼 SNS 마케팅이 커질 거라는 확신을 가졌다. 그러곤 꾸준히 그리고 성실히 소통한 결과 지금의 SNS 마케팅 강사 그리고 저자가 되었다.

이 모든 걸 이뤘고 이루고 있는 그녀는 현재 아들이 둘 있는 엄마다. 같은 상황인데도 나와 언니는 인생을 보는 관점이 확연히 달랐다. 나는 아내로서 아이 엄마로서 열심히 살면 그것 또한 내 인생이 될 수 있을 거라 생각했다. 하지만 결혼생활을 하며 아이를 키우다 보니 내가 원하는 건 이게 아니라는 생각이 들었다. 언니처럼 주체의식 있게 자신만의 인생도 챙겨야 한다는 것을 언니의 성장을 통해 깨달은 것이다.

또한 딸을 둘 키우는 나로서는 아이들의 교육을 위해서 나의 일을 한다는 것 자체가 굉장히 큰 의미가 있었다. 아이들이 커서 결혼해도 경력이 단절되지 않고 출산해도 일할 수 있다는 걸 교육시키고 싶었다. 또한 일을 함으로써 자존감을 높이고 스스로 경제력을 키워 나감으로써 사회의 일원으로 행복하게 사는 법을 가르쳐 주고 싶었다.

《엄마의 자존감 공부》에서 김미경 저자는 엄마의 자존감이 곧 아이의 자존감이라고 했다. 그래서 엄마가 행복해야 아이도 행복하다고, 엄마들 먼저 행복해지자고 강조한다. 육아를 8년 동안 하면서 깨달았던 나의 생각과 어쩜 그리 일치하던지….《엄마의 자존감 공부》를 거의 울면서 읽었던 기억이 난다.

그래서 난 언니의 책을 읽으며 꿈을 구체화하기 시작했다. '그래. 나도 변해 보자. 나도 할 수 있다'라는 용기가 생기기 시작했다. 그래서 남편의 전폭적인 지지 하에 학원을 다녔다. 그러곤 6개월 만에 자격증을 취득하고 바로 블로그 디자인 회사에 취직했다. 일 하는 와중에 시간을 쪼개어 일러스트 학원도 다녔다. 주말엔 서 울에서 열리는 강의에 참석하기도 했다. 그리고 어릴 때부터 가졌 던, 나만의 책을 쓰고 싶다는 막연한 꿈을 지금 이 순간 작가로 데뷔하며 이루어 내기 시작한 것이다.

지금 생각해 보면 8년 동안 언니는 내 삶의 멘토였다. 매일 만 나는 사이는 아니었지만 소통할 때면 서로에게 진심으로 다가갔 기에 가능했던 것 같다.

지금 대한민국엔 자신의 꿈을 포기하고 가족의 구성원으로서 조력자의 역할만 수행하는 많은 엄마들, 아내들이 있다. 우리 엄 마 세대엔 그것이 어쩌면 당연했다. 그것이 여자의 삶이라고 생각 하는 많은 사람들이 있었다. 하지만 나는 성장을 위해 용기를 내 어 도전하고 열심히 나아가는 삶을 살고 싶다. 이제 나에겐 막연 한 꿈은 없다. 구체적인 계획만 있을 뿐이다.

아내로서 엄마로서가 아닌 김안나로서 인생의 첫발을 내딛었 다. 앞으로 가야 할 길이 멀 것이다. 하지만 포기하지 않고 지금 이 마음처럼 열심히 나아간다면 어떠한 꿈이든 이룰 수 있을 거 라 믿는다.

33

책을 써 나의 가치를 올리고
세상에 널리 알리기

안로담 한국필라테스코칭협회 대표, 리셋 필라테스 대표, 리셋재활필라테스 마스터 코치, 리셋재활필라
테스 전문가 양성, 청담리프 필라테스 소속 강사, 클래식 필라테스 해부학 교육 강사, 자기계발 작가

두 번의 디스크 탈출과 수술의 경험으로 올바른 운동과 건강한 몸의 중요성을 깨닫게 되었다. 통증으로
힘들어하는 많은 사람들에게 자신의 몸에 대해 정확히 알고 올바른 운동법을 알리는 필라테스 코치로 활동하고
있다. 19년 운동 지도를 통해 얻은 지식과 경험을 바탕으로 세상에 선한 영향력을 펼치는 메신저로서의 삶을
꿈꾸는 필라테스 코치이자 작가이다. 저서로는 《또라이들의 전성시대3》, 《보물지도13》이 있다.

• E-mail resetpilates@naver.com   • Blog blog.naver.com/latingirl00
• Cafe cafe.naver.com/freegoson   • Instagram pilates_rodam.an
• C·P 010.2769.9834

"선생님은 왜 책을 안 쓰세요? 이런 정보, 많은 사람들이 알면
정말 좋을 텐데…"

필라테스 현장에 있다 보면 다양한 사례의 고객들을 만나게
된다. 오랜만에 뛰었는데 발등이 아파서 걷는 게 힘들다는 분, 계
단을 오르내릴 때 무릎이 아프시다는 분, 장시간 컴퓨터 업무 후
손목과 어깨가 아프시다는 분, 오래 앉아 있으면 허리가 아프다
는 분, 두통이 심하시다는 분 등 아주 다양하다.

고객들은 왜 통증이 일어나는지 이유를 알고 싶어 한다. 나는

이해하기 쉽게 상세히 설명해 드린다. 거의 준전문가 수준으로 말이다. 고객들은 어떤 운동 지도자를 신뢰하고 좋아할까? 자신의 몸에 대해 깊이 있게 이해하고 근육 쓰임을 잘 느끼게 해 주는 강사를 원한다. 나를 필요로 하는 사람들에게 나의 존재를 알리려면 어떻게 해야 할까?

나는 어릴 적부터 춤추는 것을 좋아했다. 2013, 2014년 2회 연속 살사 컨피티션에 참가해 단체전 2위, 1위라는 영광을 안았다. 살사 대회를 위해 체력과 몸을 만들려고 웨이트 트레이닝을 시작했다. 그러던 어느 날, 무거운 무게로 스쿼트를 하다 허리를 삐끗했다. 워낙 허리 통증을 달고 살았기 때문에 '이러다 괜찮겠지'라고 생각했다.

수업과 살사 연습, 개인 운동까지 몸을 혹사시킨 탓에 통증은 극심해졌다. 대회 출전을 포기하고 싶어도 그럴 수 없었다. 파트너는 이 대회를 위해 몇 년을 준비해 왔기 때문이다. 유명한 한의원에 가도 소용없었다. 도수 치료를 받고 신경 주사를 7회나 맞았음에도 통증은 더해 갔다. 날카롭게 찌르는 통증 때문에 죽고 싶다는 생각을 할 정도였다. 정신력으로 대회를 치르고 우승을 거머쥔 그날! 그동안 고생했던 시간들이 오버랩되면서 나는 한참을 울고 또 울었다.

그로부터 두 달 뒤 길을 걷는데 복숭아뼈 바깥쪽에서 '툭' 하는 소리가 들렸다. 그러고는 허리가 비틀어져 버렸다. 15년 전에 수술한 요추 위의 디스크가 또 터져 버린 것이다. 병원에서는 수술하자고 했지만 그럴 수는 없었다. 유명하다는 정형외과에 입원해 고주파 시술을 받았다. 허리라도 똑바로 펴는 게 소원이었기 때문이다. 시술 후 허리는 펴졌지만 여전히 발바닥까지 뻗치는 신경 통증은 호전되지 않았다. 도수치료, 운동치료도 허사였다.

난 자괴감이 들었다. 운동을 가르친 지 19년이나 된 내가 내 몸 하나 컨트롤하지 못한다는 사실을 받아들이기 힘들었다. 병원만 믿고 있어서는 안 되겠다는 생각이 들었다. 그때부터 '내 몸은 내가 재활한다'라는 절실함으로 주말마다 재활 교육을 들으러 다녔다.

디스크 환자는 오래 앉아 있는 것 자체가 고통이다. 장시간의 교육이 너무 힘들었지만 좋아지리란 희망을 갖고 열정을 불태웠다. 목숨 걸고 재활 공부에 매달렸다. 절실함으로 재활 필라테스의 임상을 만들어 갔다. 내 몸이 서서히 좋아지기 시작했다. 신경 통증이 사라지면서 두 다리에 체중을 실을 수 있게 되었다. 나를 괴롭히던 오른쪽 둔부와 허리 통증이 사라지기 시작했다. 내 의지와는 상관없이 기억을 잃어버린 엉덩이 근육을 쓸 수 있게 되었다.

내가 겪었던 경험과 임상 덕분에 다양한 통증을 가진 고객 또한 호전되었다. 그것은 고객의 만족도로 이어졌다. 고객의 만족은 재등록으로 연결되었고 곧 매출로 직결되었다. 고객들이 나에게 필라테스 레슨을 몇 년째 받고 있는 이유다.

실력이 있으면 사람들이 찾아올 것이라는 생각은 나만의 착각이었다. 나를 드러내지 않으면 아무도 알아주지 않는다. 나의 경험과 지식을 세상에 알리려고 해도 나를 모른다면 콘텐츠는 인정되지 않는다. 그렇다면 세상에 나를 알려 가치를 높일 수 있는 방법은 무엇일까?

바로 책이다. 책이야말로 퍼스널 브랜딩 할 수 있는 최고의 도구다. 시대가 변했다. 유명인들만 책을 쓰는 것이 아니다. 누구나 자신의 경험과 노하우가 있다면 책을 쓸 수 있다. 내가 어린 시절부터 허리가 왜 아팠는지, 아프지 않고 건강하게 살기 위한 운동은 어떻게 해야 하는지 알려 주고 싶어졌다. 나와 같은 시행착오를 겪지 않았으면 하는 바람 때문이었다. 필라테스 현장에서 겪었던 여러 사례들은 누구에게나 해당될 수 있다. '내가 알고 있는 지식과 경험이 누군가에게는 큰 도움이 되겠구나!'라는 생각이 들었다. 이런 깨달음이 책을 써야겠다는 확고한 목표로 바뀌었다.

나는 재활 필라테스계의 최고가 되고 싶다. 최고의 전문가로서의 깊이를 더하기 위해 최근에는 세계적으로 유명한 브렛 하워드의 클래식 필라테스 과정을 다시 배우기도 했다. 몇 년간 재활 공부에 투자한 돈이 수천만 원이 훨씬 넘는다. 자신의 전문성을 키우기 위해서는 돈을 아끼지 말아야 한다. 자신에게 투자하지 않는 순간 퇴보한다. 특히 인체를 다루는 직업군에 종사하는 사람들은 더욱더 공부를 게을리해서는 안 된다. 완벽한 시기란 없다. 이제는 나만의 결과물을 만들어 내야 할 타이밍이다. 내 이름으로 된 저서로 나의 지식을 필요로 하는 사람들에게 나누어 주어야 할 때인 것이다.

"최고가 되려면 최고에게 배워라. 돈을 아끼기보다 시간을 아껴라!"

요즘 내 인생의 화두다. 〈한책협〉의 김태광 대표 코치의 말이다. 김태광 대표 코치는 20년간 200여 권의 저서를 쓴 대한민국 최고의 책 쓰기 코치다. 앞이 보이지 않는 절망적인 상황에서도 자신의 꿈인 책 쓰기를 멈추지 않았다. 그는 항상 '끝에서 시작하라'라는 가르침을 주었다. 그 속에서 이미 작가가 되었음을 확신하며 나는 책 쓰기에 매진했다. 그러고는 보란 듯이 성공했다.

나는 최고의 책을 쓰기 위해 최고를 선택했다. 망설일 시간이 없다. 할까 말까 고민하는 사이 성공의 문은 저 멀리 사라지기 때문이다. 빨리 갈 수 있는 길이 있는데 왜 둘러 가겠는가? 19년 경력이 쌓이는 동안 내 이름으로 된 저서가 없었다는 건 부끄러운 일이다. 이제는 숨어 있는 고수로 지내고 싶지 않다. 간절한 욕망은 강한 행동력을 낳는다. 책 쓰기를 배운지 몇 달 만에 공저 3권이 출간될 예정이고 현재 개인저서를 집필 중이다.

작가로서의 삶을 살기로 한 순간부터 내 인생은 달라졌다. 책 읽는 독자에서 책 쓰는 작가로 바뀌었다. 춤추었던 무대에서 멋지게 강연하는 무대로 꿈이 바뀌었다. 미래에 대한 불안감이 설렘으로 바뀌었다. 시간당 노동 수입이 아닌 가치 수입으로 부를 이루게 될 것임을 확신하게 되었다. 그렇기 때문에 작가, 코칭, 강연가로서의 인생 2막이 너무 기대된다. 나의 경험과 지식이 다른 누군가의 삶을 변화시킬 수 있다는 것, 너무나 가슴 뛰는 일 아닌가!

나같이 평범한 사람이 더 넓은 세상에서 성공하기 위해선 나만의 무기가 필요하다. 학위 스펙이 아니라 자신만의 스토리와 메시지를 담은 '저서 스펙'이 있어야 한다. 책은 세상에 나를 알리는 최고의 브랜딩 도구다. 다른 누군가 할 수 있다면 나도 할 수 있다. 책은 나를 대신해 나의 가치를 올려 주는 아바타다. 이 아바타가 돈의 선순환 구조를 만드는 시스템의 시발점이 될 것이다. 오늘도 나는 어제보다 나은 내일의 성공을 위해 키보드를 두드린다. 나는 재활 필라테스 최고 전문가로 거듭나고 부를 이룬다. 이미 이루어졌음을 확신한다!

책을 써 더 많은 기회를 끌어당기는 최고의 삶 경험하기

이승희 '행복드림센터' 대표, 동기부여 강연가, 인생 코치, 자기계발 작가, 희망 멘토

꿈과 희망을 전해 주는 강연가로 활동하고 있으며, 자신을 변화시킨 비법과 마인드 컨트롤 방법을 공유하며 사람들에게 동기부여를 하고 있다. 더 많은 이들이 꿈과 희망을 가지고 살아가기를 진심으로 바라면서 꿈과 희망의 메신저로서 전국을 다니며 강연 활동을 하고 있다. 저서로는 《우리가 살아가는 하루하루가 기적이다》 등 5권이 있다.

• E-mail lhd512@naver.com

"책을 쓴 후 삶이 바뀌기 시작했어요. 전에는 전혀 경험해 보지 못한 일들이 일어나고 있어요."

"남들 이야기인 줄 알았던 이 모든 일들이 제게도 일어나다니. 요즘 삶의 보람을 느낍니다."

이제 막 책을 출간한 사람들의 말들이다. 책을 쓴 사람이라면 누구나 책의 파워에 대해 잘 알고 있다. 책 출간 후 저자에게 어떤 긍정적인 영향이 미치며, 인생이 어떻게 달라지는지 직접 경험한 사람들이다. 칼럼 기고와 강연 요청이 줄을 잇고, 방송 출연을

하는 이들도 있다. 이뿐만이 아니다. 그동안 수동적으로 살던 삶과는 달리 주도적인 삶을 살게 되면서 일상에 활력이 넘친다. 사람들이 바라보는 시선은 물론 자신의 삶이 바뀌었으니 말이다.

무엇보다 책을 통해 얻을 수 있는 가장 큰 기회는 바로 강연이다. 평소에 강연가라고 하면 대학교수나 유명인사들의 전유물쯤으로 여기는 경우가 많다. 하지만 책을 쓰면 그것이 나의 일이 된다. 북한에서는 꿈도 꿀 수 없는 일들이 나에게 일어나고 있다.

나는 《우리가 살아가는 하루하루가 기적이다》를 출간하고 강연가, 자기계발 작가, 동기부여가, 희망 멘토로 활동하고 있다. 대학교에서 꿈과 희망을 전해 주는 강연가로 활동하고 있다. 초·중·고등학생, 일반인들을 대상으로 전국을 순회하면서 통일강연도 하고 있다. 가슴은 기쁨으로 사정없이 설렌다. 삶은 점점 더 분주해지고 열광적이 되어 간다.

과거에 나는 평범한 주부였다. 하지만 지금은 그때와 현저히 달라졌다. 무엇보다도 밥벌이를 위해 억지로 하는 일이 아닌, 내가 원하는 일을 하기 때문에 사는 게 즐겁다. 지극히 평범했던 내가 책을 쓸 수 있었던 것은 글솜씨가 뛰어나서가 아니었다. 그렇기보다는 단지 용기와 실행력이 있었기 때문이다.

솔직히 나는 문학하고 거리가 먼 사람이었다. 지금도 많은 공부를 한다. 하지만 인문학 강의나 문학 강좌가 있을 때마다 무의식적으로 '저 강의는 나하고 관계없어' 하고 외면하기 일쑤였다. 그런 내가 책을 쓸 수 있었던 것은 북한에서 억울하게 당한 고통과 설움을 글로 표현하고 싶었기 때문이다.

북한은 나의 삶에서 가장 어둡고 괴로운 시절을 보냈던 곳이다. 삶은 나를 부당하게 짓누르고 있었다. 김일성은 주체사상이라는 이름으로 모든 사람들을 자기네들의 뜻에 따르도록 강요했다. 나는 북한당국이 시키는 일 말고는 어디에도 쓸모없는 사람이었다. 숙명으로 받아들이며 가슴엔 맹목적인 순종과 복종이 가득 채워졌다.

살아가는 게 뭐 하나 특이한 것도, 즐거운 것도 없었다. 앵무새처럼 그들의 말을 되받아 외쳐야 했다. 때로는 로봇처럼 그들이 시키는 일만 해야 했다. 똑같은 생각의 반복이 모든 일의 운명이 되어 버렸다. 하지만 누구 하나 그와 같은 상태를 바꾸려 하지 않았다. 이 땅에 살고 있는 수많은 사람들이 살아가는 방법이기도 했다. 사람들은 오래전부터 그런 상황에 길들여지고 자신들의 처지에 익숙해진 것이다.

'내가 설 자리는 어딘가?'라는 생각을 골백번도 더 해 봤지만 내가 설 자리는 없었다. 북한에서 내가 갖고 있는 권리는 굶어 죽을 권리밖에 없었다. 개, 돼지 새끼만도 못한 삶을 살아가고 있었다.

나는 결코 바보도, 짐승도 아니다. 가치 있는 인간으로 살기를 원하는 엄연한 인간 그 자체다. 하지만 북한에서는 뭔가 자부심을 가질 만한 것이라곤 하나도 없었다. 빈곤과 굶주림이 바로 내가 죽어라 노동해서 받은 대가였다. 나는 탈출구를 찾아 분주히 돌아다니기도 했다. 하지만 김일성 일가(一家)의 발아래 뭉개져 버린 내 청춘, 죽도록 매질당한 젊은 열정, 인간적 가치를 인식하지 못할 정도로 그렇게 타락하고 있었다. 나 자신이 그렇게 가여울 수가 없었다.

허구한 날 굶주린 배를 채우기 급급하고, 꿈도 없고 삶의 기쁨조차 모르는 비참한 삶을 살았다. 인간적 가치를 위해 투쟁할 권리를 박탈당한 사람들의 세상이었다. 지난날 사회주의 정권 하에서 이렇게 평범하게 살아왔지만, 미래를 평범하게 살아야 할 이유는 없었다.

내 인생은 나의 것이지, 너의 것이 아니야! 시간은 한정되어 있다. 더 이상 다른 사람의 인생을 사느라 낭비할 시간이 없었다. 나는 열심히 일하고 부족한 생활비를 절약하면서 돈을 모으면 성공하는 줄 알았다. 공산사회에서 살아온 내가 치열한 경쟁사회에서 밀리지 않기 위해 앞만 보고 열심히 달려왔다. 하지만 그 삶이 나에게 가져다주는 것은 아무것도 없었다.

문학하고 거리가 멀다는 이유로 몇 년 동안 미뤄 왔던 책 쓰기를 하겠다고 마음먹었다. 하지만 책을 어떻게 써야 할지 막막했다. 처음 며칠은 책을 쓸 엄두조차 내지 못했다. 대필이라도 해서 책을 내고 싶었다. 나는 그때까지 글을 써 본 경험이 없었다.

그러던 어느 날 책 쓰기에 관한 책을 보게 되었다. 그 책을 보면서 나는 책을 써야겠다는 확신을 가졌다. 그러곤 차근차근 준비해 나가기 시작했다. 처음에는 문학 강좌부터 시작해 스토리텔링에 이르기까지 다양한 글쓰기 강좌를 이수했다. 그렇게 무려 3년 동안 글쓰기 공부를 했지만 책 쓰기는 점점 미궁 속으로 빠져들었다.

그러다 〈한책협〉을 알게 되었다. 나는 글쓰기를 하면서 어느 하루도 시간을 허투루 사용하지 않았다. 글쓰기에 타고난 재능은 없지만 현재에 최선을 다해 글을 쓰다 보니 어느덧 나는 6권의 책을 낸 저자가 되어 있었다. '책을 쓰는 사람은 따로 있다'라고 생각했던 내가 책을 쓸 거라고는 상상도 못했다. 나는 글쓰기를 하면서 지금껏 알지 못했던 많은 것들을 깨닫게 되었다. 성공하려면 성공한 사람처럼 생각하고 행동해야 된다는 것이다.

사람들은 누구나 성공한 삶을 살아가기를 꿈꾼다. 하지만 현실은 그리 녹록지 않다. 누구나 야근과 육아로 365일 지친 삶을 살 수밖에 없는 시간적 제약에서 탈출해 여유롭고 행복한 삶을 살고 싶어 한다. 하지만 그러한 삶을 위해 구체적인 계획을 세우고 실천하는 사람은 많지 않다. 대부분의 사람은 잘나가는 사람들을 부러워만 할 뿐, 자신이 그 주인공이 되리라고는 생각지 않는다.

명성은 스스로 만드는 것이다. 《집회서》 주해서 7:1~4에는 이런 글이 있다.

"모든 사람은 세 개의 이름을 갖고 있다. 하나는 부모가 준 이름이고, 다른 하나는 다른 사람들이 부르는 이름이며, 마지막 하나는 스스로 성취한 이름이다. 스스로의 노력으로 만들어 낸 이름은 주어진 이름보다 훨씬 더 가치가 있다."

스스로 창조함으로써 기회가 나를 찾아오게 만들면 된다. 지금 많은 사람들이 회사에 다니면서 책을 쓰기 시작했다. 그들은 시간을 아껴 책을 써 더 많은 기회를 누리려고 한다. 책 쓰기는 특정 인물만 하는 것이 아니다. 누구나 할 수 있다. 책을 쓰면 우리가 알지 못했던 다양한 기회가 찾아온다. 지금까지와는 다른 인생을 경험할 수 있다. 스스로를 돌아보았을 때 평범한 삶을 살아가고 있다는 생각이 들면 반드시 책을 써라. 책을 써서 더 많은 기회를 끌어당겨라. 경험과 지식을 다른 사람들에게 나누어 주고 그로 인해 돌아오는 기회를 붙잡는 최고의 삶을 경험하라.

지난날 나는 거짓된 삶에 모욕만 받아 왔다. 그랬던 내가 지금 당당하게 대중 앞에 나서서 꿈과 희망을 이야기하는 강연가, 선한 영향력을 주는 메신저로 살아가고 있다. 앞으로 나의 저서는 나를 세계 곳곳으로 안내할 것이다. 그리고 각계각층의 사람들을 만날 수 있도록 이끌어 줄 것이다. 지금보다 나은 삶을 꿈꾼다면 반드시 자기 이름으로 된 책을 펴내라. 내가 그러했듯이 여러분도 할 수 있을 것이다!

35

책 쓰기로 내 삶의 주인 되기

안세영 **한국자존감코칭연구소 대표, 강연가, 자존감 성장 코치, 자기계발 작가**

기업교육 강사로 활동하다 쌍둥이 출산 후 7년간 경단녀로 있었다. 쌍둥이 육아를 통해 자존감의 중요성에 눈을 뜨게 되었다. 한국자존감코칭연구소를 운영하며, 많은 사람들의 자존감을 높이고, 내면의 가능성과 잠재력을 발견해 행복한 삶을 살아갈 수 있도록 도움을 주는 일을 하고 있다. 특히 엄마와 아이의 자존감을 세우는 일에 주력하고 있다. 저서로는 《또라이들의 전성시대3》, 《버킷리스트16》 등이 있으며 현재 엄마의 자존감을 주제로 한 저서의 출간을 준비하고 있다.

과거에 난 책을 쓰는 사람은 따로 있다고 생각했다. 사회적으로 성공한 위치에 있거나 내세울 만한 특별한 무언가 있는 사람들만 책을 쓰는 거라고 말이다. 그런데 요즘은 시대가 달라졌다. 자신의 분야에서 자신의 전문성을 확고히 하기 위해 책을 쓴다. 자신을 차별화시켜 퍼스널 브랜딩 하기 위해 책을 쓴다. 크게 내세울 만한 스펙이 없어도 엄청난 사회적 성취가 없어도 책을 쓸 수 있다. 자신의 이름으로 된 책 한 권이 다른 어떤 것보다 자신을 브랜딩 할 수 있는 최고의 스펙이다.

나의 남편은 프리랜서로 일하는 산업교육 강사다. 남편이 몇 년 전부터 귀가 닳도록 "올해는 기필코 책을 써야겠어."라고 말했다. 자신의 저서가 있는 강사와 없는 강사의 몸값은 확연히 차이가 난다. 남편은 충분한 강의 역량을 갖추고 있다. 하지만 컨설팅 회사로부터 받는 강사비는 강의를 시작했던 15년 전이나 별반 차이가 없다. 아니, 오히려 점점 경쟁이 치열해져 강사비가 더 낮아진 듯하다. 그러다 보니 처음에 강의를 시작할 때의 소명감은 잊고 '생계형 강사'가 되고 있는 것 같아 안타깝다.

나는 얼마 전부터 남편을 도와주기 시작했다. 매일매일 영업용 전화를 했다. 그리고 발품을 팔며 돌아다녔다. 그런데 시간이 가도 성과가 나오지 않자 '내가 뭔가 삽질만 하고 있는 건 아닐까?'라는 생각이 들었다. 그래서 다시 원점에서 생각해 봤다. '이렇게 계속 돌아다니다 보면 언젠가 되는 걸까? 어떻게 하면 고객이 우리 상품을 믿고 선택하게 할 수 있을까? 어떻게 하면 나와 내가 파는 상품의 경쟁력을 부각시킬 수 있을까? 지금 잘나가는 강사들과 최고의 영업사원들은 어떤 방식으로 일하고 있을까?'

그런 고민들을 하다 보니 시간이 좀 걸리더라도 마케팅 공부부터 해야겠다는 생각이 들었다. '어떻게 하면 나 자신과 내가 파는 상품에 대한 신뢰감을 형성할 수 있을까? 어떤 시장을 중점 공략해야 할까? 어떻게 하면 상품을 차별화해서 부각시킬 수 있을까?' 고민하다 퍼스널 브랜딩의 중요성에 눈뜨게 되었다. '고객이 나를 알고 먼저 찾아오도록 하는 것', 그것이 필요했다.

남편의 바람대로 책부터 쓰는 게 브랜딩 작업의 시작이다. 그리고 SNS를 활용한 마케팅 방법으로 이어진다. '검색되는 사람이 되는 것' 그것이 퍼스널 브랜딩의 핵심이다. 그런데 남편의 책 쓰기는 자꾸만 삶의 우선순위에서 밀려나고 있었다.

그러던 차에 인터넷에서 〈한책협〉이라는 책 쓰기 카페를 알게 되었다. 처음에는 남편에게 뭔가 유용한 팁을 주기 위해 알아보았다. '어떻게 하면 남편이 가진 전문성과 지식을 활용해 빨리 책을 쓰게 할 수 있을까?'

카페에 가입하자마자 엄청난 환영 댓글을 받았다. 카페가 엄청나게 활성화되어 있고 느낌이 좋았다. 얼마 후에 책 쓰기 〈1일 특강〉을 한다고 해서 일단은 내가 가 보기로 했다. 그렇게 〈한책협〉을 알게 되고 김태광 대표 코치님을 만날 수 있었다. 그런데 바로 그날이 나의 운명이 바뀌는 날이 될 줄이야. 그날 이후로 내 인생이 달라졌다고 한다면 약간 오버일까.

"평범한 사람일수록 책을 써야 합니다. 평범한 사람일수록 책을 써야 사회에서 인정받고 성공할 수 있습니다. 끝에서 시작해야 합니다. 자기계발 아무리 하면 뭐 합니까? 남는 게 뭐가 있습니까? 책 백날 읽어도 뭐가 달라집니까? 배움을 돈으로 바꾸는 기술을 배워야 합니다. 책만 읽지 말고 책을 쓰는 사람이 되세요.

누구나 다 책을 쓸 수 있습니다. 언제 성공한 다음에 책을 씁니까? 책을 써야 사회에서 인정받고 성공할 수 있습니다."

모든 강의 내용이 구구절절 가슴에 콕콕 박혔다. 강의 한마디 한마디를 놓칠 수가 없었다. 나는 강의를 들으며 내 심장이 뛰는 것을 느낄 수 있었다. '꼭 남편을 기다려야 하나? 내가 하면 안 되나? 정말로 가능하다고? 경력단절이 길고 특별한 사회적 위치가 없는 나도 할 수 있다고?' 그렇다면 내가 하고 싶었다.

내 안의 내가 "세영아, 기회가 왔을 때 잡아. 인생은 한 번뿐이잖아. 소중한 내 인생을 위해 새로운 도전을 한번 해 보자. 책 쓰기에 나를 던져 보는 건 어때?"라고 말해 왔다. 그렇게 나는 무엇에 홀린 듯 〈책 쓰기 과정〉을 시작했다.

나는 현재 《버킷리스트16》이라는 공저를 쓰고 있고 개인저서도 준비하고 있다. 얼마 전까지만 해도 내가 이렇게 책을 쓸 수 있을 거라곤 생각지도 못했다. 내가 작가가 되었다는 생각만으로도 기분이 짜릿해진다. 책을 쓰면서 내 삶에 많은 변화가 일어났다.

먼저, 아침에 일어날 때마다 설레는 마음으로 일어나게 되었다. 새로운 꿈이 생겼기 때문이다. 이제 난 경력단절 여성에서 꿈을 가진 사람이 되었다. 작가라는 새로운 꿈을 꾼다. 꿈을 이루고 누군가에게 내가 꿈이 될 수 있다는 생각이 나를 기쁘게 한다. 꿈을 갖게 되면서 알았다. 참 많은 시간 동안 내가 꿈 없이 살았다는 것을. 꿈이 있다는 게 내 가슴을 얼마나 두근거리게 하는지를. 그리고 꿈이 있는 사람이 사는 세상은 완전히 다르다는 것을 말이다.

둘째, 크고 명확한 꿈을 갖게 되었다. 일단 자기 이름으로 된 책을 쓰면 그로 인해 여러 가지 가능성들이 열린다. 강연가, 칼럼가, 코치, 1인 사업가로 변모할 수 있다. 스스로를 브랜딩하면서 다양한 기회를 창출하게 된다. 나는 2020년까지 10권의 저서를 쓴 베스트셀러 작가가 되겠다는 크고 명확한 목표를 세웠다.

셋째, 시간을 효율적으로 사용하게 되었다. 꿈이 있는 사람은 시간을 낭비하지 않는다. 흘러서 지나가 버리는 시간을 꼭 붙잡아 알차게 채워 넣게 된다. 나는 하루하루 매시간 자투리 시간들을 활용해서 내 꿈에 투자하게 되었다.

넷째, 나를 더 이해하게 되었다. 내가 쓰고 싶은 책의 주제를 찾기 위해 나의 삶 전체를 돌아보고 성찰하게 되었다. 그 과정에서 나는 어떤 생각을 하며 살아왔는지, 나의 주된 관심사가 무엇인지, 나의 강점과 고유성은 무엇인지 파악하게 되었다.

다섯째, 훨씬 더 긍정적이고 건강한 사람이 되었다. 목표가 분명해지자 나는 더 활기차고 긍정적이 되었다. 그리고 목표를 이루고자 건강에 더 신경 쓰게 되었다. 나는 원래 달리기하는 것을 좋아한다. 책을 쓰면서 어떻게든 짬을 내어 더 많이 달리게 되었다. 몸이 건강해야 내가 원하는 꿈에 다가갈 수 있기 때문이다.

책을 쓰기 시작하면서 내 삶의 많은 것들이 달라졌다. 내 이름으로 된 저서가 세상에 나온다면 얼마나 더 달라질지 벌써부터 가슴이 두근거린다. 나는 책을 쓰는 게 너무 좋다. 책 쓰기는 최고의 자기계발이다. 책을 쓰는 것은 내면과의 만남이자 자신과의 소통이다. 책을 쓰는 것은 내 삶의 주인이 되는 최고의 선택이다. 책을 쓰는 것은 작은 나를 넘어서 사회에 선한 영향력을 줄 수 있는 가장 강력한 방법이다. 이제 난 독자에서 저자가 되기를 선택했다. 내가 그동안 배우고 느끼고 경험한 모든 것들을 돈으로 바꾸는 삶을 살겠다고 결심했다.

당신도 나처럼 작가가 될 수 있다. 책을 쓰고 싶은 마음이 있어서 이 책을 보고 있으니 당신도 이미 작가의 반열에 올라선 것이다. 자신의 이름 뒤에 작가님이라는 호칭을 붙여서 불러 보라. 나처럼 설레고 가슴이 뛴다면 당신도 충분히 할 수 있다.

우리는 딱 한 번뿐인 인생을 살고 있다. 그리고 세상에 단 한 사람만이 자신을 일으켜 자신이 원하는 삶을 만들어 갈 수 있다. 그것은 바로 자기 자신이다. 오로지 자기 자신만이 스스로를 다시 일으켜 세울 수 있다. 매일매일 자신을 사랑하고 자신을 일으키는 당신이 될 수 있기를 마음을 다해 응원한다.

36

책 쓰기로 나와 마주하고
삶의 방향 정하기

설미리   '카드뉴스마케팅코칭협회' 대표, 카드뉴스 마케팅 전문가, 콘텐츠 기획 전문가, 1인 기업가, 동기
부여 강연가

카드뉴스 마케팅 전문 코치로 활동하고 있다. 온라인 마케팅을 오랜 기간 해 오면서 '콘텐츠'의 중요성을 알게
되었다. 콘텐츠 기획과 제작에 어려움을 겪는 사람들에게 한 번 배우면 평생 써먹는 돈 버는 기술을 알려 주고
있다. 또한 꿈을 현실로 만드는 드림워커의 삶을 그려 가고 있다. 시련과 고통을 이겨 내고 극복한 자신의
경험이 누군가에게는 힘이 되고 꿈이 되는 삶을 기리기 위해 선한 영향력을 끼치는 메신저가 되기로 했다.
자신의 경험과 지혜가 이들의 삶에 영향을 준다는 사실에 가슴 뛰고 행복해한다.

• Blog blog.naver.com/seolmiri131   • Instagram sseolluv
• C·P 010.6660.2080

나는 책을 써서 인생을 역전한 여자다. 당장에 어떠한 수익이
어마어마하게 생긴 것은 아니다. 대신 나는 내면의 풍요와 외적
인 변화를 얻었다. 이것이 나의 인생 역전 비결이다. 책을 쓰기 전
나는 무척이나 어두운 사람이었다. 주위 사람들은 "오늘 안 좋은
일 있어? 화났어?"라고 나에게 자주 물어 왔다. 나의 영원한 스승
이자 내가 책 쓰기 코칭을 받고 있는 〈한책협〉의 김태광 대표 코
치도 내게 표정이 어둡다고 말했다. 그는 내게 "어두운 표정은 음
(陰)이야. 음은 크게 성공하지 못한다."라고 덧붙여 조언했다.

나는 적잖은 충격을 받았다. 왜냐하면 나의 감정에는 아무런 변화가 없었기 때문이다. 나의 감정은 좋은 것도 싫은 것도 없었다. 그럼에도 불구하고 사람들이 내게 표정이 어둡다고 하니 '과연, 정말 내 표정이 어두운가?'라는 생각이 들었다.

나의 친정은 전라남도 해남이다. 서울에 살고 있는 나는 친정집에 갈 때면 엄청난 스트레스를 받는다. 왜냐하면 자동차로 이동할 경우 왕복 10시간 이상이 소요되기 때문이다. 고작 18개월밖에 안 된 아들을 데리고 친정집에 가려면 큰 결심이 필요하다. 나는 고생길을 자초하고 싶지 않다. 나의 친정 부모님은 거리가 멀어 자주 못 보는 손자를 그리워하신다. 그래서 아들과 함께 친정 부모님과 영상통화를 자주 한다.

여느 때와 다름없이 친정 부모님과 아들이 신나게 영상통화를 한다. 나의 아들은 친정 부모님께 어린이집에서 배운 율동과 애교를 부리기 시작한다. 아들의 재롱에 친정 부모님의 웃음이 끊이지 않는다. 5분여간의 영상통화를 종료했다. 나는 영상통화 종료 후 사진 한 장을 보게 되었다. 친정 부모님에게 신나게 재롱부리던 아들이 휴대전화 버튼을 잘못 눌렀는지 영상통화할 때의 나의 얼굴이 캡처되어 있었다.

그 캡처된 내 사진을 보고 나서 알게 되었다. '아! 내가 굉장히 우울해 보이는구나… 화가 난 사람 같기도 하네… 세상의 모든 힘듦과 시련은 다 가진 것처럼 어둡네…'라고 말이다. 나는 주위 사람들이 내게 표정이 어둡다고 한 말을 뒤늦게 이해했다.

나는 당장에 거울을 보게 되었다. 나의 얼굴을 보고 있자니 어색함이 몰려왔다. 억지로 웃어 보기도 하고 혼잣말도 해 보았다. 내가 봐도 나의 표정은 굉장히 부자연스러웠다. 나는 답답해지기 시작했다. "아니, 나는 아무런 감정 변화도 없는데 사람들은 왜 내게 표정이 어둡다고만 하는 거야?"라고 내게 반문했다. 나는 변화하고 싶었지만 그 변화된 모습이 내 눈에 만족스럽지 않았다. 나는 의도적으로 '어떻게 해야 표정이 밝아질 수 있을까? 어떻게 하면 표정이 밝은 사람이 될 수 있을까?' 고민했다. 그리고 곧 정답을 찾을 수 있었다.

나는 광고대행사에서 3년 차 과장으로 일했다. 나는 이 일에 큰 매력을 느끼고 있었다. 내가 기획한 제안서가 통과되고 그것을 수주하게 되었을 때 더할 나위 없이 뿌듯했다. 나는 내 몸이 부서질 정도로 열심히 일했다. 나의 업무는 퇴근 후에도 계속되었다. 하루 2시간 자고 출근하는 일이 허다했다.

그렇게 나는 열심히 일했다고 자부했지만, 회사의 평가는 정반대였다. 회사는 야근을 강요하고 술자리에 참석해 나를 어필하길 원했다. 나는 억울했다. 나는 워킹맘으로서 나의 역할에 충실하고자 했다. 그래서 밤잠도 아껴 가며 열심히 일했다. 그러나 나의 업무 능력을 긍정적으로 평가하는 것이 아니라 업무시간 외의 활동을 강요하는 현실이 서글펐다.

나는 이 모든 것들이 싫어졌다. 나는 평소 눈물을 잘 흘리지 않는 사람이었는데 어느 날부터 허구한 날 눈물을 쏟았다. 삶의 의욕마저 없어졌고 모든 일에 흥미를 느끼지 못했다. 그렇게 나는 하루하루를 버텨 내며 회사를 다녔다. 어느 날 너무 힘든 나머지 나와 같은 워킹맘인 친한 언니에게 연락했다. 그리고 나의 상황에 대해 상담을 요청했다.

나의 이야기를 듣고 언니는 내게 "미리야, 그거 우울증 같은데? 나도 우울증이 와서 심리치료도 받았었어."라고 하는 것이었다. 그렇다. 내게 우울증이 찾아온 것이었다. 나는 혼란스러웠다. 어떻게 해야 할지 막막했다. 심리치료를 받았다는 언니의 조언이 있었지만 나는 그것마저 거부했다. 왜냐하면 '우울증 치료를 위해 심리치료가 최선인 걸까?'라는 반문을 하게 되었기 때문이다.

나는 여자가 봐도 멋진 여자를 동경한다. 내가 생각하는 멋진 여자는 자신의 꿈을 놓치지 않고 항상 도전하는 여자다. 그래서 나는 〈한국SNS마케팅협회〉 신상희 대표를 좋아한다. 나는 그녀의 블로그를 자주 방문했다. 어느 날 내 눈에 들어온 글 하나가 나의 눈시울을 뜨겁게 만들었다. 그리고 그 글을 적어 둔 신상희 대표가 고마웠다. 그 글은 바로 '우울증 극복기'였다. 그녀는 자신이 우울증을 앓았던 것, 우울증을 스스로 극복한 스토리를 블로

그에 적었다. 나는 그녀의 블로그를 통해 그녀가 우울증을 앓았다는 것을 알았다.

우울증을 앓는 상황임에도 그녀는 꿈을 위한 도전에는 적극적이었다. 그래서 그녀가 우울증을 앓았다는 것은 상상조차 하지 못했다. 나는 그녀의 블로그를 통해 그녀가 변화되는 과정을 확인했다. 내가 만약 그녀와 같은 상황이었다면, 나는 견디지 못할 만큼 힘들어했을지도 모른다. 하지만 그녀는 블로그를 통해 지속적으로 꿈을 위해 도전하는 모습을 보여 주었다. 그리고 도전에 대한 성과 역시 블로그를 통해 알렸다. 나는 그녀의 모습을 보며 '아! 그래! 우울증에서 벗어나는 것도 내 몫! 힘듦을 이겨 내는 것도 나의 몫이구나!'라는 것을 알게 되었다.

나는 나의 어릴 적 모습을 떠올리게 되었다. 나의 인생은 늘 어두웠다. 아니. 내가 그렇게 생각해 왔던 것이다. 나의 마음속에는 항상 먹구름이 가득했다. 부모님의 잦은 다툼, 아빠의 욕설과 폭언 등 나의 유년시절은 어두움 그 자체였다. 나는 누구보다 부모님의 칭찬에 목말라 있었다. 하지만 내게 돌아온 부모님의 반응은 "그것밖에 못 했냐. 더 잘해라."라며 면박을 주는 것이었다. 또한 내가 장녀라는 이유만으로 "네가 더 잘해야 된다. 언니, 누나이니 동생들한테 양보하고 희생해야지."라는 말만 들어 왔다.

나는 부모님의 이러한 말들이 싫었다. 그래서 부모님께 대들었던 기억도 난다. 그럴 때면 부모님은 내게 "어린 것이 또박또박 말 대답하는 것 좀 봐! 어디서 배웠어!"라고 했다. 나는 점점 표정이 어두워졌고, 부모님께 꾸중을 듣기 싫어 말을 아꼈다.

그런데 내가 결혼해서 아이를 낳아 보니 부모님의 삶도 이해가 갔다. 나는 3남매의 장녀로 태어났다. 나와 여동생은 연년생이고 나와 남동생은 세 살 차이밖에 나지 않았다. 나는 나이 차이가 많지 않은 아이 셋을 키워 낸 부모님이 대단하다고 생각한다. 그리고 알게 되었다. 부모님의 삶에도 여유가 없었구나…. 생계유지를 위해 고생을 많이 하셨구나…. 그리고 당신들의 삶을 자식들에게 물려주지 않기 위해 더 그랬어야 했을 거란 것도 알게 되었다.

나는 그런 부모님을 원망하기도 했다. 지금은 부모님의 삶이 이해되니 원망이 애틋함으로 바뀌었다. 그럼에도 불구하고 나는 나의 부모님과는 정반대로 나의 아이를 키울 것이다. '너는 무엇이든 할 수 있는 아이야'라며 희망과 칭찬을 아끼지 않을 것이다. 당연한 말이라고 생각하는가? 그 당연함이 내게는 없었기 때문에 나는 한 번 더 다짐한다.

이것을 증명하듯 나의 시어머니는 엄청난 긍정에너지를 가지고 계신다. 그런 시어머니를 통해 나는 깨닫는다. 시어머니는 엄청난 부잣집 막내딸로 태어났다. 어느 정도 부자였느냐 하면, 지금으로부터 70년 전에 유치원에 다닐 정도였다. 그 당시 유치원에 다니는 것은 엄청난 부자임을 증명하는 것이었다. 그만큼 가족의 사랑을 독차지하며 원하는 것을 이루고 사셨다.

　나의 남편을 통해 듣는 시어머니의 양육관은 놀랍다. 단 한 번도 공부하라고 강요하지 않으셨다고 한다. 남편 말에 의하면, 시어머니는 남편이 하고자 하는 일은 묵묵히 믿어 주셨다고 한다. 전폭적인 지원도 아끼지 않았다. 또한 남편이 잘한 것에는 칭찬을 아끼지 않았다. 잘못한 것에는 그 잘못한 부분에 대해서만 따끔하게 야단치셨다고 한다.

　나는 시어머니를 통해 '마음의 여유가 곧 사람 얼굴의 전부이구나'라고 깨달았다. 나는 나의 내면을 먼저 돌아보고 긍정으로 채우는 연습을 했다. 그것은 바로 책 쓰기다. 나는 되고 싶고 하고 싶은 꿈이 많은 사람이다. 나의 주위 사람들은 내게 다재다능하다고 말한다. 하지만 이런 호평에도 나는 나의 강점과 장점을 알아차리지 못했다. '나는 못 할 거야. 저 사람이니까 하는 거지. 나는 못 해'라는 생각이 강했기 때문이다.

　이런 나의 인식을 일깨워 준 사람이 〈한책협〉의 김태광 대표 코치다. 그는 누구보다 나의 성공을 응원하고 있다. 그는 목숨 걸고 나의 성공을 도와주겠노라 약속했다. 나의 친정 부모님도 내게 이런 확신을 준 적이 없다. 책을 쓰기로 결심했을 뿐인데 그는 내게 많은 기회를 제공해 주고 있다.

　책을 쓰기로 결심한 후 마음의 풍요가 찾아왔다. 내가 거울을 보며 억지웃음을 지어 보일 때 어색했던 이유는 마음에 여유가 없었기 때문이었다는 걸 알게 되었다. 마음의 여유를 얻자 모든 것이 새롭게만 보인다. 나의 어두운 표정과 통명스럽기 짝이 없던 나의 말투도 부드러워졌다. 나는 책을 쓰면서 나와 마주하는 시간을 많이 갖게 되었다. 책 쓰기를 통해 나의 삶의 방향을 정하게 되었다. 나는 지금도 생각한다. 내가 책을 쓰지 않았다면 아직도 우울증으로 힘들어하며 방황하고 있을 것이라고 말이다. 나는 더 이상 예전의 내가 아닌, '책을 써서 인생 역전한 여자, 설미리'라는 꿈을 이루게 되었다.

37

책을 써 불확실함을
확실함으로 바꾸기

안종오 변호사, 법학박사, 작가

16년 동안 검사로 재직하다 2017년 퇴직해 현재는 법무법인의 대표 변호사로 재직 중이다. 환경법 박사학위를 가지고 있고, 제1호 대검찰청 공인인증 환경전문검사로 활동했다. 검사 생활을 마칠 무렵 검사 시절 경험한 따뜻한 이야기들을 풀어낸 《기록 너머에 사람이 있다》를 출간했다. 형사사건뿐만 아니라 환경사건으로 전문영역을 넓혀갈 예정이고, 변호사로서의 경험을 바탕으로 두 번째 개인저서를 집필 중이다.

• E-mail joa4234@gmail.com   • C·P 010.5509.4234

부장검사로서 후배들을 지도하던 중 정말 우연한 기회에 〈한 책협〉 김태광 대표 코치의 《마흔, 당신의 책을 써라》라는 책을 접했다. 2시간 후 마지막 장을 덮으면서 나도 책을 쓰리라 다짐했다. 어린아이와 같은 순수한 마음이었다. '검사라면 당연히 사건 기록이나 열심히 보면서 남의 인생을 살펴야 하거늘 에세이를 출간한다는 것이 말이나 된단 말인가?' 주변의 눈초리는 이런 말을 해대고 있었다.

그러나 나는 오랜만에 심장이 새로움에 맞닥뜨려 쿵쿵대는 걸

느낄 수 있었다. 〈책 쓰기 과정〉에 등록하고 책 쓰기를 배웠다. 그런데 이는 단순히 글쓰기 기술을 배우는 것이 아니었다. 과정 내내 자기계발, 에세이, 의식성장 등 다양한 책을 접하게 되었다. 검사생활 내내 1년에 책을 몇 권도 읽지 않던 내가 석 달 만에 100여 권을 독파했다. 책 읽는 재미가 이런 건가 싶었다.

하지만 단순한 재미가 아니었다. 책을 쓰기 위한 독서는 일반적인 독서와 달랐다. 잘 썼다는 서평이 달린 책들은 다 이유가 있었다. 그만큼 쉽고 재미있게 쓰였고, 무엇보다 자기 자신만의 이야기를 맛깔나게 풀어내고 있었다.

결국 석 달 만에 원고를 완성했다. 검사실에서 접했던 타인의 인생 이야기, 아쉬움으로 가득한 내 인생 이야기들로 채웠다. 현재의 소중함을 망각한 채 미래에 잘되어 있는 모습을 상상해 왔다. 그렇게 현재의 소중한 것을 희생해 온 내 인생을 되돌아보게 되었다.

원고가 완성되고 출판사에 투고할 무렵, 내 인생 일대의 중요한 결정의 기로에 섰다. 검사직을 내려놓아야 할지 말지를 결정해야 했다. 경제적인 이유였다. 또한 예상한 대로 주변에서 책 출간을 말렸다. 현직 검사가 책을 낸 적이 없다는 것이었다.

며칠을 고민하다 책을 무기로 진짜 세상으로 나가기로 결심했다. 지금 생각해 보면 좀 무모하리만치 단기간에 결정을 내렸다. 당시 글을 쓰면서 스스로의 상처가 많이 치유되었을 뿐 아니라 마음이 단단해져 있었다. 마음먹은 대로 할 수 있다는 용기가 가득했던 것 같다. 수많은 책을 읽으면서 의식이 고양되어 있었다.

대형출판사의 호평을 받으며 책이 출간되었다. 책이 출간됨과 동시에 나는 중견 로펌의 대표로 취임했다. 솔직히 책을 홍보할 시간도 없이 사건 변론에 바빴다. 하지만 책은 주인이 신경 쓰든 안 쓰든 혼자서 나의 분신 역할을 톡톡히 했다. 서점의 보기 좋은 위치에 책이 배치되었고, 동종 분야에서 상위에 랭크되기도 했다.

특히 나를 알고 지내던 선배, 후배 검사들이 내 책을 좋아했다. 내 지도를 받은 몇몇 신임검사는 책을 하루 만에 다 읽었다면서 감동의 후기를 보내오기도 했다. 그때의 감사함과 감동은 평생 잊지 못할 것이다. 어떤 검사장님은 후배 검사들이 볼 수 있도록 검사들 모두에게 내 책을 선물하시기도 했다. 많은 검사님들이 응원 메시지를 보내 줬다. 가슴이 뭉클했다.

책이 출간된 지 1년이 지난 지금 몇몇 분들이 묻는다. "그래, 책을 출간해서 많이 벌었어?" 굳이 답을 하자면 이렇다. "인세는 생각만큼 많이 벌지 못했지만 사람을 많이 벌었다. 그리고 인생을 제대로 살 기회를 벌었다."라고 말이다. 그렇다. 책을 써서 사람도 얻고, 내 인생을 다시 살 기회도 얻은 것이다.

책을 출간하니 그 책을 보고 나를 찾아오는 사람도 생기고 편지도 보내온다. 어떤 사람은 "이런 검사 출신 변호사라면 내 사건을 맡기고 싶다."라면서 찾아와 사건을 맡긴다. 책을 출간한 변호사라면 사람들이 색다른 눈으로 쳐다본다. 굳이 스스로에 대해 많이 설명할 필요가 없다. 사람들은 내 책을 읽고 신뢰감과 따스함을 느낀다.

책을 쓰고 나서의 가장 큰 변화는, 일정한 틀에 나를 가두지 않고 내가 원하는 곳에서 원하는 것을 할 수 있는 자유를 얻었다는 것이다. 세상을 바라보는 시야가 무궁무진하게 넓어졌다. 나를 긍정적으로 바라보면서 원하는 인생을 살 수 있다는 자신감을 얻었다. 책이 모든 걸 바꿔 놓았다. 책 수백만 권을 팔아 얻는 인세보다 더 값진 것을 얻었다. 솔직히 말하자면 책을 써 보지 않은 사람은 이런 내 생각을 이해하기 어려울 거라는 생각이 든다. 어느 광고문구가 생각난다. '아! 좋은데, 좋은데, 설명할 길이 없네.'

책을 출간하고 나의 사고의 패턴이 많이 바뀌었다. 예전에는 '이 일이 될까?'라는 부정적인 생각부터 했는데, 지금은 '이건 무조건 된다'라는 생각부터 든다. 수많은 책을 읽으면서 나와 마주치는 사람 그리고 일에 대해 긍정적으로 생각하는 법을 배웠다.

이런 사고 패턴은 변호사 업무에 큰 도움이 된다. 변호사에게 오는 사건들은 정말 답이 없을 정도다. 결과를 예측할 수 없는 불확실성으로 가득 차 있다. 그러다 보면 자칫 그 불확실성에 매몰되어 자신감을 상실할 수도 있다. 또한 의뢰인의 신뢰를 잃을 수도 있다. 그런데 나는 책을 쓰면서 고양된 의식 덕분에 그 불확실성을 견딜 수 있는 힘을 얻었다. 아니, 그 불확실함을 확실함으로 바꾸는 힘을 갖게 되었다.

이제는 사건의 긍정적인 결과를 이미지로 그리고 마치 현실처럼 감각한다. 그러면 십중팔구 좋은 결과를 얻는다. 책을 쓸 때 그랬다. '내가 이 책을 다 쓸 수 있을까? 괜한 짓을 하는 것은 아닐까? 책이 팔릴까?'라는 생각에 자주 빠졌다. 그때마다 내 책이 서점의 제일 좋은 위치에 진열되어 있는 상상을 하면서 글을 썼다. 사람 일이 그런 것 같다. 내가 진실로 믿으면서 상상하면 그것이 현실이 되는 것 같다.

이런 생각을 갖고 1년 동안 변호사 생활을 했다. 되돌아보면 스스로 놀랄 정도로 성공적인 변호사로서의 삶을 살았다. 불황이라는 이 시기에 사무실을 넓힐 계획을 세울 정도로 성공적이다. 책을 쓰지 않았다면 과연 내가 이런 모습을 하고 있을지 의문이다.

가족들은 나의 변화된 모습에 놀라워한다. 특히, 조용하기만 한 검사였던 나에게 이런 사업가적인 기질이 숨어 있었다는 점에 놀란다. 나도 놀라는데 다른 사람은 당연할 것이다. 책 출간 이후에 가족을 더 살뜰히 챙기는 내 모습을 좋아한다. 나는 단지 단기간에 많은 책을 읽었을 뿐이고, 내 인생 이야기를 책으로 썼을 뿐이다. 그런 책 쓰기가 나의 삶을 송두리째 변화시켰다. 아주 순식

간에, 놀라운 방법으로.

지금은 두 번째, 세 번째 책을 준비 중이다. 첫 번째 책은 한 인간으로서 그리고 한 검사로서의 인생을 잔잔하게 그렸다. 이후의 책들은 형사사건, 환경사건 전문변호사로서 나 자신을 브랜딩할 수 있는 책을 쓰려고 한다. 책은 한번 써 보면 자연스럽게 또 써 보고 싶어진다. 내 인생을 바꿔 줄 매직이라는 것을 알기 때문이다.

책 쓰기와 함께하는 내 인생, 앞으로 어떻게 펼쳐질지 참으로 궁금해진다.

38

책 쓰기로 막연한 미래만 꿈꾸던 과거와 결별하기

이경진 **플라잉요가 강사, 자존감 치유 코치, 감정 디자이너, 자기계발 작가, 긍정 메신저**

플라잉요가 강사로 활동하고 있으며, 사람들이 자신과 소통할 수 있도록 이끌어 주는 마음 메신저로도 활동하고 있다. 앞으로 자기계발 작가로, 1인 창업가로, 사람들에게 희망과 용기를 전하는 동기부여가로 새로운 도전을 시작하고자 한다. 현재 가장 나다운 모습으로 행복하게 살기 위한 방법을 제시하는 개인저서를 집필 중이다. 저서로는 《버킷리스트15》, 《또라이들의 전성시대3》이 있다.

어렸을 때 부모님이 사업에 실패하며 우리 집은 경제적으로 큰 어려움을 겪었다. 그래서 내 어릴 때 꿈은 유명한 사람이 되어서 선한 영향력을 펼치며, 사람들에게 꿈과 희망을 주는 사람이 되는 것이었다. 무대에 나가 주인공이 되고, 사람들에게 인정받는 것을 좋아해 막연하게 연예인이 되고 싶다는 생각을 했다. 하지만 시간이 지날수록 연예인이 되려면 큰 위험 부담을 안아야 한다는 것을 알게 되었다. 도전한다고 해도 성공할 확률이 매우 희소하다는 것을 알게 되었다.

그 후로 내가 무엇을 하고 싶은지, 정말 원하는 삶이 어떤 것인지 머릿속에 그려지지 않았다. 몇몇 하고 싶은 일들이 떠올랐지만 언제나 내 최종 목표는 유명한 사람이 되어 방송에 나오는 것이었다.

이러한 꿈을 실행하기 위해 스물다섯 살에 '아나운서'에 도전했다. 아나운서 학원 비용이 만만치 않았기 때문에 현직 극동방송 아나운서에게 1:3 교육을 받았다. 일주일에 한 번씩 모여 발음을 올바르게 잡고, 뉴스 멘트를 읽으며, 아나운서 공채를 준비했다. 열심히 준비하고 있던 어느 날, "아나운서가 되려면 정말 좋은 대학을 나오거나 얼굴이 정말 예쁘거나 집안에 재산이 많아야 해."라는 이야기를 들었다. 이 이야기를 듣는 순간 머릿속이 멍해졌고, 온몸의 힘이 쭉 빠졌다. 집으로 돌아가는 내내 그 이야기가 머릿속에서 떠나지 않았다. 다음 날도 마찬가지였다.

몇 날 며칠, 이대로 나의 꿈을 다시 포기해야 하는지 고민했다. '세상에 불가능은 없다'라는 말이 있지만 나에겐 부족한 부분이 너무 많았다. 하지만 또다시 포기하고 싶지 않았다. 이전에 뮤지컬 배우가 되고 싶어 전문학원을 다녔었는데, 그때도 선생님은 나에게 이렇게 말했다. "너는 키가 작아서 주연은 절대 될 수 없어. 성공해 봤자 조연 정도밖에 못 되는데 괜찮겠니?"라고. 그 말을 듣고 난 후, 허탈감이 너무 커서 꿈을 바로 포기한 적이 있었다.

그렇기 때문에 이번 아나운서 꿈만큼은 어떤 어려움이 있더라도 포기하고 싶지 않았다. 어떻게 하면 내가 원하는 바를 이룰 수 있을까 열심히 고민하며 정보를 찾아보았다. 그때 방송기자로 오래 활동하고, 영향력을 키우면 앵커로 활동할 수 있다는 이야기를 들었다. 하지만 방송기자가 되는 것도 만만치 않았다.

그때 한 가지 대안을 찾았다. 잡지나 인터넷 기자가 되어 경력을 쌓고, 방송기자가 되어 30, 40대쯤에 앵커가 되는 것이었다. 바로 사람인 사이트에 접속해 시사·인물 전문 매거진에 이력서를 넣어 합격했다. 하늘을 날아갈 것 같이 기뻤다.

모든 미디어·방송 분야가 그렇듯이 월급은 정말 적고, 일은 힘들었다. 하지만 앵커의 꿈이 있었기 때문에 버틸 수 있었다. 일한 지 10개월이 되었을 때, 아버지에게서 부탁을 받았다. 당시 부모님은 대전에서 가게를 하셨다. 그런데 사업을 확장하기 위해 청주에 2호점 매장을 오픈할 계획을 세웠다. 하지만 매니저가 갑자기 개인 사정이 생겨 일을 못하게 되었다. 매니저는 매장의 모든 재고 관리, 직원관리, 카운터 업무까지 신경 써야 하는 직책이기 때문에 아무에게나 맡길 수 없었다. 때문에 그에 적절한 사람은 나밖에 없었다.

나는 가게 일을 하면서 신문을 읽고, 뉴스를 보며 아나운서를 꾸준히 준비하면 된다고 판단했다. 때문에 매거진 기자 일을 그만두고, 아버지를 도우러 청주에 내려갔다. 오전 9시부터 밤 10시까지 13시간씩 가게 일을 했다. 일주일에 한 번씩 쉬면서. 그렇게 3개월이 지나고 6개월이 지나고 1년이 지났다.

생각과는 다르게 몸과 마음이 힘드니, 집에 오면 TV와 휴대전화를 보다가 잠들기 일쑤였다. 아나운서의 꿈은 점점 멀어져 갔다. 그때 유명 크리에이터 '홍영기'의 페이스북에 수시로 들어가서 그녀의 활동 근황을 살펴보았다. 그녀의 행보를 그저 부러워하면서. '나도 홍영기처럼 유명한 크리에이터가 되고 싶다', '저렇게 있는 그대로의 모습을 사람들에게 보여 주고 싶다' 등의 막연한 생각만을 반복했다.

드디어 2년이 흘러 가게의 계약기간이 만료되었다. 나는 다시 자유를 찾았다. 하지만 정확히 어떤 일을 해야 할지 목표가 잡히지 않았다. 다시 아나운서에 도전하기에는 나이가 많았다. 이전만큼 열정과 용기가 생기지도 않았다. 가게 일을 할 때와 마찬가지로 SNS 스타를 부러워하며 하루를 마무리했다.

그러던 어느 날, 서점에 갔다. 거기에서 우연히 〈한책협〉에서 자신의 책을 쓰면서 인생이 완전히 달라졌다는 이야기가 적힌 책을 읽게 되었다. '이거다!'라는 생각이 들었다. 바로 협회 사이트에 들어가 〈1일 특강〉을 신청했다. 그러곤 일주일 뒤에 특강을 들었다. 특강을 듣는 내내 오랜만에 가슴이 미친 듯이 뛰었다.

그 당시 나는 인생의 전환점이 필요할 것 같아 유럽여행을 계획하고 있었다. 하지만 책을 쓰며, 나를 찾아 떠나는 내면여행을 하기로 결정했다. 가슴이 뛰는 일을 하고 싶었기 때문에 그날 바로 〈책 쓰기 과정〉을 신청했다. 책의 주제는 평소에 내가 관심을 가졌던 '자존감'으로 정해졌다. 어릴 때의 성장과정, 학창시절의 에피소드, 대학생이 된 후의 나의 생각, 직장생활의 경험, 가치관 등을 담아 책을 쓰기로 했다.

이렇게 정해진 주제로 개인저서를 쓰기 전에 《버킷리스트15》라는 공동저서를 쓰며 필력을 다듬었다. 자신의 꿈과 목표 5개를 정해서 왜 이러한 꿈과 목표가 생겼는지, 앞으로 이것을 이루기 위해 어떻게 할 것인지에 대해 썼다. 책을 쓰기 위해 항상 막연하게만 생각하던 내 꿈과 목표에 대해 깊게 생각해 보았다. 평소에 생각만 하고, 가끔 지나가는 말로 무심코 내뱉기만 했던 꿈이었다. 그 꿈의 구체적인 목적과 실행 방법에 대해 쓰다 보니 설레기도 하면서 내 인생에 대한 책임감도 커졌다.

한 달 정도 뒤에 또 다른 공동저서인 《또라이들의 전성시대3》에 참여하게 되었다. 이 책은 남들과는 차별화된 나만의 경험과 가치관에 대해 쓰는 것이었다. '과연 내가 다른 사람과 차별화되는 것은 무엇일까?', '내가 태어난 이유는 무엇일까?' 등을 생각하며 어떤 주제로 A4용지를 채울지 고민했다. 여태껏 당연하게 생각했던 나의 모습을 원고에 써 내려가니 나의 모든 것들이 더 특별하게 느껴졌다. 책을 쓰기 전보다 나 자신이 더 사랑스럽게 느껴졌다.

〈책 쓰기 과정〉이 다 끝나고 난 후 개인저서를 쓰기 시작했다. A4용지를 채우기 위해 과거의 기억을 끄집어냈다. 그러자 신기하게도 잊고 있던 사건들이 떠오르며, 현재의 내 모습이 객관적으로 보이기 시작했다. '왜 난 예전부터 이렇게 막연한 꿈만 꾸고 있는 걸까?', '내가 진짜 바라고, 원하는 삶은 무엇일까?'라는 질문을 스스로에게 했다. 그러면서 내가 희망하는 삶의 방향성이 무엇인지 생각하게 되었다. 그리고 그것을 이루기 위해 어떤 일들을 준비해야 하나 고민했다.

A4용지를 한 장, 두 장, 열 장씩 채워 갈 때마다 이 질문에 대한 답이 서서히 나오기 시작했다. 그동안 막연하게 꿈만 꾸던 목표들을 책을 쓰며 구체적으로 설계해 나갔다. 또한 책을 쓰며 나는 이전보다 더 명확한 사람이 되었다. 책의 주제가 '자존감'이어서 나라는 사람이 어떤 사람인지, 그동안 왜 이렇게 남의 시선을 신경 쓰고 살았는지 돌아볼 수 있었다.

어떤 이는 책을 읽으면서 인생의 터닝 포인트를 찾는다. 하지만 나는 책을 읽는 데서 그치지 않고, 책을 직접 씀으로써 인생의 터닝 포인트를 찾았다. 나 자신조차도 몰랐던 나에 대해서 더 깊이 알게 되었다. 막연한 미래만 꿈꾸던 철없는 20대에서 확고한 목표와 계획이 생긴 명확한 20대가 되었다. 만약 20대에 책을 쓰지 않았다면? 월요일이 지독하게 싫은 직장인이 되어 매일 친구들과 술을 마시거나 아무 의미 없이 하루하루를 보내며 신세한탄만 했을 것이다.

책을 쓴 후 작가, 강연가, 코치, 컨설턴트, 1인 창업가, 동기부여가 등으로 활동할 것이다. 그러면서 나를 찾아오는 한 사람, 한 사람을 최선을 다해 도울 것이다. 그렇게 함으로써 세상에 나를 알리고, 어렸을 때 막연하게 꿈만 꾸었던 영향력 있는 사람이 될 것이다. 이미 책을 쓴 순간부터 내가 원하는 모든 것이 이루어졌다.

39

책 쓰기로 희망 만나기

장희윤 **중학교 국어 교사, 자녀 교육 멘토, 국어교육 전문가, 1318 라이프 코치**

이화여자대학교 사범대학을 졸업한 후 대기업 교수 기획자로 역량을 발휘하다가 퇴사했다. 현재는 청소년들을 위한 교육에 헌신하고 있다. 파주의 한 소규모 학교에서 중학생들과 치열한 일상을 보내는 국어 교사로 살아가며, '결미사전(결혼도 안한 미혼의 사춘기 전문가)'이라는 블로그를 운영 중이다. 저서로는 《2016 고졸 검정고시 국어》, 《2016 고졸 검정고시 도덕》이 있다.

어릴 때부터 책 읽고 글 쓰는 것을 좋아했지만 소설가를 꿈꿀 순 없었다. 문장력이 부족하다고 생각했고, 먹고사는 문제도 걱정되었기 때문이다. 하지만 책을 내겠다는 꿈은 쉽게 접히지 않았다. 사실 때때로 그 꿈을 기억조차 못하며 살았던 힘든 시간들도 있었다. 그 시간 속에서도 책을 쓰겠다는 꿈은 항상 미해결 과제처럼 마음속에 남아 있었던 것 같다. 그렇게 실현할 기회를 엿보고 있었던 것 같다.

#서른다섯 살 #기간제 교사 #미혼

학교에서 아이들을 가르치겠다고 서울에서 파주까지 일자리를 찾아왔다. 서른네 살에 나는 세상 무서울 것 없는 중2들과 씨름하며 강사에서 교사로 거듭났다. 그렇게 또 다른 나의 오래된 꿈을 실현했다. 그런데 중2 아이들을 내 자식 삼아 의지하며, 정신없이 담임교사로만 살아가던 나를 각성하게 한 일이 있었다.

평소 허물없이 친하게 지내던 동료 선생님께서 "장 선생은 도대체 가진 게 뭐야?"라는 놀림을 하신 것이다. 그 질문을 듣자마자 순간적으로 난 가슴 깊은 곳에서 울컥하는 마음이 들었다. 눈물이 핑 도는 것 같은 느낌을 받으면서.

그렇다. 나의 프로필은 #서른다섯 살 #여성 #미혼 #기간제 교사였다. 뭐 하나 매력적인 게 없었다. 혼기는 꽉 찼지만 모아 놓은 돈 대신 마이너스만 잔뜩 있었다. 오랫동안 임용시험을 준비했지만 낙방에 낙방을 거듭하며 나이를 축적했을 뿐이다. 동료의 팩트 폭행 때문에 서른네 살, 11월 나는 이렇게 살 수는 없다고 생각했다.

내 인생을 바꾸기 위해서는 돌파구가 필요했다. 하지만 무엇을 해야 인생이 바뀔 수 있을지 알 수가 없었다. 역시 포기했던 임용시험을 다시 치는 것밖에는 방법이 없는 것인가? 하지만 그 높은 경쟁률을 뚫는다는 게 말처럼 쉬운 일도 아니지 않은가. 공부만 했던 시기에도 통과를 못했었다. 그런데 과연 일을 하면서 임용시험을 통과할 수 있을지 자신이 생기지도 않았다.

그때 마침 내가 9월에 가입했었던 〈한책협〉이라는 카페가 생각났다. 그곳은 나처럼 책 쓰기를 꿈꾸는 사람들과 그들을 지원해 주는 코치가 활동하는 곳이었다. 처음 그 카페에 가입했을 때는 '뭐 이런 곳도 있나'라는 신기함이 들었다. 보다 보니 〈책 쓰기 과정〉을 수료한 사람들의 계약 사례가 계속 올라와 의심이 들기도 했다. 그래서 9월에 가입하고도 〈1일 특강〉에 오라는 제안을 바쁘다는 핑계로 바로 거절했다. 하지만 무의식중에 '성공해서 책을 쓰는 것이 아니라 책을 써야 성공한다'라는 그 카페의 문구가 나에게도 실현되어 주기를 간곡히 바라고 있었다.

'내가 아이는 혼자 못 낳아도 책은 혼자 낳을 수 있지 않을까?'

열심히 살지만 남는 것 없는 삶을 탈출하기 위해서는 '책 쓰기' 외에는 방법이 없다는 생각이 들었다. 하지만 〈책 쓰기 과정〉에 들어가는 비용을 낼 돈이 없었다. 그런데 내가 세상에서 가장 존경하는 어머님께서 마침 은행에서 빌려 놓으신 돈이 있었다. 나는 어머님께 자초지종을 설명하며 간곡하게 부탁했다. 그렇게 드디어 2017년 12월, 서른네 살의 마지막 계절에 난 〈한책협〉의 〈1일 특강〉에 참여하게 되었다.

나에게 1~2월은 항상 죽은 계절이었다. 그러나 나는 이 계절만 고생하면 나의 첫 저서가 나오겠구나, 생각하며 책 쓰기에 매진 또 매진했다. 2월에 학교생활기록부를 작성하면서부터 초고 집필이 중단되었다. 그리고 3월에 개학을 맞이하고 근 한 달 반 동안 책 쓰기를 할 수 없었다. 그럼에도 불구하고 그 시간 동안에도 얼른 책 쓰기를 하고 싶다는 열망으로 가득 찼다. 그래서 새벽 기상을 해서라도 반드시 4월에는 초고를 완성하겠다고 생각했다. 마침내 4월 30일 투고하게 되었다.

책이 아직 출간되지는 않았지만 책 쓰기를 진행하면서 나는 잃었던 세 가지 친구를 찾게 되었다. 가장 먼저 찾아온 친구는 바로 '용기'였다. 매해 연말이 되면 '올해도 해 놓은 것 없이 또 나이만 한 살 먹는구나'라고 생각하며 절망적이면서도 두려워지기 십상이었다. 그래서 항상 미래를 생각하면 걱정되고 막막하기만 했다.

그러나 책 쓰기를 하면서 내 마음은 '무사'가 되었다. '책 쓰기'라는 '장수'를 따라서 '세월'을 굴복시키겠다는 강인한 마음이 생기기 시작했다. 이를 방해하는 부정적인 생각은 물리치겠다는 의지도 탑재되었다. 나는 상반기에 첫 개인저서를 출간하고 하반기까지 공저를 포함해 5권 이상의 책을 출간하겠다고 다짐했다. 그런 비장함이 '세월'이라는 적수를 하찮게 여기게 만들었다. 이제는 더 이상 시간이 두렵지 않다. 과연 올해 끝에 내 손에는 어떤 결과물들이 쥐어질까만 궁금할 뿐이다.

살아갈 용기를 장착하자 그동안 결별했던 또 다른 친구가 찾아왔다. 바로 '자신감'이었다. 나는 문과생만 500명이 넘는 고등학교에서 줄곧 한 자리 등수를 유지했다. 그러곤 국내 최고의 명문 여대인 이화여대 사범대학에 입학했다. LG텔레콤, VLC 등을 거쳐 SK 자회사인 엠앤서비스에서 근무하며 나름대로 인정받는 교수 기획자로서의 삶을 살기도 했다. 하지만 퇴사 이후 임용고사에 낙방을 거듭하며 자신감이라는 친구와 서서히 결별하게 되었다.

그런데 책 쓰기를 시작하며 그 친구가 차츰 나를 찾아오기 시작했다. 주변을 돌아보니 아직까지 책을 쓴 사람은 아무도 없었다. 교직생활 수십 년이 되어도 책을 내는 교사는 소수에 불과하다는 사실이 내 어깨를 으쓱하게 했다. 교직 1년 차를 회고하며 자녀 교육에 대한 저서는 아무나 쓰지 못한다는 사실이 '나 장희윤이야!'라는 자신감으로 다가왔다.

용기, 자신감 이 두 친구도 너무 사랑하지만 사실 가장 반가운 친구는 죽었다고 생각했던 '희망'이었다. 생활고에 시달리다 죽는 사람의 기사가 연일 나오곤 하지만 나는 사람이 죽는 이유는 단지 가난 때문이 아니라고 생각한다. 가난으로 인해 희망이 사라졌기 때문이다. 아무리 가난하더라도 희망이 있다면 인간은 살아갈 힘을 얻을 수 있다. 하지만 희망이 없다면 살아날 방법이 없다. 학교가 아니더라도 동기부여가, 작가, 강연가 등의 메신저로서 아이들을 만날 수 있는 방법도 알게 되었다. 그러다 보니 정교사는 '필수'가 아닌 '선택'이 되었다.

'희망'은 미래를 꿈꾸게 하는 힘이다. 책 쓰기를 통해 나는 미래를 꿈꾸게 되었고 행복한 미래를 상상해 볼 기회를 얻었다. 지금까지 나를 힘들게 했던 삶이 아닌 또 다른 장밋빛 미래를 실현할 생각에 가슴이 벅차오른다. 퇴물 취급을 받는 서른다섯에 나는 책 쓰기로 내 인생 2막을 화려하게 열게 되었다.

얼마 뒤면 드디어 책이 출간된다. 초보 작가임에도 '사춘기'에 대한 대중들의 관심이 워낙 높아서 한 달 만에 2쇄를 찍고, 베스트셀러로 나아간다. 학교에 허락을 구하고 본격적으로 강연을 시작한다. EBS 방송에도 출연한다. 교사, 자녀 교육 멘토, 국어교육 전문가, 1318라이프 코치 '장희윤'이라는 퍼스널 브랜딩을 전국적으로 구축하며 메신저로서 승승장구하는 내 모습이 눈앞에 그려진다.

40

책 쓰기를 통해 의식 전환하기

박정진 이미지마음경영연구소(I&M Lab) 대표, 이미지 코칭 전문가, 취업 코칭 전문가, 동기부여가, 인생경영 코치, 배우

현대사회에서 원활한 인간관계와 사회적 성공을 이루기 위해 요구되는 이미지 관리법을 주제로 교육을 펼치고 있다. 그동안 호주 유학, KDI 국제정책대학원 석사 졸업, 공군 인사장교, 패션모델, 대기업 인재개발실 근무, 영화배우 등 다채로운 삶의 경험을 축적해 왔다. '최고의 이미지 연출법'과 '인간관계 코드'와 관련한 깨달음들을 글로 남겨 누군가의 인생에 큰 변화와 도움을 주는 메신저로 살아가고 있다. 저서로는 《버킷리스트16》, 《또라이들의 전성시대3》 등이 있으며, 현재 '첫인상 관리법'을 주제로 개인저서를 집필 중이다.

- E-mail jjgroup617@gmail.com
- Cafe inmlab.co.kr
- C·P 010.3338.3361
- Blog inmlab.kr
- Instagram inmlab

책을 읽지 않았다면 지금의 나는 어떤 인생을 살고 있을까? 원래 나는 책을 많이 읽는 사람이 아니었다. 사람은 환경에 많은 영향을 받는 존재다. 내 주변에는 책을 읽는 사람도 별로 없었고, 책을 읽으라고 하는 사람들도 별로 없었다. 나에게 책은 있어도 그만, 없어도 그만인 정도의 존재였다. 중·고등학생 시절에는 시험공부, 입시공부를 하느라 교과서나 수험서를 제외한 책을 읽는 것은 사치로 느껴졌다. 결국 나는 내 의식을 성장시킬 책을 읽지 못했다.

내가 자발적으로 제대로 책을 읽기 시작한 것은 스무 살이 되

고 나서부터다. 고등학교를 졸업하고 나는 호주 학부과정으로의 유학을 준비했다. 중학생 시절부터 가져 왔던 연예인이라는 꿈을 뒤로하고, 이제 공부로 인생의 승부를 보겠다는 결심을 한 시점이었다. 큰 결심을 하고 나니 이런 마음을 꾸준히 유지시킬 수 있는 정신적 토대가 필요했다. 그래서 나는 우리나라에서 공부로 큰 성공을 거둔 인물들을 연구했다. 그러던 중에 고승덕 변호사의 자서전《포기하지 않으면 불가능은 없다》라는 책을 발견하게 되었다.

그 책은 고승덕 변호사가 지난 시절 처절하고 절박하게 공부한 흔적들의 기록이었다. 나는 머리가 좋은 사람이 공부를 잘하는 것이 아니라는 것을 알았다. 다른 사람들보다 배로 노력한 사람이 좋은 성적을 받는다는 것을 책을 읽으며 다시 한 번 마음속 깊이 깨달았다. 나는 이 책을 정말 수십 번 반복해서 읽었다. 지금도 그 책을 보면 너덜너덜해진 페이지와 계속된 밑줄 긋기를 볼 수 있다. 책이 참 많이 닳아 있다. 이제 와서 생각해 보면 그렇게까지 치열하게 책을 읽으며 의식을 변화시킨 스무 살의 내가 대견스럽기도 하다.

책을 대충 읽어도 지식을 습득하고 영감을 받을 수 있다. 하지만 그 내용들이 온전히 내 몸에, 영혼에 흡수되지는 않는다. 내가 스무 살 시절 고승덕 변호사의 책을 읽었던 방법을 굳이 표현하자면, '온 힘을 다한 독서법'이라고 할 수 있다. 당시에 나는 너무나 절박했다. 나는 내가 그토록 원했던 분야에서 내가 원하는 만큼의 성공을 거두지 못해 좌절했었다. 하지만 나에게는 성공자로서 인생을 살아가고 싶다는 강한 열망과 자존심이 있었다.

그렇기 때문에 나는 나의 정신을 더 강하게 단련시켜야 했다. 공부로 인생을 바꿔 보겠다는 결심을 한 이상 남들보다 더 좋은 결과를 얻어야 했다. 그러기 위해선 필연적으로 남들보다 배 이상으로 노력해야 했다. 유학 과정을 공부하면서 마음이 해이해지거나 내 공부 방법이 맞는지 헷갈릴 때마다 나는 다시 그 책을 찾아 읽었다. 나는 고승덕 변호사가 하루에 17시간씩 처절하게 공부하는 모습을 떠올리면서, 안일하게 공부하는 지금의 내 모습을 자주 반성했다. 그리고 그렇게 치열하게 공부한 끝에 유학 준비과정을 마칠 때 128명 중 1등의 영광을 차지했다. 그리고 학부과정 수업료 전액에 해당하는 장학금을 수상할 수 있었다.

우리의 인생에서 벌어지고 있는 경쟁을 자세히 살펴보면 무서운 부분이 있다. 그건 다름 아닌 현재 좋은 성적을 거두고 있는 사람들이 더 열심히 한다는 점이다. 공부뿐만이 아니라 거의 모든 분야에서 이 사실은 유효하다. 운동을 한다고 해도, 몸이 좋은 사람들이 헬스장에 더 자주 나와서 더 열성적으로 운동한다. 이미 잘하고 있는 사람들이 더 열심히 하는 것이다. 그러므로 현재 부족한 실력을 갖춘 사람들은 죽어라 노력해야 이미 잘하고 있는 사람들의 수준을 조금이라도 따라갈 수 있다. 하지만 현실은 정반대다. 못하는 사람들은 잘하는 사람들보다 대부분 게으르고 노력도 덜한다. 그렇게 인생의 격차가 벌어진다.

책을 읽지 않았다면 나는 고승덕 변호사처럼 공부 분야에서 대한민국 최고의 위치에 있는 사람이 밥 먹을 시간, 화장실 갈 시간도 아끼면서 처절하게 노력했다는 사실을 몰랐을 것이다. 그냥 머리가 좋아서 혹은 운이 좋아서 성공했을 거라고 단정 짓는 편협함에 빠져 인생을 살아갔을 수도 있다. 책을 읽어 가장 좋은 점은 인생에서 '사소한 차이의 중요성을 깨달은 것'이다. 인생에서 성공과 실패는 매우 사소한 차이에 의해 결정된다는 것을 몸소 깨달은 것이다.

나는 책을 통해서 나의 의식을 완전하게 전환할 수 있었다. 예를 들어, 어떤 시험을 보고 나서 받은 점수가 100점 만점에 99점이면 대부분의 사람들은 만족할 만한 수준이라고 생각한다. 하지만 뛰어난 사람은 다르게 사고한다. 반드시 다 맞아야 하는 시험에서 하나라도 틀렸다는 것은 전부를 틀린 것과 마찬가지라고 인식하는 것이다. 학창시절에 공부를 잘하던 친구들이 한 문제를 틀렸다고 우는 데는 다 이유가 있었던 것이다. 성공하기 위해서는 자신의 의식을 확장하고, 자신만의 확고한 성공 기준을 세울 필요가 있다.

그렇게 많은 책을 읽으며 나의 의식을 전환하고 나자 나는 '내가 직접 책을 쓰고 작가가 되어 보면 어떨까'라는 생각을 가지게 되었다. 대부분의 사람들은 책의 저자는 대학교 교수나 한 기업체의 대표 등 사회적으로 성공한 사람만이 될 수 있는 것으로 생각한다. 하지만 독서를 지속하며 내가 느낀 점은 평범한 인생을 살아온 사람도 충분히 책의 저자가 될 수 있다는 것이었다. 책을 쓴 사람들은 모두 각자의 인생스토리와 거기서 얻은 지혜를 기술한다. 책을 쓸 때 중요한 것은 어떤 인생을 살았는가보다 인생에서 어떤 스토리와 어떤 교훈을 얻었는가다.

내가 처음 책을 쓰기로 결심했던 때는 공군 장교로 군 복무를 하고 있을 때였다. 당시 아버지께서는 종종 책을 써 보라고 나에게 권유해 주셨다. 내 생각에도 한번 책을 써서 작가가 되면 나라는 사람을 브랜딩 할 수 있고, 나의 존재를 세상에 알릴 좋은 기회가 될 것 같았다. 하지만 실제로 책을 쓰려고 하니 어떤 주제로, 어떻게 써 나가야 할지 굉장히 막막했다. 나는 어떻게 하면 효과적으로 책을 쓸 수 있을까 지속적으로 고민했다.

처음 책을 쓰기로 마음먹었을 때는 책 쓰기 과정이 명확하게 그려지지 않았다. 책을 쓸 때 단계별로 생각하지 않았다. 100페이지 혹은 200페이지가량의 완성된 책 한 권을 기준으로 생각했다. 그랬으니 마음의 부담이 커서 책 쓰기를 시작할 엄두를 내지 못한 것이다. 그리고 무엇보다도 그때 나는 나 자신에 대한 확신이 부족했다. '내가 과연 책을 잘 쓸 수 있을까', '내가 쓴 책이 잘 팔릴까', 이런 부정적인 생각들이 머릿속에 가득했다. 그리고 책을 쓰지 않아도 당장 내 인생이 크게 힘들 일도 없어 계속 나중에, 나중에 하면서 책 쓰기를 미루게 되었다.

하지만 이제 와서 생각해 보면 책을 쓰는 일은 정말 간단하다. 정해진 프로세스에 맞춰서 꾸준히 쓰기만 하면 된다. 일단 내가 다룰 메인 주제를 정하고, 책의 제목을 정하고, 거기에 맞게 장제목과 세부 목차(꼭지)를 정하면 된다. 그리고 이에 맞게 꾸준히 원고를 써 내려가면 되는 것이다.

나는 인간은 자신이 할 수 있다고 믿는 만큼만 성장할 수 있다고 생각한다. 내 주변에, 아니 세상에는 자신의 가능성을 스스로 제한하는 사람이 너무도 많다. 내가 처음 책을 쓰려고 마음먹었을 때 지레짐작으로 책 쓰기를 포기했던 것도 내가 나를 제한해서였다. 하지만 나는 이 책을 읽는 독자들은 자신의 가능성을 속단하고, 스스로 제한하는 오류를 범하지 않기를 바란다.

사람의 가능성은 무궁무진하다. 앤서니 라빈스의 저서 《네 안에 잠든 거인을 깨워라》처럼 우리는 모두 자신 안에 대단한 거인이 있음을 믿어야 한다. 그리고 꾸준한 독서와 의식 확장을 통해서 자신 안에 있는 그 거인을 깨워, 자신의 발전 가능성을 키워야 한다.

스무 살 시절 인생을 바꿔 보겠다고 치열하게 책을 읽은 덕분에 나는 지금 이렇게 책을 쓰고 있다. 우리 모두 몰입독서를 하자. 그리고 책을 읽는 것에만 그치지 말고 반드시 자신만의 경험과 영혼을 담은 책을 쓰자. 그리고 그 책과 당신의 메시지로 세상 사람들에게 선한 영향력을 행사하자. 그렇게 자신의 운명을 개척하고 자유로운 인생을 향해 하루하루를 살아가자. 이 세상에 불가능은 없다. 자기 자신만 믿고 나아가면 된다. 앞으로 책을 통해서 변화될 여러분들의 제2의 인생을 응원한다.

책을 쓴 후 내 인생이 달라졌다 2

초판 1쇄 인쇄 2018년 7월 24일
초판 1쇄 발행 2018년 7월 31일

지 은 이   **허갑재·이지현 외 38인**
펴 낸 이   **권동희**
펴 낸 곳   **위닝북스**
기   획   **김태광**
책임편집   **김진주**
디 자 인   **이혜원**
교정교열   **우정민**
마 케 팅   **강동혁**

출판등록   **제312-2012-000040호**
주   소   **경기도 성남시 분당구 수내동 16-5 오너스타워 407호**
전   화   **070-4024-7286**
이 메 일   **no1_winningbooks@naver.com**
홈페이지   **www.wbooks.co.kr**

ⓒ위닝북스(저자와 맺은 특약에 따라 검인을 생략합니다)
ISBN 979-11-88610-70-9 (03190)

이 도서의 국립중앙도서관 출판도서목록(CIP)은 서지정보유통지원시스템 홈페이지(http://seoji.nl.go.kr)와 국가자료공동목록시스템(http://www.nl.go.kr/kolisnet)에서 이용하실 수 있습니다.(CIP제어번호: CIP2018022102)

위닝북스는 독자 여러분의 책에 관한 아이디어와 원고 투고를 설레는 마음으로 기다리고 있습니다. 책으로 엮기를 원하는 아이디어가 있으신 분은 이메일 no1_winningbooks@naver.com으로 간단한 개요와 취지, 연락처 등을 보내주세요. 망설이지 말고 문을 두드리세요. 꿈이 이루어집니다.

※ 책값은 뒤표지에 있습니다.
※ 잘못 만들어진 책은 구입하신 서점에서 교환해 드립니다.